プリント形式のリアル過去問で本番の臨場感！

佐賀県

佐賀県立中学校
（香楠・致遠館・唐津東・武雄青陵）

2025年 春 受験用

解答集

本書は，実物をなるべくそのままに，プリント形式で年度ごとに収録しています。
問題用紙を教科別に分けて使うことができるので，本番さながらの演習ができます。

■ 収録内容

・解答集（この冊子です）

　　書籍ID番号，この問題集の使い方，最新年度実物データ，リアル過去問の活用，
　　解答例と解説，ご使用にあたってのお願い・ご注意，お問い合わせ

・2024（令和6）年度 ～ 2015（平成27）年度　学力検査問題

JN131736

○は収録あり　　　　年度	'24	'23	'22	'21	'20	'19
■ 問題（適性検査）※	○	○	○	○	○	○
■ 解答用紙	○	○	○	○	○	○
■ 配点	○	○	○	○	○	○

全分野に解説
があります

上記に2018～2015年度を加えた10年分を収録しています
※2015年度の学校独自検査は非公表（2016年度以降は学校独自検査の実施なし）
☆問題文等の非掲載はありません

K 教英出版

■ 書籍ID番号

入試に役立つダウンロード付録や学校情報などを随時更新して掲載しています。
教英出版ウェブサイトの「ご購入者様のページ」画面で，書籍ID番号を入力してご利用ください。

書籍ID番号 **101241**

（有効期限：2025年9月30日まで）

【入試に役立つダウンロード付録】
「要点のまとめ(国語／算数)」
「課題作文演習」ほか

■ この問題集の使い方

年度ごとにプリント形式で収録しています。針を外して教科ごとに分けて使用します。①片側，②中央
のどちらかでとじてありますので，下図を参考に，問題用紙と解答用紙に分けて準備をしましょう（解答
用紙がない場合もあります）。

針を外すときは，けがをしないように十分注意してください。また，針を外すと紛失しやすくなります
ので気をつけましょう。

① 片側でとじてあるもの	② 中央でとじてあるもの
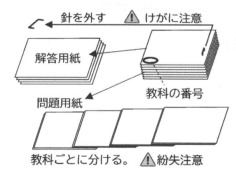	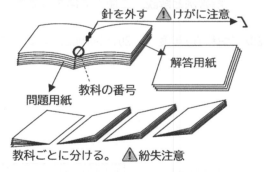

※教科数が上図と異なる場合があります。
解答用紙がない場合や，問題と一体になっている場合があります。
教科の番号は，教科ごとに分けるときの参考にしてください。

■ 最新年度 実物データ

実物をなるべくそのままに編集してい
ますが，収録の都合上，実際の試験問題
とは異なる場合があります。実物のサイ
ズ，様式は右表で確認してください。

問題用紙	A4冊子(二つ折り)
解答用紙	A3片面プリント

リアル過去問の活用

❀ 本番を体験しよう！

問題用紙の形式（縦向き／横向き），問題の配置や余白など，実物に近い紙面構成なので本番の臨場感が味わえます。まずはパラパラとめくって眺めてみてください。「これが志望校の入試問題なんだ！」と思えば入試に向けて気持ちが高まることでしょう。

❀ 入試を知ろう！

同じ教科の過去数年分の問題紙面を並べて，見比べてみましょう。

① 問題の量

毎年同じ大問数か，年によって違うのか，また全体の問題量はどのくらいか知っておきましょう。どのくらいのスピードで解けば時間内に終わるのか，大問ひとつにかけられる時間を計算してみましょう。

② 出題分野

よく出題されている分野とそうでない分野を見つけましょう。同じような問題が過去にも出題されていることに気がつくはずです。

③ 出題順序

得意な分野が毎年同じ大問番号で出題されていると分かれば，本番で取りこぼさないように先回りして解答することができるでしょう。

④ 解答方法

記述式か選択式か（マークシートか），見ておきましょう。記述式なら，単位まで書く必要があるかどうか，文字数はどのくらいかなど，細かいところまでチェックしておきましょう。計算過程を書く必要があるかどうかも重要です。

⑤ 問題の難易度

必ず正解したい基本問題，条件や指示の読み間違いといったケアレスミスに気をつけたい問題，後回しにしたほうがいい問題などをチェックしておきましょう。

❀ 問題を解こう！

志望校の入試傾向をつかんだら，問題を何度も解いていきましょう。ほかにも問題文の独特な言いまわしや，その学校独自の答え方を発見できることもあるでしょう。オリンピックや環境問題など，話題になった出来事を毎年出題する学校だと分かれば，日頃のニュースの見かたも変わってきます。

こうして志望校の入試傾向を知り対策を立てることこそが，過去問を解く最大の理由なのです。

❀ 実力を知ろう！

過去問を解くにあたって，得点はそれほど重要ではありません。大切なのは，志望校の過去問演習を通して，苦手な教科，苦手な分野を知ることです。苦手な教科，分野が分かったら，教科書や参考書に戻って重点的に学習する時間をつくりましょう。今の自分の実力を知れば，入試本番までの勉強の道すじが見えてきます。

❀ 試験に慣れよう！

入試では時間配分も重要です。本番で時間が足りなくなってあわてないように，リアル過去問で実戦演習をして，時間配分や出題パターンに慣れておきましょう。教科ごとに気持ちを切り替える練習もしておきましょう。

❀ 心を整えよう！

入試は誰でも緊張するものです。入試前日になったら，演習をやり尽くしたリアル過去問の表紙を眺めてみましょう。問題の内容を見る必要はもうありません。どんな形式だったかな？受験番号や氏名はどこに書くのかな？…ほんの少し見ておくだけでも，志望校の入試に向けて心の準備が整うことでしょう。

そして入試本番では，見慣れた問題紙面が緊張した心を落ち着かせてくれるはずです。

※まれに入試形式を変更する学校もありますが，条件はほかの受験生も同じです。心を整えてあせらずに問題に取りかかりましょう。

《解答例》

1 (1)どの地域にもある実用的な施設で「ふるさとの歴史や文化を学ぶ」という学習のテーマに合わない

(2)イ．質問する内容　ウ．取材する目的（イとウは順不同）　　(3)事前に調べられることは，本やインターネットで調べておく

2 (1)①，③　　(2)記号…Ｂ　理由…みんなから出た意見を付け加えたり，入れかえたりすることが簡単にできる

(3)プレゼンテーションソフトを使って，文字や写真をスクリーンに映す

3 (1)テレビとインターネットの平均利用時間の合計が増えているなか，テレビの平均利用時間は減っていて，インターネットの平均利用時間は増えている。　　(2)小学生がインターネットを使って画像を送る際には，必ず保護者に相談するようにする。なぜなら，悪ふざけで画像を送ったことが，名誉毀損などの犯罪につながる可能性があるからである。　　(3)ア．利用履歴に基づいて興味のある情報を自動的に選んで表示する　イ．新聞やテレビなど多様なメディアを利用する

《解　説》

1 (1)　最初にとしさんが，「学習のテーマは，『ふるさとの歴史や文化を学ぶ』だよね」と言っていることに着目する。

(2)　解答例以外にも，自分たちの所属や名前，訪問する人数などを伝えたほうがよい。

(3)　事前に本やインターネットで調べて予備知識をもっておくことで，聞きたいことが整理できたり，インタビューの際に相手の話が理解しやすくなったりする。こうした準備を行えば，効果的な質問ができ，相手から知りたい情報を引き出しやすくなる。

2 (1)　サッカーは，「それぞれの独自の文化」にはあたらないので，①が適する。また，こうたさんは「運動場でサッカーをしようよ」と言っているが，③に「教室でできる活動がよい」とある。よって，③も適する。

(3)　イラストや写真，動画を使えば，言葉が通じなくても情報を伝えることができる。

3 (1)　テレビの平均利用時間が減ったこと，インターネットの平均利用時間が増えたことの両方を必ず書くこと。

(2)　「資料２と資料３を関連付けて」とあることから，資料２の「さぎ・悪質商法」と資料３の③を関連付けたり，資料２の「めいわくメール」と資料３の②を関連付けたりしてもよい。ルールを先に書いて，後から理由を添えれば，つなぐ言葉は，「なぜなら」「その理由は」などになる。理由の文の文末は，「〜からだ。」のように結ぶ。

(3)イ　フィルターバブルには，「特定のＳＮＳやプラットフォームを利用しないようにする」などの対策も有効だが，会話文に「はば広く情報を得るために」とあることから，インターネット以外のメディアを利用して，さまざまな情報を得ることを考える。新聞・テレビ以外のメディアとして，ラジオや雑誌などを取り上げてもよい。

《解答例》

1 (1)右図　(2)夕焼けが見えるとき西は晴れていて，日本の天気は西から東に変わる

ことが多いので，次の日は晴れると考えられる。　(3)さくらさんがまちがえた

時点で，水 200 g，砂糖 0.8 g，塩 8 g が入っている。スポーツドリンクをつくる

ときの水と砂糖と塩の量の比は 200：8：0.8＝250：10：1 だから，塩 8 g に対

して，水は $8 \times \frac{250}{1} = 2000$ (g)，砂糖は $8 \times \frac{10}{1} = 80$ (g) 必要である。よって，水を 2000－200＝1800 (g)，砂糖を

80－0.8＝79.2 (g) 増やせばよい。　水を…1800　砂糖を…79.2

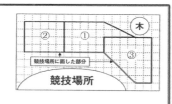

2 (1)花火のさつえい場所から花火までのきょりは約 340×2＝680 (m) である。スマートフォンから卓球のボールま

でのきょりは 20 cm＝0.2 m であり，花火までのきょりはおよそ，0.2 m の 680÷0.2＝3400 (倍) である。よって，花

火の実際の直径も卓球のボールの直径の約 3400 倍だから，4×3400＝13600 (cm) より，約 140 m である。／140

(2)[1回目／2回目／3回目]　[チョキ／チョキ／パー][チョキ／グー／グー][チョキ／パー／チョキ]

[パー／パー／グー][グー／チョキ／グー]　のうち1つ

3 (1)1 km は 1000 m である。そらさんは 1 分間に 1000÷10＝100 (m) の速さで走るから，700÷100＝7 (分) でゴールす

る。お兄さんは 1 分間に 1000÷4＝250 (m) の速さで走るから，1500÷250＝6 (分) でゴールする。よって，同時に

スタートすると，お兄さんの方が 7－6＝1 (分)，つまり 60 秒だけ早くゴールするので，そらさんが先にスター

トし，60 秒後にお兄さんがスタートすればよい。　(2)ア．6：13　イ．日の出の時刻が 1 番早い上から 3 番目の

右が 6 月 15 日と分かるから，10 月 1 日は上から 7 番目の左だよ　(3)ウ．23～29 の整数　のうち 1 つ　エ．種をポ

ットにまき，20℃～25℃の室内で育てればよい

《解　説》

1 (1)　方眼紙の 1 目盛りを 1 cm とする。方眼紙上で，応えんできる場所の面積

は右図の太線で囲まれた図形であり，長方形ＡＢＣＨ，長方形ＧＤＥＦ，

台形ＨＣＤＧの面積の和である。よって，4×10＋6×2＋(4＋6)×4÷2＝

40＋12＋20＝72 (cm²) となる。また，1 組，2 組，3 組のそれぞれが占める面積

の比は 18：15：21＝6：5：7 であり，72÷(6＋5＋7)＝4 より，比の数

をそれぞれ 4 倍すると，(6×4)：(5×4)：(7×4)＝24：20：28 となる。これらの値が応えんできる場所の

面積になるように分ける。

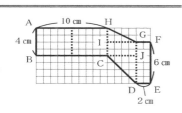

(三角形ＨＩＧの面積)＝2×4÷2＝4 (cm²)，(長方形ＩＣＪＧの面積)＝2×4＝8 (cm²)，(三角形ＣＤＪの面

積)＝4×4÷2＝8 (cm²) だから，3 組の場所を五角形ＩＣＤＥＦで囲まれる場所とすれば，面積は 8＋8＋12＝

28 (cm²) となり，ＣＤで競技場所に面する。

長方形ＡＢＣＨの面積は 40 cm² であり，ＡＨとＢＣそれぞれの真ん中の点を通る直線で 2 つに分けると，面積が

20 cm² の長方形が 2 つできる。よって，解答例のように，左側の長方形を 2 組の場所とし，右側の長方形と，三角

形ＨＩＧを合わせた面積が 20＋4＝24 (cm²) の部分を 1 組の場所とすれば，どちらの組もＢＣで競技場所に面する

ので，条件に合う。

(2) 夕焼けは，太陽がしずむ方向（西）に雲がないときに見える。また，日本付近の上空では，西から東に向かって風（偏西風という）がふいていて，雲が西から東に流されるので，天気も西から東に変わることが多い。このため，夕焼けの次の日は晴れると考えられる。

(3) さくらさんがまちがえた時点では，塩が予定の分量よりも多く入っている。よって，塩8gに対して必要な水と砂糖の量を，解答例のように比を利用して求める。

2 (1) スマートフォンの画面で同じ大きさに見えるとき，実際の直径はスマートフォンからの距離に比例する。なお，光の速さは秒速約30万kmであり，音の速さより圧倒的に速いので，計算上は考えなくてよい。

(2) コマの進み方について，勝ちは右方向，負けは左方向，あいこはマスの三角形の辺の向きによって真上方向または真下方向に移動すると考える。

2回じゃんけんをしたとき，勝ち→負け，負け→勝ち，あいこ→あいこになると，じゃんけんをする前と同じマスにいることに注目すると，1回目に負けて☆のマスにとう着した後，2回目，3回目があいこになれば，コマは☆のマスにある。よって，1回目がチョキ，2回目がチョキ，3回目がパーならばよい。他にも解答例のようにいくつかの出方が考えられる。

3 (1) 解答例のように，2人の速さを求め，そらさんが700mのコース，お兄さんが1500mのコースをそれぞれ1周するのにかかる時間を求める。

(2) 会話文より，日の出の時刻は1年のうちで6月が1番早いと言っているから，日の出の時刻が1番早い日（15日の上から3番目）がある行が6月と分かる。ここから，表の1番上が4月で，10月は上から7番目と分かる。なお，日の出の時刻が1番早いのは，昼の時間が最も長くなる夏至の日ではなく，夏至の日より1週間ほど前である。

(3) ウ．種をまいた日を1日目とすると，10日後に発芽する。この10日後が発芽した日の1日目なので，種をまいた日の10－1＋60＝69（日後）に花がさく。また花がさいている期間が7日間なので，種をまいた日の69日後から69－1＋7＝75（日後）までに10月5日が入るようにすればよい。よって，種を7月23日にまくと，（8月1日に発芽し，）9月29日から10月5日まで花がさき，種を7月29日にまくと，（8月7日に発芽し，）10月5日から10月11日まで花がさく。　エ．7月の平均気温（27.2℃）は発芽に適した温度（20℃～25℃）より高いので，ポットやプランターに種をまき，発芽に適した温度（20℃～25℃）にした室内に置いておくことで，発芽させることができると考えられる。

《解答例》

① (1)でも〔別解〕だけど　(2)2．朝のあいさつ運動を行う場所　3．当番を行う順番（2と3は順不同）　(3)ア．①
イ．「朝のあいさつ運動週間」の文字を大きくする　ウ．②　エ．左側の余白が小さくなるように，行間を広げて
書く

② (1)昔は鉄鉱石から鉄を取り出す技術がなかった　(2)ア．車　イ．目的地まで速く移動する　ウ．二酸化炭素を多
くはい出する

③ (1)子育てするための制度／図書館や文化し設／病院や健康のための制度　のうち1つ　(2)記号…イ　理由…1980年
と比べると，64才以下の人口はあまり変化がみられないが，65才以上の高れい者の人口は増えている
(3)年れいそう…高れい者　提案…現状で満足度の低い，公共の交通機関のじゅう実を提案します。高れい者が増え，
運転めん許の返納などで，移動が困難になる人も増えていると考えられるので，バスの路線やバス停を増やすのが
よいと思います。

《解　説》

① (1)　1　の前の「とてもくふうしてつくっている」は，「朝のあいさつ運動週間のお知らせ」のよい点である。
後の「確認できないことがある」は，問題点である。よって，逆接で会話文に適した言葉を答える。
(2) 【資料1】の「朝のあいさつ運動週間のお知らせ」を読んでも，「あいさつ当番」は，「いつ」「どこで」朝のあ
いさつ運動を行うのか，情報が得られない。
(3) 《くふうが必要なこと》の①～③の中で，どこをどのように変えればよいか書きやすいものを，2つ選んで答
えればよい。

② (1) 【資料】に「当時，鉄はめずらしい金属で金より何倍も貴重品でした。もともと鉄は鉄鉱石などにふくまれ，
地球上にたくさんありますが，鉄鉱石から鉄を取り出す技術がなかったからです」とある。
(2) 「車」「言葉」「インターネット」の中で，「役に立つ」ことと「よくないこと」の，どちらもあげやすいものを
選んで答えればよい。

③ (1) 資料1より，水や空気の質に対して「非常に満足している」または「少し満足している」と答えた人を合わせ
た割合は半分程度なので，他の項目で同様の割合になっているものを挙げればよい。
(2) 資料2より，64才以下の人口はあまり変化がなく，65才以上の高れい者の人口は増えていることがわかるの
で，イを選ぶ。アは1980年より64才以下の，特に若い世代の人口が大きく増えているので誤り。ウは1980年よ
り高れい者の数は増えているが，子どもの数が減りすぎているので誤り。
(3) 解答では，資料1で「非常に満足している」と答えた人の割合が最も低かった「電車やバスなどの公共の交通
機関」についての内容にした。公共交通機関が発達していない地域では，電車の駅やバス停が徒歩で行くには遠い，
または，そもそも電車が通っていないなどの問題があり，車がないと移動が難しく，結果的に高れい者の運転免
許の返納が遅れる傾向にある。電車の路線や駅を増やすことは費用や土地の関係で簡単にはできないが，バスで
あれば比かく的路線やバス停の数を増やしやすい。大人にとっての住みやすいまちへの提案としては，現状で満足
度が低い「働ける場所」の充実や，子育て世帯のための「家族がお出かけできる遊び場などのし設」の充実などが
考えられる。

《解答例》

1 (1)かささぎ公園の図…右図　理由…かささぎ公園の図のかげの
向きをもとにして考えると，かげがかげふみ遊びをするはん囲
の外に出るから，かげをふまれない。

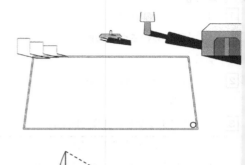

(2)お茶が入った容器内の空気があたためられて，体積が大きく
なったため，お茶が押し出されたから。

(3)説明…図2について，右のように作図する。図3の鉄棒と鉄
棒のかげの長さの比から，$a = 9 \times \dfrac{1}{1.5} = 6$ とわかるので，木の
高さは，$6 + 1.2 = 7.2$(m)／7.2

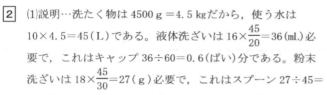

2 (1)説明…洗たく物は 4500 g ＝ 4.5 kg だから，使う水は
$10 \times 4.5 = 45$(L)である。液体洗ざいは $16 \times \dfrac{45}{20} = 36$(mL)必
要で，これはキャップ $36 \div 60 = 0.6$(ぱい)分である。粉末
洗ざいは $18 \times \dfrac{45}{30} = 27$(g)必要で，これはスプーン $27 \div 45 =$
0.6(ぱい)分である。よって，どちらとも 0.6 ぱいでよい。　0.6 ぱいでよい洗ざい…どちらとも

(2)調べること…風　加える手順…2台の物干し台のタオルの干し方は変えずに，片方の物干し台のタオルにだけ風
を当てる。

3 (1)午前の太陽は東から南の空へ動いていき，午後の太陽は南から西の空へ動いていくので，午前は東側のカーテン
を閉め，午後は西側のカーテンを閉める。

(2)[10, 10, 2][2, 10, 10][10, 50, 10] のうち1つ

(3)説明…通路をふくめて並べたときのイスのはばの合計は，$25 - 5 \times 2 = 15$(m)である。イス24きゃくのはばの
合計は $\dfrac{40}{100} \times 24 = 9.6$(m)なので，通路のはばの合計は，$15 - 9.6 = 5.4$(m)である。1つの通路のはばは1mから
2mなので，できる通路は3か所か4か所か5か所である。よって，4ブロックか5ブロックか6ブロックに分け
ることができるが，分けるブロックの数は24の約数になるから，4ブロックか6ブロックとなる。したがって，
考えられる1ブロックあたりのイスの数は，$24 \div 4 = 6$ か $24 \div 6 = 4$ である。
1ブロックあたりのイスの数…4，6

《解　説》

1 (1)　条件に合うように，地面にひいた線の内側に〇を1つかくこと。かささぎ公園の図のかげが右下にのびている
ことをもとにして考え，かげが地面に引いた線の外側に出るような位置に立てば，かげをふまれない。

(2)　空気があたためられると体積が大きくなる。図1ではとじこめられた容器内の空気があたためられて体積が大
きくなったため，ふたをあけたときにお茶が押し出されてストローの先から飛び出してきたと考えられる。

(3)　同じ形の直角三角形ができることを利用して，解答例のように木の高さを求めることができる。

2 (1)　洗たく物の重さの単位をkgにしてから，必要
な水の量を求める。次に，必要な液体洗ざいと粉
末洗ざいの量をそれぞれ求め，キャップまたはス
プーン何はい分かを考えると，解答例のように説明できる。

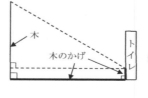
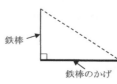

(2) 風について調べるときは干し方の条件は変えない。片方の物干し台に干すタオルには扇風機で風を当て，もう一方の物干し台に干すタオルには風を当てない。また，干し方について調べるときは風の条件は変えない（どちらの物干し台のタオルにも風を当てない）。片方の物干し台に干すタオルは2つ折りにして干し，もう一方の物干し台に干すタオルは折らずに干す。

3 (1) 太陽は東の地平線からのぼり，南の空を通って，西の地平線にしずむので，太陽が東から南の空へ動いていく午前は東側のカーテンを閉め，太陽が南から西の空へ動いていく午後は西側のカーテンを閉める。

(2) 東西方向に1列のイスを並べるのに必要な仕事の量を①とする。

①×2＝②の仕事をするのに2人で2分かかるから，1人の1分あたりの仕事の量は，②÷2÷2＝$\frac{1}{2}$

①×10＝⑩の仕事をするのに10人でかかる時間は⑩÷($\frac{1}{2}$×10)＝2（分）だから，

10人で並べれば，東西方向に10列のイスを2分で並べることができる。

①×10＝⑩の仕事を10分で行うとき，1分あたり⑩÷10＝①の仕事をするから，必要な人数は①÷$\frac{1}{2}$＝2（人）

である。よって，2人で並べれば，東西方向に10列のイスを10分で並べることができる。

10人で10分仕事をすると，仕事の量の合計は$\frac{1}{2}$×10×10＝㊿だから，

10人で並べれば，東西方向に50列のイスを10分で並べることができる。

(3) 通路のはばの合計から，つくることができる通路の数を考える。

分けられるブロックの数は，（通路の数）＋1となる。

1ブロックのイスの数をどのブロックも同じ数にするので，ブロックの数は1列に並べるイスの数である24の約数になることに注意する。

《解答例》

1　(1)1．Tyôzyamati　2．Chōjamachi　(2)(例文1)あ…水飲み場　い…飲み口の下に空間を設ける　う…車いすの使用者にとって，車いすのまま飲み口に近づき　(例文2)あ…テーブルとベンチ　い…テーブルの前にベンチがない空間を設ける　う…車いすの使用者にとって，車いすのままテーブルにつき　(3)(例文1)くふうするもの…照明のスイッチ　くふう…身長が低い人や車いすの人の手が届かない高さにあるので，人が近づくとセンサーが反応して電気がつくようにする。　(例文2)くふうするもの…学級の道具箱　くふう…いろいろな物が入りまじっていると取り出しにくいので，同じ種類ごとにまとめて収納できるように仕切りをつける。

2　(1)1．大きなえいきょうがあった　2．プラスチックゴミ問題への関心がある人の割合が有料化後に50%をこえ，実際にレジぶくろをもらった人の数が半減した　(2)わりばしは，間ばつした木材で製品をつくる際に残った切れはしでつくられ，使用後は再生紙の製品にリサイクルされる　(3)①(例文)チラシを家庭に持ちかえることで，家族で話し合う機会が増え，分別に対する家族の意識が高まる。　②(例文)今までなら捨てていたTシャツをぞうきんとして再利用すれば，資源のむだ使いが減っていく。

3　(1)記号…A　1．(親水)公園　2．郵便局　(1と2は順不同)　(2)一人ぐらし世帯や核家族世帯の数が増えている　(3)4．あかね通り　5．(例文)山側の急斜面から，落石や土砂くずれが起きないような対策をしてほしい

《解　説》

2　(1)　質問1を見ると，レジぶくろを有料化する前は，プラスチックゴミ問題に関心がある人とない人の割合がほとんど同じだったが，有料化した後は，関心がある人の数が22人も増えている。質問2を見ると，レジぶくろを有料化する前は，レジぶくろをもらった人の方がもらわなかった人よりも多かったが，有料化した後は，もらった人の方がもらわなかった人よりも少なくなっている。

　　(2)　間ばつした木材の余った部分をむだにしないで利用していること，使用後に再生紙にリサイクルしていることを盛り込む。

　　(3)　①より，リサイクルされるゴミが増えてゴミの減量につながること，②より，Tシャツの再利用でゴミの発生を抑えていること(リデュース)を読み取る。リサイクルやリデュースのほか，そのままの形体で繰り返し使う「リユース」を加えた3Rを進め，新たな天然資源の使用を減らす「循環型社会」が目指されている。

3　(1)　家について，方角は，上が北，右が東，下が南，左が西だから，はがくれ駅の北西(左上)にあるAと判断する。Aの周りを見ると，昔は田(Ⅱ)があった地域に，郵便局(⊤)や親水公園ができたことがわかる。

　　(2)　一人ぐらしの世帯や，二人(夫婦・親子)ぐらしの核家族世帯が増え続けていることに着目する。

　　(3)　あかね通りの右側に山の斜面が見えるので，土砂くずれや落石防止用のネットや柵が必要であることがわかる。れんげ公園の橋を選んだ場合は，大雨が降ると，池の水が増水して橋を越えるなどの危険が考えられる。

《解答例》

1 (1)ア. 上　イ. カブ　ウ. 下　エ. キャベツ

(2)[囲い1／囲い2]　[0，4，3／5，1，2]，[1，2，4／4，3，1]，[2，0，5／3，5，0] のうち

1つ(囲い1と囲い2は順不同)　　(3)①足りない　②肥料15Lは2ふくろで$\left(5\times\frac{15}{10}\right)\times2=15$(kg)あるが，これは2か

所の畑に入れるのに必要な肥料の量である$(2\times2\times2)\times2=16$(kg)より少ないから。

2 (1)右図　　(2)台紙の辺の長さ…右図

理由…$27.2\div9=3$余り0.2，

$39.3\div6=6$余り3.3より，6枚の

画用紙でしおりの台紙を

$(3\times6)\times6=108$(枚)作れるから。　　(3)ウ. 750　エ. 17

選んだかざりがアの場合の2回折った折り紙

選んだかざりがイの場合の2回折った折り紙
2(1)の図

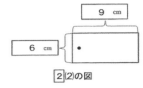
9 cm
6 cm
2(2)の図

3 (1)Ⓐの長さ…4　理由…図2の水が入っている部分の立体について，たてが$25-5=20$(cm)，横が20cmの面の面

積は$20\times20=400$(cm²)だから，図3の水が入っている部分の立体の三角形の面の面積は$400\div2=200$(cm²)となる。

この三角形の高さを25cmとすると，底辺は$200\times2\div25=16$(cm)となるから，Ⓐの長さは$20-16=4$(cm)となる。

(2)(アで①を選んだ場合)…イ. 同じに　ウ. 2　エ. 1　(アで②を選んだ場合)…イ. 多く　ウ. 1　エ. 1

(3)ひなさんが言っていることはまちがっていないと言える理由…冬は水温が18℃より低くなり，日照時間が12時

間より短くなるから。　　りくさんが言っていることはまちがっていないと言える理由…冬でもヒーターを使って水

温を18〜30℃で安定させ，室内照明を使って明るい時間を12時間以上にすることができるから。

《解　説》

1 (1)　問題の条件では収かく時期について何もふれられていないが，5月に種をまく野菜の収かく時期が，8月の

種まきの時期と重ならないようにした方がよいであろう。トマトの収かく時期は8月中旬(ハクサイの種まきの時

期)まであるので，なるべく早く収かくできるように，5月ア上旬に種まきをし，収かく時期が8月ではないイカ

ブの種をいっしょにまく。これで「食べる部分が実の野菜，葉の野菜，根の野菜がそれぞれ1つ以上」の条件を満

たしたことになる。8月の種まきは，トマトの収かく時期と重ならないように8月ウ下旬に行う。8月下旬が種ま

きの時期である野菜はハクサイ以外に，キャベツ，レタス，カブ，ニンジンがあり，収かく時期が5月のものはな

いので，ハクサイといっしょにたねをまく野菜はこれらのうちどれでもよい。

(2)　高さが5cm，6cm，7cmの木わくはそれぞれ，$20\div4=5$(段)ずつ作れる。すべての木わくを積み上げると，

高さは$(5+6+7)\times5=90$(cm)となるので，2つの囲いの高さがそれぞれ$90\div2=45$(cm)となればよい。高さ

が45cmになる組み合わせは，解答例の3つだけである。

(3)　肥料15Lは$5\times\frac{15}{10}=7.5$(kg)あるから，2ふくろで$7.5\times2=15$(kg)ある。2か所の畑の面積の和は

$2\times2\times2=8$(m²)だから，必要な肥料の量は$8\times2=16$(kg)である。よって，解答例のように説明できる。

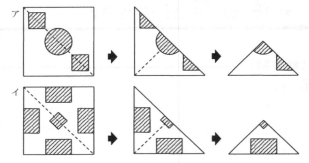

2 (1) ア，イそれぞれについて，順に折っていくと，右図のようになる。よって，切りとる部分は解答例のようになる。

(2) 100÷6＝16余り4より，画用紙1枚につき，しおりの台紙を17枚以上作る必要がある。

リボンを通す穴をつけるので，台紙のたての長さは6cm以上，横の長さは6＋2＝8(cm)以上になる。画用紙のたての辺から台紙のたての辺を取る場合，27.2÷6＝4余り3.2より，たてに並ぶ台紙が4枚以下となり，横に並ぶ台紙を，17÷4＝4余り1より，5枚以上にしなければならないが，39.3÷5＝7余り4.3より，台紙の横の長さを8cm以上にできない。したがって，台紙のたての辺を画用紙の横の辺から取る。その場合，39.3÷6＝6余り3.3より，横に並ぶ台紙が6枚以下となるから，たてに並ぶ台紙を，17÷6＝2余り5より，3枚以上にしなければならない。27.3÷3＝9余り0.3より，台紙の横の長さを9cm以下にすればよい。

よって，台紙のたての長さは6cm，横の長さは8cmか9cmにする。

(3) 芯(しん)を除いたリボンの重さは，赤が26－10＝16(g)，青が22－10＝12(g)

赤のリボンは16gで10m＝1000cmだから，青のリボンは1000×$\frac{12}{16}$＝ゥ750(cm)残っている。

赤と青のリボンを1本につなげて考えると，全部で1000＋750＝1750(cm)となり，100本分作る場合は1本あたり最大で1750÷100＝17.5(cm)となる。1本分の長さを17cmとすると，1000÷17＝58余り14，750÷17＝44余り2より，赤のリボンが58本，青のリボンが44本で合わせて58＋44＝102(本)作れるから，1本分の長さをできるだけ長くするとェ17cmとなる。

3 (1) 図2，図3の水が入っている部分の立体を高さがともに30cmの角柱と考える。それぞれの底面は，たてが25－5＝20(cm)，横が20cmの四角形(正方形)と，底辺が20－Ⓐ(cm)，高さが25cmの三角形となる。よって，図3の水が入っている部分の三角柱の底面積が，図2の水が入っている部分の四角柱の底面積の半分になるから，解答例のように説明できる。

(2) 図5の装置で行った実験と比べるので，①の明るさが関係しているかを調べたい場合，図5の実験装置と明るさ以外の条件が同じになるように実験装置を作ればよい(ライトの数は2個以上であればよい)。同じように，②の水の量が関係しているかを調べたい場合，水の量以外の条件を同じにすればよい(水の量は少なくしてもよい)。このように，調べたいことがら以外の条件をそろえて行う実験を対照実験という。

(3) 自然界でメダカが冬に卵を産まないのは，水温が下がり，日照時間が短くなるからである。冬でも道具を用いて水温を上げ，明るい時間を長くすれば，メダカは卵を産むと考えられる。

《解答例》

1. (1)図書館にもっと来てみませんか　(2)１．場所　２．時間（１と２は順不同）

(3)（番号で①を選んだ場合の改善方法の例文）貸し出し中で借りられなかった場合は図書委員に伝えてもらい，その本は貸し出し期間を短くする。それ以外の本は貸し出し期間を長くする。

2. (1)記号…B，C　理由…まだ食品ロスをなくすために取り組んでいる人は６割弱で増えていないうえに，市全体での食品ロスの量もほとんど減っていない

(2)[場面／取り組み]　[食品を調理／食べきる分を調理する。]，[食事／好き嫌いをせず残さず食べる。]などから１つ

(3)（パネルでイを選んだ場合のメッセージの例文）日本で出る食品ロスを国民１人あたりに換算すると，毎日茶わん１ぱい分を捨てていることになります。一人一人が食べ残さないことが，食品ロスを減らすことになるので，

3. (1)（１で©を選んだ場合の２の例文）パン屋の大きな建物と，クスノキの大木がならんだ，はく力のある絵がかける

(2)グループ１…（作品でア，エを選んだ場合の共通する特ちょうの例文）下書きの線をはっきりと残してかいているグループ２…（作品でイ，ウを選んだ場合の共通する特ちょうの例文）輪かくなどをぼかしてかいている

《解　説》

1. (1)　《条件１》にある「あやかさんの思い」とは，あやかさんの発言にある「まだまだ図書館を利用していない人も多いから，学校のみんなに図書館のいいところを知らせることで，もっと図書館を利用する人を増やしたい」というもの。

(2)　書き加える情報は，「読み聞かせ会」に関するものである。会に参加しようと思っている人の立場に立って，どんな情報が欲しいかを考える。

(3)　②を選んだ場合は，利用目的に応じて場所や時間帯を分けるという方法が考えられる。③を選んだ場合は，本を増やした上で，本の分類方法や置き場所を見直すなどの方法が考えられる。

2. (1)　Bより，2016年以降の食品ロスをなくすために取り組んでいる人の割合は，およそ60%でほとんど変化していないことが読み取れる。Cより，2016年以降の市全体での食品ロスの量は，およそ12000tでほとんど変化していないことが読み取れる。解答例のほか，AとBを選び，「食品ロスの問題を知っている人の割合は８割に増えているにもかかわらず，実際に食品ロスをなくすために取り組んでいる人は６割弱で増えていない」としても良い。

(2)　条件２の「食品を買った後の取り組みを考えること」に注意しよう。解答例のほか，「食品を調理（するときには）期限の近い食品や傷みやすい野菜・肉などを積極的に使う」なども良い。食品ロスは家庭から発生する量が特に多い。そのため，買い物に行く前に冷蔵庫の中の在庫を確認したり，食べきれないほどの食材を買いすぎないようにしたりするなどの取り組みも進められている。

(3)　限りある食べ物を，無駄なく食べきる大切さを訴えるメッセージを考えよう。アのパネルを選んだ場合は，「食材は，肉や魚などの生き物の命を頂いているということになります。食べ物の大切さを理解して食べ残さないことが，食品ロスを減らすことになるので，（給食の食べ残しをしないようにしましょう。）」などとしても良い。

3. (1)　《条件１》に書かれている条件が多いので，見のがさないように注意する。Ⓐ〜©のどこを選んでも条件を満たす絵がかけるので，書きやすいものを選べばよい。

(2)　イとエは，遠近法を使って奥ゆきのある絵をかいている。アとウは，対象の建物や木を一つにしぼり，画面いっぱいにはく力のある絵をかいている。

《解答例》

1 (1)[第1試合～第3試合の時間／第4試合～第6試合の時間] ［6／3］，［5／4］，［5／3］，［4／5］，
［4／4］，［3／6］，［3／5］のうち1つ　　(2)1位…3　2位…1　3位…2　理由…1組の人数は 22＋18＝
40(人)，2組の人数は 20＋20＝40(人)，3組の人数は 20＋16＝36(人)で，3組だけ人数が少ない。1組または2組の人数
は3組の人数の$\frac{40}{36}＝\frac{10}{9}$(倍)である。この人数の差を点数に反映するために，3組の点数を$\frac{10}{9}$倍にすると公平になる。3組の
点数の$\frac{10}{9}$倍は，$117×\frac{10}{9}＝130$(点)である。こうすると，点数が多い順に，3組，1組，2組となる。

2 (1)比べる結果…1，3　分かること…(部屋の温度が同じとき，)部屋のしつ度が高いと，水てきがつき始めたときの
水の温度も高い。〔別解〕比べる結果…2，3　分かること…(部屋のしつ度が同じとき，)部屋の温度が高いと，水
てきがつき始めたときの温度も高い。　　(2)ア．ふたがある　イ．ふたがない　ウ．A　エ．B　オ．B　／ア．真空
の部分がない　イ．真空の部分がある　ウ．A　エ．C　オ．A　などから1組

3 (1)
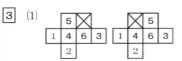　　　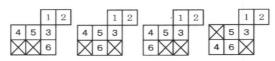

※左の図から1つと，右の図から1つ

(2) 8を表すデザイン　　　10を表すデザイン　　　12を表すデザイン
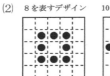

4 (1)日ざしが強くて土がかわいてしまうときには，日かげに移動させることができる
(2)(番号で①を選んだ場合の方法の例文)ポリポットに土を入れたものを2個用意する。土の温度が同じであることを
確かめてから，片方の土に黒いマルチシートをかぶせ，2個のポリポットを日光の当たる場所に数時間置く。数時間
後，再び土の温度をはかり，マルチシートがあるときとないときの温度変化を比べる。

《解　説》

1 (1)　【新しい計画】では，試合時間以外の合計が 1＋3＋3＋2＋4＋2＋2＋1＝18(分)だから，試合時間の
合計を，40－18＝22(分)以上，22＋5＝27(分)以下にすればよい。最初の【計画】では試合時間の合計が，
5×3＋5×3＝30(分)であり，第1試合～第3試合の時間，または，第4試合～第6試合の時間を1分短縮ご
とに，試合時間の合計は3分短くなる。よって，どちらかを1試合5分から1試合4分にすればよい。解答例の
ように，条件に合う試合時間は他にもいくつか考えられる。
　(2)　比例の考え方を使うとよい。3組の人数を何倍すると1組または2組の人数と同じになるかを求め，点数を
同じだけ倍にすればよい。

2 (1)　ある条件について調べたいときは，その条件だけがことなる2つの結果を比べる。1日目と3日目は部屋のしつ
度だけがことなる(部屋の温度が同じ)から，部屋のしつ度が高いと，水てきがつき始めたときの温度も高いことが分
かる。また，2日目と3日目は部屋の温度だけがことなる(部屋のしつ度が同じ)から，部屋の温度が高いと，水てき
がつき始めたときの温度も高いことが分かる。

(2)　予想では，調べたい条件を明確にしよう。アとイに入る組み合わせは「ふたがある」と「ふたがない」または「真空の部分がある」と「真空の部分がない」のどちらかである。「ふたがある」と「真空の部分がない」のように調べる条件が分からないような組み合わせは不適切である。また，ウとエには，アとイに入れた条件に合ったコップを選ぶこと。アに「ふたがある」，イに「ふたがない」を入れたときには，ウとエにAとB（またはCとD）が入り，オにはB（またはD）が入る。アに「真空の部分がない」，イに「真空の部分がある」を入れたときには，ウとエにAとC（またはBとD）が入り，オにはA（またはB）が入る。

3 (1)　立方体の展開図は右図の①〜⑪の11種類ですべてなので，覚えておくとよい。①〜⑥のように，4つの面が1列に並び，その上下に1面ずつがくっついている形が基本的な形である。立方体の展開図では面を90°ずつ回転移動させることができるので，⑤の左端（ひだりはし）の面を上に回転移動させると⑦になる。⑦の一番下の面を右に回転移動させていくと，⑧と⑨ができる。⑩と⑪は覚えやすい形なので，そのまま覚えるとよい。

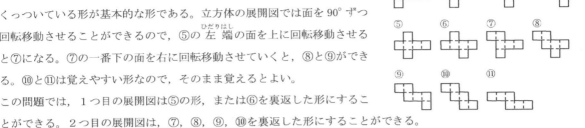

この問題では，1つ目の展開図は⑤の形，または⑥を裏返した形にすることができる。2つ目の展開図は，⑦，⑧，⑨，⑩を裏返した形にすることができる。

なお，3と4の数字を書く位置によって，図1のサイコロと同じサイコロができるか，または，図1の3の面が4の面であるサイコロができるかが変わってくる。問題の≪条件1≫の中に，図1のサイコロと同じサイコロができるようにするという条件はないが，会話文1の中に「サイコロ（【図1】）を2個作る」とあるので，図1と同じサイコロができるようにしておいた方がよいであろう。

(2)　右図の同じ記号はそれぞれ，図2の①〜④の4本の対象の軸について線対称なので，この4つ1組の位置を意識しながら，●をかいていく。「8を表すデザイン」と「12を表すデザイン」は対称の軸を4本かけるものができるが，「10を表すデザイン」は対称の軸が2本かけるものしかできない。解答例をふくめ以下のようなデザインなどが考えられる。

8を表すデザイン　8を表すデザイン　8を表すデザイン　10を表すデザイン　10を表すデザイン　10を表すデザイン　12を表すデザイン　12を表すデザイン

4 (1)　種の発芽に必要な条件は，水，空気，適当な温度である。種をポリポットにまくことで，日ざしが強くて土がかわいてしまうときには，日かげに移動させることができる。強い雨が降ったときには，雨の当たらないところに移動させることで，種が水につかって空気が不足することがない。気温が低くて発芽しないときには，暖房のきいた室内に移動することができる。

(2)　①と②のどちらかを選び，土に黒いマルチシートをかぶせた部分とかぶせない部分のちがいを比べる。①では，日光を当てたとき，土に黒いマルチシートをかぶせた部分とかぶせない部分の土の温度の上がり方を比べ，②では土に黒いマルチシートをかぶせた部分とかぶせない部分の土にしみこんだ水の状態を比べる。

《解答例》

1　(1)国名…タイ　取り組み…佐賀県内の陶磁器の産地を案内して，焼き物づくり体験や県内の陶磁器を使った料理を食べてもらい，佐賀県の陶磁器のすばらしさを知ってもらう。　理由…タイの民族衣装は色あざやかで，有田焼などの焼き物に通じるところがあり，食の文化が日本に近いと思うので，佐賀県の陶磁器にも興味をもってもらえると思うから。

(2)国名…ニュージーランド　伝えること…ニュージーランドの冬の服装より，1枚余分に羽織るか，厚手のコートを用意して，佐賀県に来てください。2月のニュージーランドは夏で，佐賀県の2月との気温差は10度以上あるので，思う以上に寒く感じると思うからです。

2　(1)(例文)秋祭りの歴史は古く，1910年に始まりました。その2年後には，衣装と笛，たいこが作られ，おどりが始まりました。おどる人はさまざまな色が使われた衣装を着るので，とてもはなやかで，見ていてわくわくします

(2)(②を選んだ場合の例文)おどりのはなやかさや，みこしのはく力が一目で伝わるから。

(3)(例文)秋祭りの担い手の数が約半分に減っています。特に若者の数が大きく減っているので，このままでは秋祭りが続けられないかもしれません。

3　(1)[ア／イ]　[B／A]，[A／E]，[C／E]から1つ　ウ．チケットを残らず全部使えるし，持ち帰れるものも1つ以上作れるし，先着順のところに行くのも1つ以下になる　エ．(ア．B　イ．Aを選んだ場合)先着順の店から先に行った方がいい　(ア．A　イ．Eを選んだ場合)公民館から近い店から先に行った方がいい

(ア．C　イ．Eを選んだ場合)先着順の店から先に行った方がいい

(2)(①を選んだ場合の例文)オ．お仕事体験の前に，ステージでお店の人に子ども達がインタビューするコーナーを設ける　　カ．仕事内容に興味を持ち，自分も実際にやってみたいと思う人が増える

《解　説》

1　(1)　【資料1】のそれぞれの国の特色と，佐賀県の特産物や食べ物などで共通している部分を探し，佐賀県の魅力をアピールするためにはどんな取り組みが必要か具体的に考えよう。解答例のほか，取り組みを「稲作がさかんな筑紫平野を案内して，県内でつくられたブランド米を食べてもらい，タイのお米とのちがいや似ているところを発見してもらう。」，理由を「タイでは稲作がさかんであり，お米をよく食べていると思うので，佐賀県で開発されたブランド米にも興味をもってもらえると思うから。」としてもよい。また，「ニュージーランド」を選んだ場合は，取り組みを「海苔の養殖がさかんな有明海を案内して，海苔の手すき体験や県内でつくられた海苔を使った料理を食べてもらい，佐賀県の海苔の素晴らしさを知ってもらう。」，理由を「ニュージーランドは海に囲まれており，水産物をよく食べていると思うので，佐賀県の海苔にも興味をもってもらえると思うから。」としてもよい。

(2)　解答例のほか，フィンランドを選んだ場合は「フィンランドの冬の服装より，防寒性が高くないコートや靴を用意して，佐賀県に来てください。2月のフィンランドは氷点下で，佐賀県の2月との気温差は10度以上あるので，思う以上に暖かく感じると思うからです。」，タイを選んだ場合は「厚手のコートや帽子，手袋，マフラーなどの防寒着を用意して，佐賀県に来てください。2月のタイは気温が高く，佐賀県の2月との気温差は15度ほどあるので，思う以上に寒く感じると思うからです。」としてもよい。

2 (1) 「はく力」は，500キログラムあるというみこしについて，「音色」はおどりの音楽（笛とたいこ）について，「はなやかさ」はおどりの衣装などについて書くことが考えられる。

(3) 【資料2】のグラフから読みとれるのは，秋祭りの担い手の数が減っていること，特に0～20才の人の数が大はばに減っていることである。若者が減っていることで，将来秋祭りがどうなるかを予想して書くと良い。

3 (1) チケットはカレーコーナーで使う以外の5－2＝3（枚）を全部使うから，AかCに1回，BかDかEに1回行く。また，まなみさんの「先着順のところは行くとしても1つにして」という発言から，先着順（BかCかD）のところに0回または1回行く。この2つのことから，考えられるのは，AとB，AとD，AとE，CとEの組み合わせである。持ち帰れるものを1つ以上作るので，BかCかEの場所に少なくとも1回は行くから，AとDの組み合わせは条件に合わない。よって，AとB，AとE，CとEの組み合わせのみになる。

むだに歩かないよう，きた道を戻らないようにし，かつ，先着順がある店には先に行くようにすると，解答例のような順番になる。

(2) 「子どもフェスタ」のねらいは，「たくさんの子どもたちに商店街に来てほしい」「商店街のお店のよさについて知ってほしい」「働くことに興味をもち，将来に役立ててほしい」というもの。カは，そのような「ねらい」に結びつく「よさ」を考えてまとめる。②を選んだ場合は，オ「商店街の人が案内役になり，実際に仕事を体験するツアーを開さいする」，カ「仕事の大変さや，楽しさ，おもしろさなどを実感することができる」などの答えが考えられる。

《解答例》

1 (1)記号…ア　理由…棒温度計に太陽の光が直接当たるから。〔別解〕記号…イ　理由…風通しが悪いから。

(2)番号…①　変えたこと…タオルの色のこさの種類を増やした。　確かめられること…色がこいほどタオルがかわくまでの時間が短くなる　〔別解〕番号…②　変えたこと…タオルを干す場所を，太陽の光が当たる場所から太陽の光が当たらない場所に変えた。　確かめられること…タオルがかわくまでの時間が，太陽の光が当たることのえいきょうを受ける

2 (1)1試合あたりの取った点数を考えると，ひなたさんは9÷6＝1.5(点)，たろうさんは10÷8＝1.25(点)である。ひなたさんの方が1試合あたりの取った点数が多いから，MVP候補と考えることができる。

(2)条件…Bチームが負けて，Aチームの(得点の合計)－(失点の合計)がCチームの(得点の合計)－(失点の合計)より高くなる。　試合結果の得点例…2，0／0，1　〔別解〕条件…BチームとCチームが引き分けで，Aチームが3点差以上つけて勝つ。　試合結果の得点例…3，0／0，0

3 (1)2，7，1　〔別解〕3，5，2

(2)右図①の⑦の長さは140－70＝70(m)，①の長さは70－35＝35(m)なので，校庭2つ分を合わせると，縦が70m，横が70＋140＝210(m)の長方形ができる。これを縦に210÷70＝3(つ)合わせると，図②のように，縦が70×3＝210(m)，横が210mになるので，1辺が210mの正方形になる。よって，世界一高いピラミッドの底面の広さは，ひろしさんの小学校の校庭の約6つ分である。

4 (1)ア．5　イ．時間がたっても高さが変わらなかった　ウ．5℃のときにははたらかない　〔別解〕ア．20　イ．10分後からほぼ一定の割合で高さが高くなっていった　ウ．20℃のときにはゆっくりはたらく

(2)番号…①　温度…35　理由…パン生地の高さの増え方が最も大きいから。〔別解〕番号…②　温度…20　理由…パン生地の高さの増え方が最も大きいから。

《解　説》

1 (1)　気温をはかるための条件1～3に着目する。アでは，少なくとも3つの面に穴があいていることが分かる。北を向いている面にあけた穴からは太陽の光が入りこまないが，それ以外の方角を向いている面にあけた穴からは太陽の光が入りこむ可能性がある(条件3に合っていない)。また，イでは，棒温度計を差しこんだ穴以外にすき間がなく，風通しが非常に悪い状態になっている(条件2に合っていない)。　　(2)　①…最もうすい白と最もこい黒を比べただけでは，その間のこさでどのようにタオルがかわくまでの時間が変化するか分からないので，色がこいタオルの方がかわきやすいと言い切ることができない。そこで，白と黒の中間のこさである灰色のタオルを用意して同様に実験することで，色のこさとタオルのかわきやすさの関係についてより細かく調べることができる。この結果，灰色のタオルがかわくまでの時間が白色のタオルより短く，黒色のタオルより長ければ，色がこいタオルの方がかわきやすいと考えてよい。　②…太陽の光が当たる場所に干したときと比べることで，太陽の光が当たることによるえいきょうを確かめることができる。タオルがかわくまでの時間が変わったのか，変わったなら白色のタオルと黒色のタオルで変わり方にちがいがあるのか，などに着目していけば，太陽の光が当たることのえいきょう

について考えることができる。

2 (1) 1試合あたりの取った点数の割合を，(取った点数の合計)÷(試合数)で求める。

(2) 試合で勝った数が一番多いチームが優勝なので，Aチームが優勝するには，Bチームが負けまたは引き分けにならなければいけない。

Bチームが負けた場合，勝った数と引き分けの数から，AチームとCチームが上位に並ぶ。AチームとCチームの(得点の合計)−(失点の合計)は現在ともに0点なので，Aチームだけが優勝するには，CチームとBチームの試合の(得点の合計)−(失点の合計)より，AチームとDチームの試合の(得点の合計)−(失点の合計)の方が大きくなればよい。

BチームとCチームが引き分けの場合，勝った数と引き分けの数から，AチームとBチームが上位に並ぶ。AチームとBチームの(得点の合計)−(失点の合計)は現在それぞれ0点，2点であり，Bチームは3試合目に引き分けると2点のままなので，Aチームだけが優勝するには，AチームとDチームの試合の(得点の合計)−(失点の合計)が3点以上になればよい。

3 (1) ピラミッドの模型を作るのに必要なブロックの数は，4段が1＋4＋9＋16＝30(個)，5段が30＋25＝55(個)，6段が55＋36＝91(個)，7段が91＋49＝140(個)である(8段以上は200個では作ることができない)。
一の位の数に注目すると，使うブロックの合計個数を200個にするためには，5段以上のピラミッドについて，5段を偶数個作るか，7段を1個作るしかない。7段を1個作ると残りは200−140＝60(個)になり，4段を60÷30＝2(個)作るとちょうど200個になる。5段は4個以上作れないので，5段を2個作ると，残りは200−55×2＝90(個)になり，4段を90÷30＝3(個)作るとちょうど200個になる。

(2) 解答例以外に，以下のように実際の面積を求める方法も考えられる。
校庭は右図のように2つの長方形に分けられるから，校庭の面積は，
35×(140−70)＋70×70＝35×70＋70×70＝(35＋70)×70＝105×70＝7350(㎡)となる。
世界一高いピラミッドの底面の面積は，210×210＝44100(㎡)である。
44100÷7350＝6だから，世界一高いピラミッドの底面の広さは，ひろしさんの小学校の校庭の約6つ分である。

4 (2) イースト菌のはたらきでパン生地がふくらむとあるから，パン生地の高さの増え方が大きいときほどイースト菌が活発にはたらいていると考えればよい。①では35℃のときが約0.7㎝，②では20℃のときが約0.9㎝増え，それぞれ増え方が最も大きくなっている。

《解答例》

1 (1)(例文)記号…ア　活動…給食の時に校内放送で、その日の給食に使われている材料と、その食材にふくまれている栄養素と、その働きについてしょうかいしたい。

(2)見出し2…牛乳の登場　本文2…それまでの脱脂粉乳にかわって、1964年からは牛乳が飲まれるようになった。見出し3…品数が豊かに　本文3…おかずは、次第に品数が増えていった。また、1976年からは主食にご飯が加わった。

(3)(例文)給食では佐賀県に伝わる料理を出すことで、郷土愛を育んでいます。ご家庭でも佐賀ならではのおいしさを味わってみませんか。

2 (1)あ…病気のようなよくないことを引きおこすと考えられていたおにを、悪いものを追い出す力があると考えられていた豆を使って追い出すためです　い…おにを追い出し、福を招き入れることで、健康で幸せに暮らしたい

(2)外国のことを学ぶことで、外国と比かくすることができるようになり、外国にはない日本のよさを知ったり、反対によくない点を発見したりするから。

(3)(例文)方法…交かん日記を書く　説明…最初は、みさきさんは日記を日本語で書き、レイラさんは英語で書く。しばらくしたら、みさきさんは英語で書き、レイラさんは日本語で書く。すると、日記を読んだり書いたりするうちに、おたがいに相手の言語の読み書きが身についていく。

3 (1)①ウ　②(例文)アリの家がどんなに遠くても、角砂糖がどんなに重たくても、長い時間をかけて少しずつ運んでいけば、いつかは山の上の家に持ち帰ることができる

(2)(例文)発表の方法…ことわざを演劇にして発表する　説明…ことわざをもとに、物語を作って発表します。言葉だけだと難しくて意味が分からないことわざも、演劇であれば理解しやすくなります。

《解　説》

1 (1) 「給食のこんだてを考える人や調理をする人の願いを実現する」ような、具体的な委員会活動が思いうかぶ方を、「アかイのどちらか」から選ぶ。「全校児童に向けて行う」ことができる活動であることが大切。

(2) まず【資料2】から「学校給食の移り変わり」として、分かることをあげる。大きな変化として「飲み物」の「脱脂粉乳（だっしふんにゅう）」が「牛乳」に変わったこと(1964年)、「主食」が「パン」だけでなく「パンまたはご飯」になったこと(1976年)、「おかず」の品数が増え、デザートも出るようになったこと(1964〜1976年)などがあげられる。

(3) 【資料4】の「給食のこんだて」の特ちょうとして、主に「佐賀県産（さが）」の食材を使い、「佐賀県に伝わる料理」を作っていることがあげられる。地元の食材を使ったり、郷土料理をこんだてに取り入れたりすることで、郷土愛を育んでいることや、郷土料理にふれられることなどが、この「給食のこんだてのよさ」といえる。「呼びかける記事」なので、≪条件3≫にあるように、「記事の終わりは『〜ましょう』や『〜ませんか』のように呼びかける表現で書くこと」が大切だ。

2 (1)あ 【メモ】の1つ目と3つ目があてはまる。この2つの内容を「〜から(ため)です」の形でまとめる。
い 「豆まきにこめられた願い」は、【メモ】の4つ目にある「かけ声」からおしはかることができる。おに(＝よくないことをひきおこすものとされた)を外へ追い出し、福を家の中に招き入れることで、家族の健康と幸せを願っていると考えられる。

(2) 「外国のことを学ぶ」と、外国のことを知るだけでなく「自分の国」と比かくすることができるようになる。比かくすることで、自分の国の「よさ」や「よくない点」が分かるようになる。

(3) 日記を交かんする以外にも、絵手紙の交かんや、詩・かるた・絵本の制作など、楽しみながら交流できるものを考えよう。

3 (1) なるみさんのかいた【イラスト】によると、アリの大きさと比べて角砂糖（かくざとう）の大きさがかなり大きい（＝重い）こと、アリの家が遠い山の上にあることから、アリがこれからとても困難なことをしようとしていることが分かる。がまん強く続けていれば（＝長い時間をかけて少しずつ運んで行けば）、いつか必ず成功する（＝山の上の家に持ち帰ることができる）ことを示していると考えれば、ウのことわざについて説明ができる。山に２ひきのアリがいることに着目して、３びきで考えれば角砂糖をうまく運ぶ方法を思いつくかもしれないと考えれば、アのことわざについて説明ができる。また、木に葉が残っておらず、落ち葉がまっていることから、これから食料が手に入りづらい冬が訪れると考えれば、イのことわざについて説明ができる。指定された４つの言葉の中から２つを使うことに注意する。「〜ということだよ」につながっていくように書くので句点（。）はつけない。

(2) なるみさんの考えた【イラスト】が分かりやすいように、言葉より分かりやすい演劇や物語、歌などにして発表すれば１年生や２年生も楽しみながらことわざの意味を理解することができると思われる。

《解答例》

1 (1)[気をつけること／理由]［エアコンの風が当たらないようにする。／エアコンの風がマフラーで包んでいない氷に直接当たると，氷がとけやすくなるから。］，［直射日光が当たらないようにする。／直射日光がマフラーで包んでいない氷に当たると，氷がとけやすくなるから。］，［同じ形の氷を使う。／氷の形によってとけ方が変わるから。］ などから1つ

(2)方法…空気を多くふくむように，新聞紙で何重にもアイスクリームを包む。／丸めた新聞紙をたくさん用意し，その中にアイスクリームを入れ，全体を丸めていない新聞紙で包む。などから1つ

理由…新聞紙のすき間に空気があることで，アイスクリームに熱が伝わりにくくなるから。

2 (1)番号…① 言葉…多くなる 理由…前の歯車と後ろの歯車の歯の数の比が5：2だから，前の歯車と後ろの歯車の回転数の比が2：5となり，ペダルを2回こぐと後ろのタイヤは5回転するから。

〔別解〕番号…② 言葉…少なくなる 理由…前の歯車と後ろの歯車の歯の数の比が5：2だから，前の歯車と後ろの歯車の回転数の比が2：5となり，後ろのタイヤを5回転させるためにはペダルを2回こげばよいから。

(2)[バスの時刻／電車の時刻]，［18，10／18，45〕〔別解〕[17，40／18，5]，[17，40／18，25]

3 (1)【図2】の方眼の1マスの対角線の長さを①とすると，Aの長さは①，Bの長さは③と表せるから，A：B＝1：3となるよ 　　(2)①「は行」は1と2の2マス，「ま行」は2と3の2マス，「や行」は3と4の2マスを黒くぬりつぶして表す。
②右図

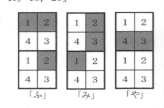

「ふ」　「み」　「や」

4 (1)実験の説明…台車に割りばしを立てて，紙を船のほのようにつける。これにせん風機で風を当て，台車が進むきょりをはかる。次に，紙を折って風が当たる面積をせまくして，その他の条件は変えずに，台車が進むきょりをはかる。　結果…紙を折る前の方が台車が進むきょりが長くなる。

(2)[番号／ア／イ]　[①／小さく／手が水を受ける面積がせまくなる]，[②／大きく／手が水を受ける面積が広くなる] のうち1つ

《解　説》

1 (1)　マフラーで包んだこと以外の条件に違いがあると，マフラーで包んだことによって結果が異なったのか，それ以外の条件の違いで結果が異なったのかを判断することができなくなる。

(2)　空気には熱を伝えにくい性質があるので，アイスクリームのまわりに空気の層をつくると，アイスクリームはとけにくくなる。丸めた新聞紙のほかに，新聞紙を細かくちぎったものを用いてもよい。

2 (1)　2つの歯車の回転数の比は，歯の数の比の逆比に等しい。前と後ろの歯車の歯の数の比が25：10＝5：2だから，回転数の比は2：5である。

(2)　バスは6時10分から30分おきにバス停を発車するから，1時間に2回，○時10分と○時40分に発車する。バスの速さは時速45kmだから，バスで移動する時間は，$15÷45=\frac{1}{3}$(時間)，つまり$(\frac{1}{3}×60)$分＝20分である。したがって，○時10分にバス停を発車したバスは，○時30分にA駅に着き，○時40分にバス停を発車したバスは，（○＋1）時にA駅に着く。

電車は，6時5分から20分おきにA駅を発車するから，1時間に3回，○時5分，○時25分，○時45分に発車する。電車の速さは時速60kmだから，電車で移動する時間は，$10 \div 60 = \frac{1}{6}$（時間），つまり（$\frac{1}{6} \times 60$）分＝10分である。したがって，○時5分にA駅を発車した電車は，○時15分にB駅に着き，○時25分にA駅を発車した電車は，○時35分にB駅に着き，○時45分にA駅を発車した電車は，○時55分にB駅に着く。

18時から19時の間にB駅に到着したいから，18時55分にB駅に着く電車に乗るとする。この電車はA駅を18時45分に発車するから，A駅に18時45分－3分＝18時42分より前に着いていなければならない。そのためには，18時30分にA駅に着くバスに乗ればよいから，18時10分にバス停を発車するバスに乗ればよいとわかる。

解答は他にも，18時15分にB駅に着く電車に乗る場合と，18時35分にB駅に着く電車に乗る場合について，考えると解答例の別解の時間が求められる。

3 (2)① 《条件》に合うようにそれぞれ2マスをぬりつぶすことで，「は行」，「ま行」，「や行」が表せていれば，解答例以外のきまりでもよい。例えば，「は行」は1と2，「ま行」は1と3，「や行」は1と4などでもよい。

② 行の表し方は①で決めたきまりに従い，段の表し方は【図3】の表し方を使う。

4 (1) ものが空気を受ける面積を変えて，空気から受ける力の大きさを比べる実験であればよい。ただし，ものが空気を受ける面積以外の条件，例えばものの重さなどが変わらないように注意しよう。

(2) うでをのばすときに，手が水から受ける力が大きくなると体が前に進みにくくなるので，手が水から受ける力がなるべく小さくなるように，手の形を図2のBにした方がよい。これに対し，水をかき分けるときは，手が水を後ろに押した分だけ体が前に進むので，手が水から受ける力（手が水に加える力）が大きくなるように，手の形を図3のBにした方がよい。

《解答例》

1　(1)ア．②　　イ．お皿に乗っている魚の絵／絵を時計の針が回る向きに90°回転／女性の顔の絵

　〔別解〕ア．③　　イ．男性と女性が笑顔で向き合っている絵／絵を180°回転／男性と女性がにらみ合っている絵

(2)④は…コップを横にして、取っ手の部分を中心にして上半分を写した写真だから。

⑤は…コップの取っ手を持ち、コップの真上の方向から写した写真だから。

(3)選んだ人の名前…ゆうこ／せん細で細かい点まで気を配り、物事を丁ねいに進められるということだよ。だから、けい示物を作るときも、ゆうこさんがいるとすみずみまでこだわって仕上げてくれるから、とても良いものになっていると思うよ。

　〔別解〕選んだ人の名前…ひろと／自分の考えを持ち、最後までやり通せるということだよ。だから、学級目標を決めるときや決めたあとも、ひろとさんがいると強い意志でみんなをひっぱってくれるから、毎年目標が達成できていると思うよ。

　〔別解〕選んだ人の名前…かずこ／ひかえめで、聞き上手ということだよ。だから、何かになやんでいる人は、かずこさんがいると話をよく聞いてくれるから、それだけでも気持ちがすっきりして、前向きな気持ちになれていると思うよ。

2　(1)60才以上の人口が多く高齢化がすすみ、全国と比べて空き家の割合が急速に増えている

(2)「どこ」…出入口〔別解〕げんかん　「どのように」…戸を外して、敷居の段差をなくす

理由…空間が十分に確保されて、車いすを利用する人も通りやすくなるから。

(3)番号…②　交流する人…小学生／お年寄り

説明…竹とんぼや竹馬など、竹を使った工作教室を開く。お年寄りは小学生に教えることで、人との関わりをもつことができ、人の役に立つことができる。小学生はお年寄りから昔の遊びを教わることで、楽しむことができる。

3　(1)先生は、今朝、手ぶくろをどこで拾われましたか。

(2)手ぶくろは緑色で、親指と人差し指と中指の先の部分は茶色です。真ん中に白色の丸があり、その中に黄色の星がえがかれています。

(3)ぼくたちには名前を書いてね。／私たちを大切にあつかってね。

《解　説》

1　(1)　問いに「会話文を参考にして」とあるので、おさむさんの1回目の発言「馬の絵に見えるけど、絵を時計の針が回る向きに90°回転すると、カエルの絵に見えるね」に着目しよう。この部分を参考に、「○○の絵に見えるけど、絵を△△°回転すると、□□の絵に見えるね」となるように書こう。

(2)　「コップをどのように写した」かを聞かれているので、コップの縦横や上下、クローズアップの仕方、撮る方向などを、ていねいに説明しよう。知らない人がその説明のとおりに撮影したら同じ写真が撮れるか、この写真を見ていない人が言葉だけで正しくイメージできるか、ということを考えて説明するとよい。

(3)　短所を裏返すと長所になる、そのような見方で「良さ」を見つけよう。ゆうこさんの「小さなこと～気になった

りする」のは、繊細（せんさい）でよく気づくということ。また「時間がかかる」のは、注意深く、ていねいにしているということ。ひろとさんの「がんこ」「一度やると決めたことを変えることができない」は、意志が強い、ねばり強いということ。かずこさんの「はずかしがり屋〜相手の話を聞いていることの方が多い」は、謙虚（けんきょ）で、聞き上手だということ。このように、消極的なとらえ方を積極的なとらえ方に変換（へんかん）しよう。「学校生活のどのような場面でどのように生かせるのか」「話すように書く」という条件にも注意すること。

2 (1) 資料1から、59才以下の人口より60才以上の人口の方が多いことを、資料2から、全国よりかささぎ町の方が、空き家の増え方の割合が急速であることを読み取ろう。高齢化や都市部に人口が集中するなどの理由から地方の人口が減少して、全国的に空き家の数が増えている。こういった問題を解決するために、不足している高齢者向けの住宅として活用する案などがあがっている。

(2) 資料4で、もし自分が高齢者や車いすの人の立場だったらどこで利用しにくいと感じるか、また、それを解決するためにはどのように改装するべきかを考えて、具体的に説明しよう。解答例のほか、「手すりのついたゆるやかな階段を取り付けて、足腰の弱った高齢者でも上り下りしやすくする」などもよい。なお、年れいや障がいにかかわらず、だれもが社会の一員として自立した生活が送れるようにすることを、ノーマライゼーションという。

(3) 問いに「選んだ人たちの思いが、それぞれどのように実現するのかが分かるように、計画する活動の説明を書く」とあることに注意しよう。町民の思いには、お年寄りの「だれかの役に立ちたい」という教える立場と、小学生の「行事や遊びを楽しみたい」や、地域の人の「地域の伝統行事の準備や受け継ぐ機会がほしい」などの教わる立場があることを読み取り、この中から、資料5の「地域の歴史などの本」や「竹や木」を使ってできる交流活動を考えて、具体的に説明しよう。

3 (1) たいちさんとさちこさんの会話文を読んで、【資料】の空欄（くうらん）をうめていこう。「いつ」は「今朝」。「落とし物の種類」は「手ぶくろ」。「落とし物の特ちょう」は【図1】でわかる。「取りに行く場所」は「職員室」。つまり、わからないのは「落ちていた場所」。山本先生に、どこで拾ったかをたずねる。問いに「ふさわしい言い方で」とあるのは、正しく敬語を使いなさい、ということ。

(2) 全体の特ちょうを言ってから各部分の説明をしていくと、聞いている人がイメージしやすい。

(3) 物をなくさないために、また、なくしてもすぐに見つかるように、ふだんから心がけていることは何か。名前を書く、物を大事にする、置き場所を決めてそこにあるかないかをしっかり管理する、なくしたらいっしょうけんめい探す、などが考えられる。「落とし物が呼びかけているように」という条件にしたがって、箱の前を通った児童の目にとまるように、表現をくふうしよう。

《解答例》

1　(1)【結果】から分かること…根があるウキクサのほとんどが5秒後におもてが上になっているが，根を取り除いた
　　　　　　　　　　　　　　ウキクサのほとんどが5秒後に裏返しのままになっている。

　根の役割として考えられること…おもてが常に上になるように，根がおもりのような役割をしている。

　(2)比べるコップ…C　コップDの条件…右表

水の温度（℃）	25
日光	あり
肥料	なし

2　(1)［ごはん，肉，カレーライス1食あたりのエネルギー］　［210, 50, 677］，［230, 30, 663］，

　［230, 40, 687］，［250, 30, 697］のうち1つ

　(2)加えるしょうゆの量…70　加えるレモンの果汁の量…10

3　(1)分け方①【説明】ものさしで円の中心を見つけ，三角定規の60度を使って中心の角度を

　120度ずつとり，底面に垂直にナイフで切る。　【図】右図

　分け方②【説明】ものさしで円の中心を見つけ，三角定規の90度を使って中心の角度を90度

　ずつとり，底面に垂直にナイフで切って4等分する。4等分したうちの1つについて，ものさ

　しで高さを4cmずつ測って印をつけ，印をつけたところから水平にナイフで切って3等分する。

　1人分のケーキは，最初に4等分したうちの1つと，最後に3等分したうちの1つである。

　【図】右図

3(1)分け方①の図

3(1)分け方②の図

　(2)右図のうち1つ

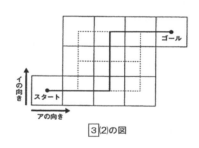

3(2)の図

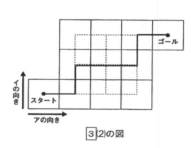

3(2)の図

4　(1)ア．番号…①　月…6　　イ．太陽を見上げたときの角度が最も大きいからだね

　〔別解〕ア．番号…②　月…12　　イ．太陽を見上げたときの角度が最も小さいからだね

　(2)夏休みか冬休みのどちらか…夏休み　日の出の見える窓…北側の窓　理由…図1で夏休みの日の出の方位を角度で

　表すと60°から90°の間で，この方位からの日の出は図2の北側の窓からしか見ることができないから。

　〔別解〕夏休みか冬休みのどちらか…冬休み　日の出の見える窓…南側の窓　理由…図1で冬休みの日の出の方位を

　角度で表すとおよそ120°で，この方位からの日の出は図2の南側の窓からしか見ることができないから。

《解　説》

1　(1)　結果の表より，裏返しにして水面にうかべたとき，根があるウキクサでは，10回中9回でおもてが上になったのに対

　し，根を取り除いたウキクサでは，おもてが上になったのは10回中2回だけだった。この結果から，ウキクサがおもてを

上にした状態でひっくり返らないのは，根があるおかげだと考えられる。これは，葉のようなものは空気が入っているのでうくが，このとき，根がおもりの役割をはたすので，根がついている裏が常に下に来るように安定するためである。

(2)　「肥料」と成長との関係を調べるには，肥料以外の条件をすべて同じにし，肥料の有無だけを変えて成長を比べればよい。お兄さんの3回目の発言で，コップAとコップCを比べると「水の温度」と成長との関係について，コップBとコップCを比べると「日光」との関係について調べることができるとある。AはCと水の温度だけが異なり，BはCと日光の有無だけが異なるので，DはCと肥料の有無だけが異なるように条件を変えれば，「肥料」と成長との関係について調べることができると考えられる。したがって，水の温度と日光についてはCと同じように「25（℃）」と「あり」にし，肥料についてはCと異なるように「なし」にすればよい。

2 (1)　カレーライス1食あたりのごはんと肉のエネルギーを，660－200＝460（キロカロリー）以上，700－200＝500（キロカロリー）以下にすればよい。ごはんの分量が210gのときのエネルギーは$210×\frac{170}{100}＝357$（キロカロリー）である。同じように他の分量のエネルギーを求めてまとめたものが，右表である。表を参考にあてはまる組み合わせを考える。ごはんが210gのとき，肉のエネルギーが460－357＝103（キロカロリー）以上，500－357＝142（キロカロリー）以下であればよいので，肉の分量は50gに決まり，1食あたりのエネルギーは200＋357＋120＝677（キロカロリー）となる。

	分量（g）	エネルギー（キロカロリー）
ご は ん	210	357
	230	391
	250	425
肉	30	72
	40	96
	50	120

これ以外にも，解答例のように3つの解答が考えられる。

(2)　（しょうゆの分量）：（レモンの果汁の分量）＝50：30＝5：3になるように加えればよい。

例えば，レモンの果汁の量が3の倍数となるようにレモンの果汁を10mL加えて50＋10＝60（mL）にし，しょうゆの量の合計を$60×\frac{5}{3}＝100$（mL）にするためにしょうゆを100－30＝70（mL）加えればよい。

解答は他にもあるが，しょうゆが150mL，レモンの果汁が100mLまでしかないので，それぞれの合計の量に気をつけよう。

3 (2)　右図のように各マスに記号をおく。お店のマークがゴールで右の面にあればよいので，Cのマスでは上の面でなければならない。このため，Bのマスを通過するときは左，Fのマスを通過するときは手前を向いていなければならない。

A	B 左	C 上	ゴール 右
D 手前	E	F 手前	
スタート 右	G 下	H 左	I

スタートから考えるとお店のマークは，Gのマスでは下，Hのマスでは左，Dのマスでは手前の面にある。

DまたはHのマスから，条件にあうようなBまたはFのマスへの転がし方を考えると，解答例の2通りの転がし方が見つかる。

4 (1)　右図のとおり，太陽の高さが高いほど部屋のゆかに直接当たる日光は少なくなり，太陽の高さが低いほど部屋のゆかに直接当たる日光は多くなる。表より，正午に太陽を見上げたときの角度が最も高いのは6月，最も低いのは12月なので，6月の正午に，部屋のゆかに日光の直接当たる部分が最も少なく，12月の正午に，部屋のゆかに日光の直接当たる部分が最も多い（部屋の最もおくまで日光が直接当たる）。(2)　図

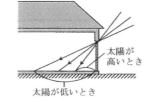

2より，北を0°で表すと，東が90°，南が180°，西が270°なので，図1で，角度で表した方位が90°よりも大きければ，日の出の方位が真東よりも南よりであり，90°よりも小さければ，日の出の方位が真東よりも北よりである。したがって，夏休みには日の出が北側の窓から見え，冬休みには日の出が南側の窓から見える。

《解答例》

1 (1)「雲」は空にうかんでいる

(2)「なぞかけ」の問題…笑顔／クリーニング屋さん　答え…ふくがくるでしょう。

理由の説明…笑う門には福来るということわざがあるし、クリーニング屋さんにはたくさんの服が来るから。

(3)出し方のくふう…全員に紙を配り、答えを紙に書いて箱に入れて出してもらうようにして、正答や特におもしろかった解答は後日発表することとする。

理由…その場で答えを言わせると、先に思いついた人や積極的な人だけが答えることになってしまう。しかし、紙に書く時間をもうければ答えを考えやすくなるし、紙を提出することで全校のみんなが参加できるから

2 (1)図案化されている

(2)アイデア…英語の表記があること。

理由の説明…日本語だけではメニューや食材がわからないが、英語での表記もあるため、アメリカから来たジョンさんでも読めるから。

アイデア…写真がのっているところ。

理由の説明…とんかつがどんな料理なのか、写真を見ればすぐにイメージできるから。

(3)選んだ記号…ア

具体的なアイデア…新幹線のように、バスや電車でも外国語でのアナウンスやポスターなどをもっと増やすといいと思う。

3 (1)

並べ方	前　① ② ③ ③ ①　後 　⑥ ⑤ ④ ⑤ ⑥
安全のためにくふうしたこと	ペアを組んで車道側を上の学年が歩く。

(2)安全に遊ぶ…友達や遊具などにぶつからないように、前を向いて走ること。

めいわくをかけないで遊ぶ…大声やさけび声をあげない。

(3)けいたい用のレインコートと、はおれる上着を用意しましょう。天気予報によると、遠足の日の天気は晴れのち雨なので、とちゅうから雨が降るかもしれませんし、最高気温が低めなので、寒いと感じるかもしれないからです

《解　説》

1 (1) 空にいる「クモ」だから「雲」。「雲」は空にうかんでいる。

(2) 「こうか」は効果、高価、校歌、硬貨、高架など。「ちゅうしゃ」は注射、駐車など。「かみ」は神、紙、髪など。「はな」は花、鼻など。「かける」は書ける、欠ける、掛ける、駆けるなど。「ふく」は服、福など。それぞれの同音語から連想しよう。

(3) 全校集会なので、低学年から高学年までが参加している。一部の人だけが盛り上がるような問題の出し方をさけ、どうしたら全員が楽しめるかを考えよう。

2 (1) 日本語の読めないジョンさんが見てすぐに理解できたのは、言葉でなく絵で示されているから。

(2) この【メニュー】から日本語が分からなくても得られる情報をさがすと、アイデアが見えてくる。まず、日本語の下に、同じ意味の英語表記がある。また、とんかつの写真がのせられている。これらによって、日本語が分かる人と同等の情報が得られるようになっている。

(3) 言葉が分からないことによる不便をどう解決したらよいか。多言語での対応など言葉による方法、あるいは、絵や写真など言葉によらない方法でもよいので、具体的に考えてみよう。

3 (1) 「安全のために」どう並べるかを問われているので、そうすることでどんな危険をさけられるのかが分かるように説明しよう。

(2) けがをしないようにすることや、広場や公園の外に出ないことなど、「おにごっこ」をするうえで起こりがちな危険を想定して、約束を考えよう。また、「おにごっこ」に夢中になるあまり、一般の利用客や他の班の人たちにめいわくをかけないように、配慮しよう。

(3) 遠足は 11 月 2 日。【資料 2】によると、11 月 2 日は「晴れのち雨」で降水確率は 50%。遠足の途中で雨が降ってくる可能性を考えて、レインコートを用意することなどを提案しよう。また、11 月 2 日の最高気温は 11℃。前日までの 20℃前後と比べて一気に低くなるので、寒さ対策をうながそう。

《解答例》

[1] (1)予想…Bのつつの音より低く聞こえる。

　　理由…材質に関わらず，つつが長いほど音は低く聞こえるので，60cmよりも長い80cmのつつを使えば，音はさら

　　　　　に低くなると考えられるから。

(2)ア．番号…①　言葉…低くなっていく　イ．つつの長さが長くなっていくからだね

〔別解〕ア．番号…②　言葉…高い　イ．つつの長さが短いからだね

[2] (1)ア．4　イ．3　ウ．6〔別解〕ア．6　イ．2　ウ．4

(2)[グループ活動計画／とう着予定時刻]　[下図1／20]，[下図2／20]，[下図3／20]のうち2つ

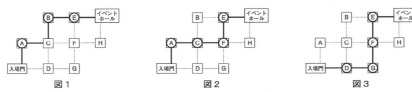

図1　　　　　　　　　　図2　　　　　　　　　　図3

[3] (1)同じ量の氷を入れ，一方には水を，もう一方には食塩水を加える

(2)食塩が水にとけることで，こおり始める温度が0℃よりも下がるからだね

(3)こおり始める温度を1℃下げるのに必要な食塩は約16gだが，砂糖は約185gであり，砂糖は食塩の10倍以上の

量が必要だから。

[4] (1)

(2)選んだ立場…かずおさんの立場

　　理由…②のひし形は①を2つ，③の台形は①を3つつなげた形だから，7枚の色紙を並べてできる図形は，①を

　　　　　13枚並べてできる図形である。13枚の①を並べて1つの正三角形を作ることができないため，7枚の色紙

　　　　　では正三角形はできない。

〔別解〕選んだ立場…たかしさんの立場　図…

《解　説》

[1] (1)　実験の結果のつつの長さと音の高さの関係に着目する。材質に関わらず，つつの長さが20cmのときに音の高さ

が最も高く，つつの長さが60cmのときに音の高さが最も低いことがわかる。したがって，長さが80cmのつつでは

60cmのときよりもさらに音が低くなると考えられる。

(2)　①リコーダーの穴を上から順にふさいでいくと，ひと続きのつつになる部分の長さが長くなるので，音の高さ

が低くなっていく。②フルートとピッコロの長さを比べると，ピッコロの方が長さが短いので，ひと続きのつつに

なる部分の長さが短く，出せる音の高さが高いと考えられる。

2 (1) できるグループの数は，6年生の人数(12人)と，5年生の人数(24人)の公約数である。公約数は最大公約数の約数であり，12と24の最大公約数は12だから，12の約数を調べると，{1，2，3，4，6，12}である。人数は全部で36人だから，1グループの人数を調べると右の表のようになるため，5人より多く10人より少ない人数になるグループの数は4グループか6グループである。4グループに分けるときの1グループの人数は，6年生が12÷4＝3(人)，5年生が24÷4＝6(人)である。6グループに分けるときの1グループの人数は，6年生が12÷6＝2(人)，5年生が24÷6＝4(人)である。

グループの数	1グループの人数
1グループ	36÷1＝36(人)
2グループ	36÷2＝18(人)
3グループ	36÷3＝12(人)
4グループ	36÷4＝9(人)
6グループ	36÷6＝6(人)
12グループ	36÷12＝3(人)

よって，ア，イ，ウにあてはまる数は，4，3，6の組み合わせと，6，2，4の組み合わせの2通りがある。

(2) 9時30分から11時15分までは1時間45分(105分)，11時25分までは1時間55分(115分)である。また，通路は5本通るから，移動だけで5×5＝25(分)かかる。このため，乗る時間の合計が，105−25＝80(分)以上，115−25＝90(分)以下になるように，乗り物を3つ以上選べばよい。ただし，通る通路の数が5本に限られているため，入場門からイベントホールまでの経路を決めてから，経路上にある4つの乗り物の中で乗る時間の合計が80分以上90分以下になる乗り物の組み合わせを探す。入場門からイベントホールまでの最短経路で通る乗り物の順番は右の表の8通りあり，その時間の合計は表に示したようになる。

同じ乗り物には1回しか乗らないため，4つの合計が80分未満である，③と④と⑤と⑥と⑧の経路は条件にあわない。

	1つ目	2つ目	3つ目	4つ目	4つの合計
①	A(35分)	C(10分)	B(30分)	E(20分)	95分
②	A(35分)	C(10分)	F(20分)	E(20分)	85分
③	A(35分)	C(10分)	F(20分)	H(5分)	70分
④	D(10分)	C(10分)	B(30分)	E(20分)	70分
⑤	D(10分)	C(10分)	F(20分)	E(20分)	60分
⑥	D(10分)	C(10分)	F(20分)	H(5分)	45分
⑦	D(10分)	G(35分)	F(20分)	E(20分)	85分
⑧	D(10分)	G(35分)	F(20分)	H(5分)	70分

また，①の経路は，C以外の3つに乗れば，時間の合計が85分となるため，条件にあう。この経路では，11時15分の85−80＝5(分後)の，11時20分にとう着する。さらに，②か⑦の経路は，4つすべてに乗れば，11時20分にとう着できる。よって，この3つのうちの2つを答える。

3 (1) 食塩をとかしたことによる水温の変化のちがいについて調べたいので，食塩以外の条件は同じにする。

(2) 表1より，食塩を水にとかすことで，こおり始める温度が0℃よりも下がることがわかる。

(3) 表1と表2を比べる。表1より，こおり始める温度を1℃下げるのに必要な食塩の量は約16g，砂糖の量は約185gだとわかるので，砂糖よりも食塩の方が少ない量でこおり始める温度を下げることができる。したがって，砂糖よりも食塩の方が凍結防止剤としては適しているといえる。

4 (1) ③の2枚，②の2枚の順(大きい順)に色紙の場所を決めれば，残った部分を①の3枚にできる。解答例以外でも，各色紙の形と枚数が正しければ正答となる。

(2) 最後のまきこさんの発言から，2人の主張はどちらも正しいことがわかる。このため，正三角形ができないと考えたならば，かずおさんの立場で理由を書き，正三角形ができると考えたならば，たかしさんの立場でできる正三角形をかけばよい。ただし，正三角形ができない理由を書くときは，必ず①の正三角形をもとにして書くことに注意する。なお，2人の主張が異なる理由は，解答例のように，作ろうとする正三角形の個数が異なるからであると考えられる。

《解答例》

1 (1)親指と人差し指の付け根ではさみ、薬指のつめの横にあてて　(2)食べ物をうまくつまむことができるし、日本の食文化のマナーに合った美しい食べ方ができる　(3)家族の健康や幸せを願う気持ちがこめられ、家庭の味や地域で守られてきた伝統の味を、親から子へ伝えてきたものである。また、家族や親せきみんなで楽しく食べることで、つながりを深めることができるものである。

2 (1)まちの観光マップ…下図　気をつけたこと…車いすに乗っているまみさんのことを考え、危険なじゃり道は通らない。／可能な限り歩道を通り、車道を横切るときは横断歩道を渡る。　(2)伝統の味や技がつまった心温まる商店街　(3)以前まで商店街を利用していた人にはなぜ商店街を利用しなくなったのか、一度も商店街を利用したことがない人にはなぜ商店街を利用したことがないのか、駅前で聞き取り調査を行い、これらの情報を集める。

3 (1)自分たちでそうじをすると、ふだんから学校をきれいにし、大切にしようという気持ちになるから。
(2)自分を基準にして決めつけないことだ。すすんでコミュニケーションをとり、おたがいにマナーのちがいを理解しておくことが必要だ。　(3)日本のよさは、四季に合わせた行事があることです。春にはお花見、夏には七夕、秋にはお月見、冬には節分があります。季節の美しさを味わい、願いや感謝をこめておこなう行事に、日本のよさが表れていると思います。

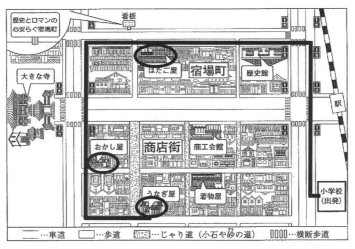

《解　説》

1 (1)　問いには「写真や前後の説明文を参考にして」とあるので、【資料】をよく見よう。写真にある下のはしが、どのように持たれ、どの位置にあるのかを具体的に説明しよう。また、〔　　　〕の前後の表現に合うように答えることにも注意しよう。
(2)　問いの《条件》に、「会話文の流れに合うように」とあるので、　　　の前後をよく読もう。はしを正しく持つことができ、黒豆をうまくつまめたマイクさんが「こぼさず、きれいに食べることができそうです」と言

っている。また、直前でお父さんが「はしの正しい持ち方も、日本人が受け継いできた食文化の一つだよ」と言ったのを受けて、直後でマイクさんが「おせち料理も日本人が受け継いできた食文化の一つだと勉強しました」と言っている。これらの内容をもとに、2つの理由を考えよう。

(3) おせち料理がどのようなものであるかを説明しているのは、はるこさんの「一つ一つの食材には、家族の健康や幸せを願う気持ちがこめられているのよ」、お父さんの「家庭の味や地域で守られてきた伝統の味を親から子へ伝えて、大切にしていたんだね」、はるこさんの「家族や親せきみんなで和気あいあいと楽しく食べることができるものだね。そうして、つながりを一層深めることができる」という言葉。これらの部分を用いてまとめる。

2 (1) けいたさんの発言に「宿場町と商店街, どちらも行く」とあるので, 商店街だけで3けんを選ばないように注意する。また, 話し合いの中に「歴史館」・「宿場会館」・「大きな寺」は出てきていないので, この2けんを選んではならない。気をつけたこととして, 解答例のほか「せまい道を通らない(広い道を通る)」なども よい。

(2) 【商店街で調べたこと】のうち, 「伝統を守っている(伝統の味や技を守っていく)」・「心のつながりが深まる場所になっている」・「真心こめて品物をつくっている」などをキャッチフレーズとして利用すると, 解答をつくりやすい。

(3) 集める情報は, 「商店街で購入したい物」・「商店街に向かう際の交通手段」・「商店街への要望」などでもよい。また, 情報を集める手段として, 「同学年の児童の保護者にアンケートをとる」・「インターネットを活用する」などでもよい。

3 (1) 学校のそうじをするとどういう気持ちになるのか, もし自分たちでそうじをしなかったらどういう意識になるのか, みんなで分担してそうじをすることの意味は何か, などと考えて, 説明しよう。

(2) 【資料】の例は, 日本では「人前でしてはいけないこと」ではなかったり, 意識していなかったりするもの。これらから, 外国の人と接するときには, 「マナーのちがい」があることを理解することが必要なのだと読みとれる。知らずにマナー違反をすることがないよう, 何に気をつけるべきか, 自分の考えをまとめよう。

(3) 問いに「会話文の中から1つ例を挙げて, それを具体的に説明し」とあることに注意しよう。会話文の中にあるのは, 「日本のファッションやアニメ, マンガ」「空手や剣道, 柔道などの武道, 書道や茶道」「四季があって, それぞれの季節に合わせた行事があること」。この中から選び, どんなところに「日本のよさ」がみられるのかを, 具体的に説明しよう。また, 「ホームステイ先に手紙を書く」という設定なので, 手紙文にふさわしい文体で書くようにしよう。

《解答例》

1 (1)右の絵のように，ペットボトルを水で満たし，二酸化炭素ボンベから出てくる二酸化炭素を水に置きかえてペットボトルを二酸化炭素で満たす。

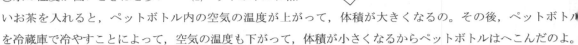

(2)記号…ア　理由…①水の温度が低いときほど大きい
②水の温度が低いときほど多い　　(3)ペットボトルに熱いお茶を入れると，ペットボトル内の空気の温度が上がって，体積が大きくなるの。その後，ペットボトルを冷蔵庫で冷やすことによって，空気の温度も下がって，体積が小さくなるからペットボトルはへこんだのよ。

2 (1)ア．割合で考えると，男子は，$8 \div 40 \times 100 = 20$（%）　女子は，$10 \div 60 \times 100 = 16.66 \cdots$（%）　だから，男子の方が女子より体育を好きな人の割合が高いよ　(2)イ．か　ウ．あ　(3)エ．算数を好きな人の割合が高く，社会を好きな人の割合が低い　オ．わたしたちの学校の結果と全国の結果を比べると，算数と社会以外は1〜2%しか違わないけれど，わたしたちの学校で算数が好きな人は$(9+13) \div 100 \times 100 = 22$（%）で全国の結果より5%高く，社会が好きな人は$(6+3) \div 100 \times 100 = 9$（%）で全国の結果より5%低いからよ

3 (1)同じ実験を何回かくり返し，測定値の平均を求めることによって，より正確な数値を求めることができるから。　(2)①式…$(3900+3900+4200) \div 3 = 4000$　$50 \div (4000 \div 1000) = 12.5$　答え…13　②下図　などから1つ

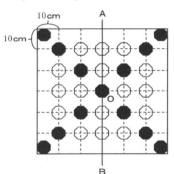
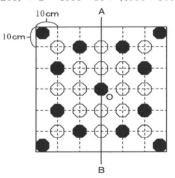
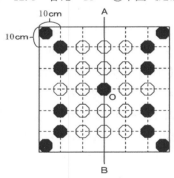

(3)予想…大きくなる　理由…結果より，柱の底面の形は頂点が多く，円に近いときほど，柱が支えることのできた重さが大きくなることがわかるから。

4 ※(1)下図　※(2)図…下図　説明…底辺の長さが$\frac{2}{3}$になるから，面積も$\frac{2}{3}$になる。　※(3)下図

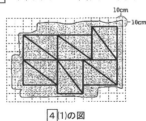

4(1)の図

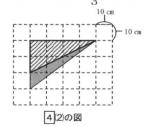

4(2)の図

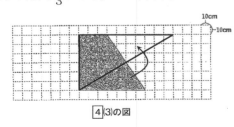

4(3)の図

※の別解は解説を参照してください。

《解 説》

1 (1) 水にとける量が少ない気体は水と置きかえて集めることができる。このような気体の集め方を水上置換法という。ペットボトルに二酸化炭素を入れた後は，水中でペットボトルの口を手のひらなどでふさぎ，ペットボトルの口を上にしてから指をはなし，ふたを閉める。

(2) 砂糖やミョウバンなどのように，固体のものは水の温度が高いときほど水にとける量が多くなるものが多いが，気体のものはふつう水の温度が低いときほど水にとける量が多くなる。

(3) ペットボトル内の空気の体積の変化によってペットボトルがへこんだことを確かめるには，ペットボトル内を熱いお茶で完全に満たしてから冷蔵庫で冷やし，ペットボトルのへこみの度合いを比べればよい。なお，水蒸気が水てきに変化するときに体積が減ることで，ペットボトルがへこんだと考えてもよい。

2 (2) イ．折れ線グラフは，時間の経過にともなう値の変化を調べる際に用いられる。これに合致するのは「か」である。「い」は折れ線グラフで表すこともできるが，小学生は身長の伸びが早いので棒グラフで表す方がより適切といえる。 ウ．柱状グラフはヒストグラムともいい，階級別の記録を表す際に用いられる。たとえば，国語のテストで0〜10点に〇人，11〜20点に▲人，21〜30点に◇人，…というように段階別の人数をグラフに表す際に適している。したがって，これと類似する「あ」が正答。「う」と「お」は円グラフや帯グラフ，「え」は分布図で表すのに適している。なお，ウの柱状グラフは6年生の1月に習う内容であり，「柱状グラフの意味が分からないと回答できない内容で不適切だった」として，全員が正解という扱いになった。

(3) 【資料1】から，それぞれの教科の割合を計算する（下図参照）。合計がちょうど100人なので，男子と女子の人数の合計をそのまま割合として利用できることに気付けると時間の短縮になる。下図と【資料2】を比較し，「算数」と「社会」の2つの割合に着目して解答をまとめよう。

算数 22%	体育 18%	音楽 11%	図画工作 10%	社会 9%	理科 9%	国語 8%	家庭 5%	その他 8%

3 (1) 1回の実験では，その測定値が理論的に正しい値と等しいのか判断しづらい。同じ実験を何回かくり返し，測定値の平均を求めることで，理論的に正しい値との誤差が小さくなる。

(2) ①柱の底面が正八角形のときに1本の柱で支えることのできた最大の重さの平均は

$(3900＋3900＋4200) \div 3 ＝ 4000 (g)$ であり，それぞれの脚には同じ重さがかかるので，50kgを支えるには

$50 \div (4000 \div 1000) ＝ 12.5 (本)$ の脚が必要になる。ただし，脚の数を小数にすることはできないので，最低で13本の脚が必要になる。また，脚の数が13本のとき，4つの角に配置する脚以外の9本で，台を真上から見たときに線対称にも，点対称にもなるように配置することができるので，すべての条件を満たしている。

②4つの角以外に配置する脚の数が奇数なので，1本は必ず点Oの下に配置する。残りの8本の配置を，右図のように横の直線をa〜e，たての直線を1〜5として考える。例えばa−1に1本配置すると，a−1について，3（直線AB）を軸として線対称の位置にあるa−5に1本配置し，a−1とa−5について，点Oを中心に180度回転させた位置にあるe−5とe−1にそれぞれ1本配置しなければならない。このようにして，残りの8本の配置を決めればよい。

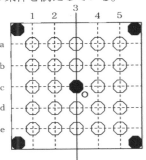

4 (1) 辺の長さが 40 cm と 30 cm の直角三角形を 2 つ合わせると，たてと横の長さが 40 cm と 30 cm の長方形になる。直角三角形は 12 個作るから，この長方形が 12÷2 ＝ 6（個）できるようにすればよい。したがって，たてと横の長さが 40 cm と 30 cm の長方形が 6 個でき，それぞれが 2 つの直角三角形に分けられるような線の引き方ができていればよい。

(2) 直角三角形の面積を $\frac{2}{3}$ にするから，垂直に交わる 2 辺のうち，一方の長さを $\frac{2}{3}$ にすると考えればよい。このように考える場合，解答例以外にも，右の図アのようなぬり方ができる。

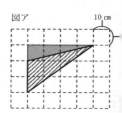

なお，色をぬる部分の面積は $(40×30÷2)×\frac{2}{3}＝400$（cm²）だから，合同な図形に注目して，面積の合計が 400 cm² になるよう，下の図イ，ウ，エなどのようにしてもよい。

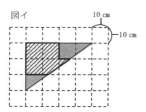 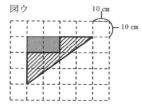 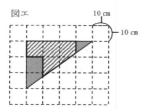

(3) 図 3 の布は 90 度の内角が 2 つある台形の形をしているから，90 度の内角のうち 1 つを直角三角形の 90 度の内角にすると考える。切り分けた部分を合わせるとき，もとの台形のななめの線どうしが合わさるから，解答例のほか，右の図のようにしてもよい。

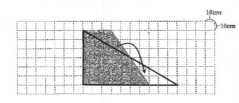

《解答例》

1. (1)インターネットで得た情報はうのみにせず、ほかの情報源にもあたって、自分で考え、判断すること。

　(2)fujisan　　(3)富士山が平成24年に再び世界文化いさんの候補になったときには、ボランティア活動で多くのごみが集められた　　(4)世界各地からの観光客が増えると予想されるので、外国語の案内板を用意する。

2. (1)高校生の場合、自転車の交通事故による死傷者数が歩行者のそれに比べてかなり多い。また、自転車の死亡事故のけがの部位の6割以上が頭である。だから、お姉さんもヘルメットをかぶったほうがよいと思う。

　(2)①原因…ア　考えられる具体的な事故…(例文)歩行者を追いこすときに接しょくする。

　②(例文)

自転車に乗る人に注意をうながすために、道はばのせまい道路に、自転車が横に並んで通行することを禁止する標識を設置する。

3. (1)交流会で行う活動の中で、こういうものは難しいなと思うものはありますか。

　(2)(例文)

私は、お年寄りのみなさんにお手玉や竹とんぼ作りなど昔の遊びを教えてもらい、いっしょに遊びたいです。遊んだり話をしたりする中で、6年生はいろいろなことを学び、心が落ち着くと思います。また、お年寄りのみなさんには元気になってもらえると思います。

《解　説》

1. (1)　インターネット上には、ある情報に対してさまざまな見方や考え方が示されていたり、そもそもその情報に誤りがあったりすることがある。そのため、現代社会では、インターネット上に出回っている情報に対して、自分で考えて判断していく力が広く求められている。

(2)　「fu」は「hu」、「ji」は「zi」でもよい。

(3)　富士山は、過去に世界文化いさんの候補となりながらも、ごみ問題のため、世界文化いさんに登録されなかったという経緯がある。そのため、平成24年に再び世界文化いさんの候補になったときには、民間のボランティア団体の協力のもと、富士山の環境美化活動が積極的に行われ、資料1にあるように大量のごみが収集された。この活動が実を結び、ごみ問題に一定の課題を残しながらも富士山が世界文化いさんに登録されたのは、その翌年のことである。

(4)　たくみさんの送信メール中に「登山客にトイレやちゅう車場の場所をたずねられる」「外国の人もいて、道をたずねられる」とあるので、これらを町全体で解決していくための取り組みが必要になっていくと考えられる。

2. (1)　【資料1】から、高校生の自転車の交通事故による死傷者数は、高校生の歩行者の交通事故による死傷者数よりもかなり多いことが読み取れる。このデータから、高校生については、自転車に乗るときの安全対策が大切だと言える。【資料2】からは、自転車の死亡事故のけがの部位の6割以上が頭であることが読み取れる。このことから、自転車に乗るときは頭を守るヘルメットをかぶることが大切だと言える。

(2)①　「事故を具体的に」という条件に注意する。車とぶつかる、他の自転車と接しょくするなどと具体的に書こう。

3 (1) 質問の後で、Bさんは「はげしい運動は難しいね」と答え、Cさんは「歌うことは好きだけど、テンポの速い曲なんかはちょっとついていく自信がないなあ」と答えている。二人とも行うのが難しいことを答えている。【Aさんからのメッセージ】に、「わたしは腰が心配で参加できなかったのが残念でした」とあることも参考にすると、よしこさんは、交流会で行うのが難しいことはどのようなことかという質問をしたと考えられる。

(2) 1つ目の条件の「どのような活動をするか」を決める際には、【Aさんからのメッセージ】では、「絵が小さかったので、見づらくて少し困りました」「腰が心配で参加できなかったのが残念でした」「体力ではかないませんが～いろいろなことを知っています」などが参考になる。お年寄りの体のことを考え、また、お年寄りの知恵を生かせるような活動を考えよう。【Bさん、Cさんへのインタビューの一部】では、「いっしょに楽しく体を動かしてみたい」「楽しいことをして思いっきり笑ってみたい」「はげしい運動はむずかしい」「歌うことは好きだけど～自信がないなあ」などが参考になる。2つ目の条件の「どのようなよいことがあるか」については、【Aさんからのメッセージ】の「何だか体の調子もよくなって元気になりました。体力ではかないませんが～いろいろなことを知っています。だからこそ、この交流会の意味があると思います」が参考になる。お年寄りは交流会で元気になり、6年生はいろいろな知恵を学べそうである。【よしこさんの感想文】では、「お年寄りのみなさんから多くのことを教えていただきました～学ぶことがたくさんありました」「自分の気持ちが落ち着いたような気がします」が参考になる。6年生は、お年寄りからいろいろと学ぶことができ、気持ちが落ち着くこともあると分かる。

《解答例》

1　(1)たけしさんの車は輪ゴムがもとにもどろうとする力だけで動くから，スタートしたしゅん間は速いけれど，その後だんだんおそくなるわ。それに対して，ひろしさんの車は電気の力でモーターを回して動くから，だんだん速くなるわ。

(2)輪ゴムの数をふやして重ね，スタート時にはたらく輪ゴムがもとにもどろうとする力を大きくする。

(3)理由…かん電池が並列つなぎになっていて，モーターに流れる電流の大きさはかん電池1個のときと変わらなかったから。

　　図…右図

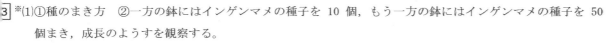

2　(1)い〔別解〕う　(2)縦…50　横…120　高さ…50　(3)けんじさん…6　お兄さん…3 ／ 421

3　※(1)①種のまき方　②一方の鉢にはインゲンマメの種子を10個，もう一方の鉢にはインゲンマメの種子を50個まき，成長のようすを観察する。

　　①育て方　②どちらの鉢にもインゲンマメの種子を30個ずつ同じように間かくをあけてまき，一方はそのまま育て，もう一方は成長に合わせて間引く。

　　　　　　　　　　　　　　　　　　　　　　　　　　　　　　　　　　　　※上記2組のうち1つ

(2)背の低い植物がたくさんしげっていることで，雨が降ったときに地面がけずりとられにくくなるんですね。

4　(1)　　　　　　　(2)一番上…B　真ん中…C　一番下…A／

《解　説》

1　(1)　ゴールまでのきょりが5mのとき，Aは1.9秒，Bは3.9秒かかっており，ゴールまでのきょりが15mのとき，Aは13.0秒，Bは8.1秒かかっている。このことから，Aはスタート地点からはなれるほど速さがおそくなり，Bはスタート地点からはなれるほど速さが速くなることがわかる。輪ゴムによる力は車から手をはなしたしゅん間だけはたらくので，たけしさんの車はスタート地点からはなれるほど速さはおそくなり，モーターによる力は常にはたらきつづけるので，ひろしさんの車はスタート地点からはなれるほど速さが速くなる。

(2)　スタート時にはたらく輪ゴムがもとにもどろうとする力が大きくなれば，表のときよりもゴールまでにかかる時間がそれぞれ短くなり，15mのときでもひろしさんに勝てるようになる。

(3)　モーターに流れる電流が強いほど，モーターが勢いよく回転し，車は速く動く。かん電池2個を直列につなぐと，かん電池1個のときよりも強い電流がモーターに流れる。

2　(1)　xとyが比例の関係にあるとき，$y=$（きまった数）$\times x$が成り立ち，グラフはAになる。

　　xとyが反比例の関係にあるとき，$y=$（きまった数）$\div x$が成り立ち，グラフはBになる。

　　アとウの関係の式は，ウ＝300L÷アとなるので，グラフはBになる。

イとエの関係の式は，エ＝イ÷(おふろの底面積)　　　エ＝イ×$\dfrac{1}{(おふろの底面積)}$　　　エ＝$\dfrac{1}{(おふろの底面積)}$×イ

となるので，グラフはAとなる。

よって，「**い**」と「**う**」が正しい。

(2)　おふろの容積は 300 L ＝ 300000 cm³ だから，縦の長さと高さを 50 cm 以上の 300000 の約数として横の長さを求め，その長さが縦の長さや高さよりも長くなっているか確認する。

縦の長さが 50 cm，高さが 50 cm の場合，横の長さは 3000000÷50÷50＝**120**(cm) となり，条件にあう。

他に，(縦，横，高さ)＝(60 cm，100 cm，50 cm)(75 cm，80 cm，50 cm) なども条件にあう。

(3)　けんじさんが 1 人で 9 回水を移したとすると，4.5×9＝40.5(L) の水を移したことになる。

9 回のうち 1 回をお兄さんが移したとすると，移した水の量は 9－4.5＝4.5(L) 増える。

したがって，40.5 L から 4.5 L ずつ増やしていった値が 50 L 以上 60 L 以下となるところを探すと，

40.5＋4.5×3＝54(L)，40.5＋4.5×4＝58.5(L) の 2 つの場合が見つかる。

よって，水を移した回数として条件にあう組み合わせは，

(けんじさん，お兄さん)＝(**6 回，3 回**)(**5 回，4 回**) の 2 組である。

回数が (けんじさん，お兄さん)＝(6 回，3 回) の場合，節約した水道代は 1 日につき 26×$\dfrac{54}{100}$＝14.04(円) だから，1 か月で 14.04×30＝421.2(円)，約 **421 円**である。

回数が (けんじさん，お兄さん)＝(5 回，4 回) の場合も同様に計算すると，

節約した水道代は 26×$\dfrac{58.5}{100}$×30＝456.3(円)，約 **456 円**である。

3 (2)　間伐や枝打ちをしないと森林は暗くなり，背の低い植物が育たなくなるため，地面がむき出しになる。これにより，雨で表面の土が流されやすくなり，土砂災害が起こりやすくなる。

4 (1)　立方体は 1 つの頂点に 3 つの面が集まるから，展開図で 1 つの頂点に 3 つの面が集まっている部分については，下図のように移動できる。◎の面以外の面に①～⑤の番号をふると，④は底面，①，②，③，⑤は側面とわかる。よって，④に○を，①，②，③，⑤のうち 1 つに○を，残りに●をかけばよい。

(2)　一番上の立方体は◎と○と○が 1 つの頂点を共有しており，A，B，C のうちそのような立方体は B だけなので，一番上は B である。一番下の立方体は○と○がとなりあっており，A，C のうちそのような立方体は A だけなので，一番下は A である。よって【図 2】の立方体は，上から順に B，C，A である。

したがって，【図 4】の空白の一部は右図 5 のように決まる(⑥，⑦，⑧は未定)。

A の立方体の展開図を横に○が並ぶようにかくと右図 6 のようになる。

よって，⑧は●であり，⑥と⑦は一方が●でもう一方が◎である。

図5
図6

■ ご使用にあたってのお願い・ご注意

（1）問題文等の非掲載

　著作権上の都合により，問題文や図表などの一部を掲載できない場合があります。

　誠に申し訳ございませんが，ご了承くださいますようお願いいたします。

（2）過去問における時事性

　過去問題集は，学習指導要領の改訂や社会状況の変化，新たな発見などにより，現在とは異なる表記や解説になっている場合があります。過去問の特性上，出題当時のままで出版していますので，あらかじめご了承ください。

（3）配点

　学校等から配点が公表されている場合は，記載しています。公表されていない場合は，記載していません。

　独自の予想配点は，出題者の意図と異なる場合があり，お客様が学習するうえで誤った判断をしてしまう恐れがあるため記載していません。

（4）無断複製等の禁止

　購入された個人のお客様が，ご家庭でご自身またはご家族の学習のためにコピーをすることは可能ですが，それ以外の目的でコピー，スキャン，転載（ブログ，ＳＮＳなどでの公開を含みます）などをすることは法律により禁止されています。学校や学習塾などで，児童生徒のためにコピーをして使用することも法律により禁止されています。

　ご不明な点や，違法な疑いのある行為を確認された場合は，弊社までご連絡ください。

（5）けがに注意

　この問題集は針を外して使用します。針を外すときは，けがをしないように注意してください。また，表紙カバーや問題用紙の端で手指を傷つけないように十分注意してください。

（6）正誤

　制作には万全を期しておりますが，万が一誤りなどがございましたら，弊社までご連絡ください。

　なお，誤りが判明した場合は，弊社ウェブサイトの「ご購入者様のページ」に掲載しておりますので，そちらもご確認ください。

■ お問い合わせ

　解答例，解説，印刷，製本など，問題集発行におけるすべての責任は弊社にあります。

　ご不明な点がございましたら，弊社ウェブサイトの「お問い合わせ」フォームよりご連絡ください。迅速に対応いたしますが，営業日の都合で回答に数日を要する場合があります。

　ご入力いただいたメールアドレス宛に自動返信メールをお送りしています。自動返信メールが届かない場合は，「よくある質問」の「メールの問い合わせに対し返信がありません。」の項目をご確認ください。

　また弊社営業日（平日）は，午前９時から午後５時まで，電話でのお問い合わせも受け付けています。

＝＝＝ 2025 春

株式会社教英出版

〒422-8054　静岡県静岡市駿河区南安倍３丁目 12-28

TEL　054-288-2131　　FAX　054-288-2133

URL　https://kyoei-syuppan.net/

MAIL　siteform@kyoei-syuppan.net

Ｋ 教英出版　2025　22 の 1　佐賀県立中

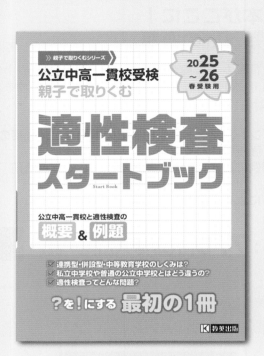

教英出版 2025年春受験用 中学入試問題集

開成中学校 2025年春受験用 入学試験問題集 過去6年分

浅野中学校 2025年春受験用 入学試験問題集 過去5年分

灘中学校 2025年春受験用 入学試験問題集 過去6年分

ラ・サール中学校 2025年春受験用 入学試験問題集 過去7年分

学校別問題集
★はカラー問題対応

北　海　道
① [市立]札幌開成中等教育学校
② 藤　女　子　中　学　校
③ 北　嶺　中　学　校
④ 北星学園女子中学校
⑤ 札　幌　大　谷　中　学　校
⑥ 札　幌　光　星　中　学　校
⑦ 立　命　館　慶　祥　中　学　校
⑧ 函館ラ・サール中学校

青　森　県
① [県立]三本木高等学校附属中学校

岩　手　県
① [県立]一関第一高等学校附属中学校

宮　城　県
① [県立]宮城県古川黎明中学校
② [県立]宮城県仙台二華中学校
③ [市立]仙台青陵中等教育学校
④ 東　北　学　院　中　学　校
⑤ 仙台白百合学園中学校
⑥ 聖ウルスラ学院英智中学校
⑦ 宮　城　学　院　中　学　校
⑧ 秀　光　中　学　校
⑨ 古　川　学　園　中　学　校

秋　田　県
① [県立]｛大館国際情報学院中学校
　　　　 秋田南高等学校中等部
　　　　 横手清陵学院中学校

山　形　県
① [県立]｛東桜学館中学校
　　　　 致道館中学校

福　島　県
① [県立]｛会津学鳳中学校
　　　　 ふたば未来学園中学校

茨　城　県
① [県立]｛日立第一高等学校附属中学校
　　　　 太田第一高等学校附属中学校
　　　　 水戸第一高等学校附属中学校
　　　　 鉾田第一高等学校附属中学校
　　　　 鹿島高等学校附属中学校
　　　　 土浦第一高等学校附属中学校
　　　　 竜ヶ崎第一高等学校附属中学校
　　　　 下館第一高等学校附属中学校
　　　　 下妻第一高等学校附属中学校
　　　　 水海道第一高等学校附属中学校
　　　　 勝田中等教育学校
　　　　 並木中等教育学校
　　　　 古河中等教育学校

栃　木　県
① [県立]｛宇都宮東高等学校附属中学校
　　　　 佐野高等学校附属中学校
　　　　 矢板東高等学校附属中学校

群　馬　県
① ｛[県立]中央中等教育学校
　　[市立]四ツ葉学園中等教育学校
　　[市立]太　田　中　学　校

埼　玉　県
① [県立]伊　奈　学　園　中　学　校
② [市立]浦　和　中　学　校
③ [市立]大宮国際中等教育学校
④ [市立]川口市立高等学校附属中学校

千　葉　県
① [県立]｛千　葉　中　学　校
　　　　 東　葛　飾　中　学　校
② [市立]稲毛国際中等教育学校

東　京　都
① [国立]筑波大学附属駒場中学校
② [都立]白鷗高等学校附属中学校
③ [都立]桜修館中等教育学校
④ [都立]小石川中等教育学校
⑤ [都立]両国高等学校附属中学校
⑥ [都立]立川国際中等教育学校
⑦ [都立]武蔵高等学校附属中学校
⑧ [都立]大泉高等学校附属中学校
⑨ [都立]富士高等学校附属中学校
⑩ [都立]三　鷹　中　等　教　育　学　校
⑪ [都立]南多摩中等教育学校
⑫ [区立]九　段　中　等　教　育　学　校
⑬ 開　成　中　学　校
⑭ 麻　布　中　学　校
⑮ 桜　蔭　中　学　校
⑯ 女　子　学　院　中　学　校
★⑰ 豊島岡女子学園中学校
⑱ 東京都市大学等々力中学校
⑲ 世　田　谷　学　園　中　学　校
★⑳ 広尾学園中学校（第2回）
★㉑ 広尾学園中学校（医進・サイエンス回）
㉒ 渋谷教育学園渋谷中学校（第1回）
㉓ 渋谷教育学園渋谷中学校（第2回）
㉔ 東京農業大学第一高等学校中等部
　　（2月1日 午後）
㉕ 東京農業大学第一高等学校中等部
　　（2月2日 午後）

神奈川県

① [県立] 相模原中等教育学校
　　　　平塚中等教育学校
② [市立] 南高等学校附属中学校
③ [市立] 横浜サイエンスフロンティア高等学校附属中学校
④ [市立] 川崎高等学校附属中学校
★⑤ 聖光学院中学校
★⑥ 浅野中学校
⑦ 洗足学園中学校
⑧ 法政大学第二中学校
⑨ 逗子開成中学校（1次）
⑩ 逗子開成中学校（2・3次）
⑪ 神奈川大学附属中学校（第1回）
⑫ 神奈川大学附属中学校（第2・3回）
⑬ 栄光学園中学校
⑭ フェリス女学院中学校

新潟県

① [県立] 村上中等教育学校
　　　　柏崎翔洋中等教育学校
　　　　燕中等教育学校
　　　　津南中等教育学校
　　　　直江津中等教育学校
　　　　佐渡中等教育学校
② [市立] 高志中等教育学校
③ 新潟第一中学校
④ 新潟明訓中学校

石川県

① [県立] 金沢錦丘中学校
② 星稜中学校

福井県

① [県立] 高志中学校

山梨県

① 山梨英和中学校
② 山梨学院中学校
③ 駿台甲府中学校

長野県

① [県立] 屋代高等学校附属中学校
　　　　諏訪清陵高等学校附属中学校
② [市立] 長野中学校

岐阜県

① 岐阜東中学校
② 鶯谷中学校
③ 岐阜聖徳学園大学附属中学校

静岡県

① [国立] 静岡大学教育学部附属中学校
　　　　（静岡・島田・浜松）
　　　[県立] 清水南高等学校中等部
② [県立] 浜松西高等学校中等部
　　　[市立] 沼津高等学校中等部
③ 不二聖心女子学院中学校
④ 日本大学三島中学校
⑤ 加藤学園暁秀中学校
⑥ 星陵中学校
⑦ 東海大学付属静岡翔洋高等学校中等部
⑧ 静岡サレジオ中学校
⑨ 静岡英和女学院中学校
⑩ 静岡雙葉中学校
⑪ 静岡聖光学院中学校
⑫ 静岡学園中学校
⑬ 静岡大成中学校
⑭ 城南静岡中学校
⑮ 静岡北中学校
⑯ 常葉大学附属常葉中学校
　　常葉大学附属橘中学校
　　常葉大学附属菊川中学校
⑰ 藤枝明誠中学校
⑱ 浜松開誠館中学校
⑲ 静岡県西遠女子学園中学校
⑳ 浜松日体中学校
㉑ 浜松学芸中学校

愛知県

① [国立] 愛知教育大学附属名古屋中学校
② 愛知淑徳中学校
③ 名古屋経済大学市邨中学校
　　名古屋経済大学高蔵中学校
④ 金城学院中学校
⑤ 椙山女学園中学校
⑥ 東海中学校
⑦ 南山中学校男子部
⑧ 南山中学校女子部
⑨ 聖霊中学校
⑩ 滝中学校
⑪ 名古屋中学校
⑫ 大成中学校

⑬ 愛知中学校
⑭ 星城中学校
⑮ 名古屋葵大学中学校
　　（名古屋女子大学中学校）
⑯ 愛知工業大学名電中学校
⑰ 海陽中等教育学校（特別給費生）
⑱ 海陽中等教育学校（I・II）
⑲ 中部大学春日丘中学校
新刊⑳ 名古屋国際中学校

三重県

① [国立] 三重大学教育学部附属中学校
② 暁中学校
③ 海星中学校
④ 四日市メリノール学院中学校
⑤ 高田中学校
⑥ セントヨゼフ女子学園中学校
⑦ 三重中学校
⑧ 皇學館中学校
⑨ 鈴鹿中等教育学校
⑩ 津田学園中学校

滋賀県

① [国立] 滋賀大学教育学部附属中学校
② [県立] 河瀬中学校
　　　　守山中学校
　　　　水口東中学校

京都府

① [国立] 京都教育大学附属桃山中学校
② [府立] 洛北高等学校附属中学校
③ [府立] 園部高等学校附属中学校
④ [府立] 福知山高等学校附属中学校
⑤ [府立] 南陽高等学校附属中学校
⑥ [市立] 西京高等学校附属中学校
⑦ 同志社中学校
⑧ 洛星中学校
⑨ 洛南高等学校附属中学校
⑩ 立命館中学校
⑪ 同志社国際中学校
⑫ 同志社女子中学校（前期日程）
⑬ 同志社女子中学校（後期日程）

大阪府

① [国立] 大阪教育大学附属天王寺中学校
② [国立] 大阪教育大学附属平野中学校
③ [国立] 大阪教育大学附属池田中学校

④[府立]富田林中学校
⑤[府立]咲くやこの花中学校
⑥[府立]水都国際中学校
⑦清風中学校
⑧高槻中学校（Ａ日程）
⑨高槻中学校（Ｂ日程）
⑩明星中学校
⑪大阪女学院中学校
⑫大谷中学校
⑬四天王寺中学校
⑭帝塚山学院中学校
⑮大阪国際中学校
⑯大阪桐蔭中学校
⑰開明中学校
⑱関西大学第一中学校
⑲近畿大学附属中学校
⑳金蘭千里中学校
㉑金光八尾中学校
㉒清風南海中学校
㉓帝塚山学院泉ヶ丘中学校
㉔同志社香里中学校
㉕初芝立命館中学校
㉖関西大学中等部
㉗大阪星光学院中学校

兵　庫　県
①[国立]神戸大学附属中等教育学校
②[県立]兵庫県立大学附属中学校
③雲雀丘学園中学校
④関西学院中学部
⑤神戸女学院中学部
⑥甲陽学院中学校
⑦甲南中学校
⑧甲南女子中学校
⑨灘中学校
⑩親和中学校
⑪神戸海星女子学院中学校
⑫滝川中学校
⑬啓明学院中学校
⑭三田学園中学校
⑮淳心学院中学校
⑯仁川学院中学校
⑰六甲学院中学校
⑱須磨学園中学校（第1回入試）
⑲須磨学園中学校（第2回入試）
⑳須磨学園中学校（第3回入試）
㉑白陵中学校

㉒夙川中学校

奈　良　県
①[国立]奈良女子大学附属中等教育学校
②[国立]奈良教育大学附属中学校
③[県立]｛国際中学校／青翔中学校
④[市立]一条高等学校附属中学校
⑤帝塚山中学校
⑥東大寺学園中学校
⑦奈良学園中学校
⑧西大和学園中学校

和　歌　山　県
①[県立]｛古佐田丘中学校／向陽中学校／桐蔭中学校／日高高等学校附属中学校／田辺中学校
②智辯学園和歌山中学校
③近畿大学附属和歌山中学校
④開智中学校

岡　山　県
①[県立]岡山操山中学校
②[県立]倉敷天城中学校
③[県立]岡山大安寺中等教育学校
④[県立]津山中学校
⑤岡山中学校
⑥清心中学校
⑦岡山白陵中学校
⑧金光学園中学校
⑨就実中学校
⑩岡山理科大学附属中学校
⑪山陽学園中学校

広　島　県
①[国立]広島大学附属中学校
②[国立]広島大学附属福山中学校
③[県立]広島中学校
④[県立]三次中学校
⑤[県立]広島叡智学園中学校
⑥[市立]広島中等教育学校
⑦[市立]福山中学校
⑧広島学院中学校
⑨広島女学院中学校
⑩修道中学校

⑪崇徳中学校
⑫比治山女子中学校
⑬福山暁の星女子中学校
⑭安田女子中学校
⑮広島なぎさ中学校
⑯広島城北中学校
⑰近畿大学附属広島中学校福山校
⑱盈進中学校
⑲如水館中学校
⑳ノートルダム清心中学校
㉑銀河学院中学校
㉒近畿大学附属広島中学校東広島校
㉓ＡＩＣＪ中学校
㉔広島国際学院中学校
㉕広島修道大学ひろしま協創中学校

山　口　県
①[県立]｛下関中等教育学校／高森みどり中学校
②野田学園中学校

徳　島　県
①[県立]｛富岡東中学校／川島中学校／城ノ内中等教育学校
②徳島文理中学校

香　川　県
①大手前丸亀中学校
②香川誠陵中学校

愛　媛　県
①[県立]｛今治東中等教育学校／松山西中等教育学校
②愛光中学校
③済美平成中等教育学校
④新田青雲中等教育学校

高　知　県
①[県立]｛安芸中学校／高知国際中学校／中村中学校

福 岡 県

①[国立] 福岡教育大学附属中学校
（福岡・小倉・久留米）

②[県立]
- 育 徳 館 中 学 校
- 門 司 学 園 中 学 校
- 宗 像 中 学 校
- 嘉穂高等学校附属中学校
- 輝翔館中等教育学校

③ 西 南 学 院 中 学 校
④ 上 智 福 岡 中 学 校
⑤ 福 岡 女 学 院 中 学 校
⑥ 福 岡 雙 葉 中 学 校
⑦ 照 曜 館 中 学 校
⑧ 筑 紫 女 学 園 中 学 校
⑨ 敬 愛 中 学 校
⑩ 久留米大学附設中学校
⑪ 飯 塚 日 新 館 中 学 校
⑫ 明 治 学 園 中 学 校
⑬ 小 倉 日 新 館 中 学 校
⑭ 久 留 米 信 愛 中 学 校
⑮ 中 村 学 園 女 子 中 学 校
⑯ 福岡大学附属大濠中学校
⑰ 筑 陽 学 園 中 学 校
⑱ 九州国際大学付属中学校
⑲ 博 多 女 子 中 学 校
⑳ 東 福 岡 自 彊 館 中 学 校
㉑ 八 女 学 院 中 学 校

佐 賀 県

①[県立]
- 香 楠 中 学 校
- 致 遠 館 中 学 校
- 唐 津 東 中 学 校
- 武 雄 青 陵 中 学 校

② 弘 学 館 中 学 校
③ 東 明 館 中 学 校
④ 佐 賀 清 和 中 学 校
⑤ 成 穎 中 学 校
⑥ 早 稲 田 佐 賀 中 学 校

長 崎 県

①[県立]
- 長 崎 東 中 学 校
- 佐 世 保 北 中 学 校
- 諫早高等学校附属中学校

② 青 雲 中 学 校
③ 長 崎 南 山 中 学 校
④ 長 崎 日 本 大 学 中 学 校
⑤ 海 星 中 学 校

熊 本 県

①[県立]
- 玉名高等学校附属中学校
- 宇 土 中 学 校
- 八 代 中 学 校

② 真 和 中 学 校
③ 九 州 学 院 中 学 校
④ ル ー テ ル 学 院 中 学 校
⑤ 熊 本 信 愛 女 学 院 中 学 校
⑥ 熊 本 マ リ ス ト 学 園 中 学 校
⑦ 熊 本 学 園 大 学 付 属 中 学 校

大 分 県

①[県立] 大 分 豊 府 中 学 校
② 岩 田 中 学 校

宮 崎 県

①[県立] 五 ヶ 瀬 中 等 教 育 学 校

②[県立]
- 宮崎西高等学校附属中学校
- 都城泉ヶ丘高等学校附属中学校

③ 宮 崎 日 本 大 学 中 学 校
④ 日 向 学 院 中 学 校
⑤ 宮 崎 第 一 中 学 校

鹿 児 島 県

①[県立] 楠 隼 中 学 校
②[市立] 鹿 児 島 玉 龍 中 学 校
③ 鹿 児 島 修 学 館 中 学 校
④ ラ ・ サ ー ル 中 学 校
⑤ 志 學 館 中 等 部

沖 縄 県

①[県立]
- 与 勝 緑 が 丘 中 学 校
- 開 邦 中 学 校
- 球 陽 中 学 校
- 名護高等学校附属桜中学校

もっと過去問シリーズ

北 海 道

北嶺中学校
7年分（算数・理科・社会）

静 岡 県

静岡大学教育学部附属中学校
（静岡・島田・浜松）
10年分（算数）

愛 知 県

愛知淑徳中学校
7年分（算数・理科・社会）
東海中学校
7年分（算数・理科・社会）
南山中学校男子部
7年分（算数・理科・社会）

南山中学校女子部
7年分（算数・理科・社会）
滝中学校
7年分（算数・理科・社会）
名古屋中学校
7年分（算数・理科・社会）

岡 山 県

岡山白陵中学校
7年分（算数・理科）

広 島 県

広島大学附属中学校
7年分（算数・理科・社会）
広島大学附属福山中学校
7年分（算数・理科・社会）
広島学院中学校
7年分（算数・理科・社会）
広島女学院中学校
7年分（算数・理科・社会）
修道中学校
7年分（算数・理科・社会）
ノートルダム清心中学校
7年分（算数・理科・社会）

愛 媛 県

愛光中学校
7年分（算数・理科・社会）

福 岡 県

福岡教育大学附属中学校
（福岡・小倉・久留米）
7年分（算数・理科・社会）
西南学院中学校
7年分（算数・理科・社会）
久留米大学附設中学校
7年分（算数・理科・社会）
福岡大学附属大濠中学校
7年分（算数・理科・社会）

佐 賀 県

早稲田佐賀中学校
7年分（算数・理科・社会）

長 崎 県

青雲中学校
7年分（算数・理科・社会）

鹿 児 島 県

ラ・サール中学校
7年分（算数・理科・社会）

※もっと過去問シリーズは
国語の収録はありません。

Ｋ 教英出版

〒422-8054
静岡県静岡市駿河区南安倍3丁目12−28
TEL 054−288−2131
FAX 054−288−2133

詳しくは教英出版で検索

教英出版　[検索]

URL https://kyoei-syuppan.net/

佐賀県立中学校

　佐賀県立香楠中学校

　佐賀県立致遠館中学校

　佐賀県立唐津東中学校

　佐賀県立武雄青陵中学校

令和6年度　適性検査Ⅰ　問題

(45分)

(注　意)

1　「はじめ」の合図があるまでは、開いてはいけません。

2　問題は全部で3題あり、7ページまでです。

3　「はじめ」の合図があったら、まず、2枚(まい)の解答用紙の3か所にそれぞれ受検番号を書きなさい。

4　答えは、すべて解答用紙に書きなさい。

5　印刷がはっきりしなくて読めないときや、体の具合(ぐあい)が悪くなったときなどは、だまって手をあげなさい。

6　検査中は、話しかけたり、わき見をしたり、音を立てたり、声を出して読んだりしてはいけません。

7　「やめ」の合図で、すぐに筆記用具を置き、解答用紙を裏返(うらがえ)しにして机(つくえ)の上に置きなさい。

8　検査終了(しゅうりょう)後、問題用紙は持ち帰りなさい。

1 としさんたちは、総合的な学習の時間で「ふるさとの歴史や文化を学ぶ」ことを
テーマに、3人グループで地域の施設などを取材することになりました。次の
[会話文] と 【資料】 を読んで、あとの(1)〜(3)の問いに答えましょう。

[会話文]

としさん：今日はまず、前回立てた計画を見直そう。学習のテーマは、「ふるさと
　　　　　の歴史や文化を学ぶ」だよね。

あやさん：この【学校周辺の地図】
　　　　　にある有明遺跡、郵便局、
　　　　　清そう工場、はがくれ城
　　　　　に行く予定だったよね。

そうさん：4か所も取材するのは、
　　　　　大変かもしれないね。

【学校周辺の地図】

としさん：それと、郵便局と清そう
　　　　　工場は、　　ア
　　　　　から、見直したほうが
　　　　　いいと思うよ。

そうさん：そうだね。取材先は、もう一度考えることにしよう。

　　　　………（【資料】のように、取材先と取材する順番が決定）………

あやさん：取材をするには予約が必要だよね。電話で予約をするときに、
　　　　　どんなことを聞いたり、伝えたりする必要があるかな。

そうさん：予約をするときは、取材に行く日や時間のほかに、　イ　や
　　　　　　ウ　も取材先に伝えたほうがいいよね。

としさん：そうだね。電話で予約をするときのメモを作って、あとで先生にも
　　　　　見てもらおう。

あやさん：取材したことは、プレゼンテーションソフトを使って発表するんだよね。
　　　　　カメラや学習用ＰＣは持っていけるよ。それから、取材に向けて、
　　　　　インタビューをするときの質問を考えておかないといけないよね。

そうさん：実際にインタビューをするときは、話し方や聞き方などの態度も大事
　　　　　だし、相手から知りたい情報を引き出すために、　エ　　ことも
　　　　　大切だと思うよ。

【資料】 取材先と取材する順番

〈見直す前〉

順番	取材先
1	有明遺跡
2	郵便局
3	清そう工場
4	はがくれ城

〈見直したあと〉

順番	取材先
1	有明遺跡
2	くすのき祭資料館
3	はがくれ城

(1) 　会話文　で、としさんは、　　　　　　のように、「それと、郵便局と清そう工場は、　ア　から、見直したほうがいいと思うよ。」と言っています。あなたなら、どのように考えますか。次の《条件1》に合うように書きましょう。

《条件1》

・解答用紙の　ア　には、　会話文　や【資料】をもとに、取材先が、郵便局と清そう工場から、くすのき祭資料館に見直された理由を書くこと。
・解答用紙の　ア　は、「から」につながるように書くこと。

(2) 　会話文　で、そうさんは、　　　　　　のように、「予約をするときは、取材に行く日や時間のほかに、　イ　や　ウ　も取材先に伝えたほうがいいよね。」と言っています。あなたなら、どのように考えますか。次の《条件2》に合うように書きましょう。

《条件2》

・解答用紙の　イ　と　ウ　には、取材の予約をするときに、取材に行く日や時間のほかに、取材先に伝えたほうがよいことを書くこと。
・解答用紙の　イ　と　ウ　は、1つずつ書くこと。

(3) 　会話文　で、そうさんは、　　　　　　のように、「実際にインタビューをするときは、話し方や聞き方などの態度も大事だし、相手から知りたい情報を引き出すために、　エ　ことも大切だと思うよ。」と言っています。あなたなら、どのように考えますか。次の《条件3》に合うように書きましょう。

《条件3》

・解答用紙の　エ　には、実際にインタビューをするとき、相手から知りたい情報を引き出すためには、どのようなことに気をつけて質問するとよいかを書くこと。
・解答用紙の　エ　は、話し方や聞き方などの態度以外のことを書くこと。
・解答用紙の　エ　は、「こと」につながるように書くこと。

2 ニュージーランドにある小学校の児童が、かおりさんたちの学校を訪問することになりました。かおりさんたちは、交流会の内容について話し合っています。次の 会話文 と【資料1】、【資料2】を読んで、あとの(1)～(3)の問いに答えましょう。

会話文

> かおりさん：昨日、外国語担当のマイク先生に【交流会のプログラム案】を見せたら、交流会プログラム3番の体験活動についてのアドバイス（【資料1】）をもらったよ。これを参考にして、体験活動の内容を決めよう。
>
> こうたさん：そうだね。6年生が10人来るから、日本とニュージーランドの混合でチームをつくって、運動場でサッカーをしようよ。
>
> かおりさん：サッカーをするのも楽しいと思うけど、サッカーだとマイク先生からのアドバイスに合わないよ。
>
> ゆうかさん：それに、スポーツじゃなくてもいいんだよね。
>
> かおりさん：教室は、机といすを別の場所に移動させると広く使えるから、おたがいの国の伝統的なおどりをおどるのはどうかな。
>
> こうたさん：楽しそうだね。おたがいに教え合っていっしょにおどれるといいね。
>
> ゆうかさん：そうだね。そうすると、みんなで楽しめる体験活動になるね。
>
> かおりさん：それから、外国語の授業のときのように、積極的に英語でコミュニケーションをとることも大切だって、マイク先生が言っていたよ。
>
> ゆうかさん：自分たちの英語がちゃんと伝わるか、やってみようよ。
>
> かおりさん：うん。交流会プログラム2番の学校しょうかいも、英語で伝えられるようにがんばりたいね。
>
> こうたさん：そうだね。どのようなことを話したらいいかな。
>
> かおりさん：学校しょうかいで話す内容について、考えを整理するための図やふせん（【資料2】）を使いながら、みんなで考えてみよう。
>
> こうたさん：うん。じゃあ、話す内容がより伝わるようにするためには、どうしたらいいかな。
>
> かおりさん：話すときの声の大きさや表情などを意識することが大事だよね。
>
> ゆうかさん：本番では、しょうかいの仕方もくふうするといいよね。例えば、英語で学校しょうかいをするときに、　　ア　　のはどうかな。そうすると、よりよく伝わる学校しょうかいになるんじゃないかな。

【交流会のプログラム案】

交流会プログラム
1. 開会
2. 学校しょうかい
3. 体験活動
4. 写真さつえい
5. 閉会

【資料1】　体験活動についてのアドバイス

① 日本とニュージーランドの、それぞれの独自の文化について学び合う活動がよい。
② 日本とニュージーランドの児童がコミュニケーションをとる必要がある活動がよい。
③ 運動場や体育館は使えないときがあるので、教室でできる活動がよい。
④ 体を動かす活動がよい。

令和6年度　適性検査Ⅱ　問題

(45分)

(注　意)

1　「はじめ」の合図があるまでは、開いてはいけません。

2　問題は全部で3題あり、7ページまでです。

3　「はじめ」の合図があったら、まず、2枚の解答用紙の3か所にそれぞれ受検番号を書きなさい。

4　答えは、すべて解答用紙に書きなさい。

5　印刷がはっきりしなくて読めないときや、体の具合が悪くなったときなどは、だまって手をあげなさい。

6　検査中は、話しかけたり、わき見をしたり、音を立てたり、声を出して読んだりしてはいけません。

7　「やめ」の合図で、すぐに筆記用具を置き、解答用紙を裏返しにして机の上に置きなさい。

8　検査終了後、問題用紙は持ち帰りなさい。

1 さくらさんは、あおいさんと明日のクラス対こう球技大会について話をしています。
会話文1 を読んで(1)の問いに、 会話文2 を読んで(2)の問いに、 会話文3 を
読んで(3)の問いに答えましょう。

会話文1

> さくらさん：先生から保護者が**応えんできる場所**をクラスごとに分けてほしいと
> たのまれたんだ。先生が【運動場の図】を方眼紙にかいてくれたよ。
>
> あおいさん：この【運動場の図】の色が
> ついている部分(▨の部分)が、
> 保護者が**応えんできる場所**だね。
> でも、運動場には**木**があって、
> すべてのクラスの応えん場所を
> 同じ形にすることができない
> から、難_{むずか}しそうだね。
>
> 　　　　　　【運動場の図】
>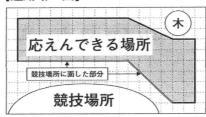
>
> さくらさん：そうだね。【運動場の図】の競技場所に面した部分（ ━━ ）が
> すべてのクラスの応えん場所にふくまれるようにしてほしいとも
> 言われたよ。
>
> あおいさん：そうなんだね。ところで、各クラスの応えんに来る保護者の人数は
> 何人なの。
>
> さくらさん：1組は18人、2組は15人、3組は21人だよ。
>
> あおいさん：<u>じゃあ、その人数に応じた広さになるように、3つに分けてみようか。</u>

(1) 会話文1 で、あおいさんは、「<u>その人数に応じた広さになるように、3つに
分けてみようか。</u>」と言っています。あなたなら、**応えんできる場所**をどのように
分けますか。次の《条件》に合うようにかきましょう。

《条件》

> ・考えられる分け方のうち、1つをかくこと。
> ・【運動場の図】の**応えんできる場所**はすべて、いずれかのクラスの応えん場所に
> すること。
> ・解答用紙の【運動場の図】の**応えんできる場所**(▨の部分)には、各クラスの
> 応えんに来る保護者の人数に応じた広さになるように、点線をなぞって線を
> かくこと。
> ・【運動場の図】の競技場所に面した部分（ ━━ ）がすべてのクラスの応えん
> 場所にふくまれるようにすること。ただし、各クラスの応えんに来る保護者の
> 人数に応じた長さでなくてよい。
> ・各クラスの応えん場所に、1組は①、2組は②、3組は③のように書くこと。

```
················ （その日の夕方） ················
さくらさん：みんな明日の球技大会を楽しみにしているから晴れるといいね。
あおいさん：そうだね。今、夕焼けが見えているから、明日は晴れると思うよ。
さくらさん：そういえば、この前、おばあちゃんも同じようなことを言っていたな。
　　　　　　でも、夕焼けが見えた日の次の日は晴れると予想できるのは、
　　　　　　どうしてなんだろう。
```

(2) 　会話文２　で、さくらさんは、「夕焼けが見えた日の次の日は晴れると予想
できるのは、どうしてなんだろう。」と言っています。夕焼けが見えた日の次の日の
天気が晴れと予想できるのはどうしてだと考えますか。日本における天気の変化の
特ちょうをもとに、夕焼けが見えることと次の日の天気は、どのように関係しているかが
分かるように、言葉で説明しましょう。

会話文３

```
················ （家に帰ったあと） ················
お 母 さん：明日は暑くなりそうよ。こまめに水分補給（はきゅう）してね。
さくらさん：スポーツドリンクは自分で作ることができるって聞いたけど、
　　　　　　どうやって作ったらいいのかな。
お 母 さん：そういえば、この本に手作りスポーツドリンクの材料と分量（【表】）が
　　　　　　書いてあるよ。
```

【表】　手作りスポーツドリンクの材料と分量

材料	水	砂糖（さとう）	塩
分量（g）	200	8	0.8

```
さくらさん：この【表】のとおり作ってみよう。
················ （スポーツドリンク作成中） ················
さくらさん：お母さん、大変。用意した水の中に砂糖と塩をまちがえて、反対の
　　　　　　量を入れてしまったわ。
お 母 さん：だいじょうぶよ、水と砂糖を増やせばいいじゃない。
さくらさん：そうか、それなら水と砂糖と塩の分量が、この【表】に書いてある
　　　　　　割合（わりあい）になるように考えてみるね。
```

(3) 　会話文３　で、さくらさんは、「水と砂糖と塩の分量が、この【表】に書いてある
割合になるように考えてみるね。」と言っています。水と砂糖と塩の分量が【表】に
書いてある割合になるようにするためには、水と砂糖をそれぞれ何 g 増やせばよい
ですか。数と言葉で説明しましょう。説明の中に式を使ってもかまいません。

2 ゆきさんは、家族と昨日の花火大会について話をしています。 会話文１ を読んで
(1)の問いに、 会話文２ を読んで(2)の問いに答えましょう。

会話文１

> ゆきさん：昨日の花火大会で見た花火は、打ち上げられた花火が開き始めて、
> しばらくしてから音が聞こえてきたけど、どうしてかな。
>
> お母さん：音の速さは光の速さよりおそいからだよ。
>
> お父さん：スマートフォンで花火が開く様子をさつえいしていたから、見てごらん。
>
> ゆきさん：動画を見ると、花火が開き始めてから２秒後に音が聞こえるね。
> ところで、音の速さはどれくらいなの。
>
> お兄さん：音の速さは、秒速約340ｍだよ。
>
> ゆきさん：そうなんだね。じゃあ、スマートフォンでさつえいした場所から、
> この花火までのきょりは何ｍかが分かるね。この花火が開いたときの
> 実際の大きさっていったいどのくらいなんだろう。
>
> ‥‥‥‥‥‥（お父さんがスマートフォンの画面を見せながら）‥‥‥‥‥‥
>
> お父さん：これ（【太陽と月が同じ大きさに見える理由】）と同じように考えたら
> 分かると思うよ。
>
> **【太陽と月が同じ大きさに見える理由】**
>
> > 太陽の大きさは、月の大きさの約400倍ある。しかし、地球から
> > 太陽までのきょりは、地球から月までのきょりの約400倍あるので、
> > 地球から見ると大きな太陽でも月と同じ大きさに見える。
>
> ゆきさん：そうか、太陽の大きさをさつえいした花火の大きさに置きかえて、
> 月の大きさを卓球のボールの大きさに置きかえて考えるといいね。
>
> お父さん：さつえいした花火と同じ大きさになるように、卓球のボールを
> スマートフォンでさつえいしてみてごらん。
>
> ゆきさん：スマートフォンから卓球のボールまでのきょりを20cmにする
> （【図１】）と、さつえいした花火と同じ大きさになったよ（【図２】）。
> 卓球のボールの大きさは直径４cmだから、<u>さつえいした花火の
> だいたいの大きさが分かるね。</u>

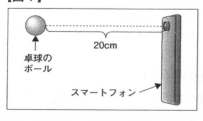

【図１】

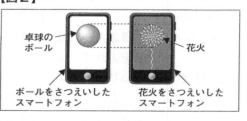

【図２】

(1) 会話文１ で、ゆきさんは、「<u>さつえいした花火のだいたいの大きさが分かる
ね。</u>」と言っています。さつえいした花火の実際の大きさは、直径約何ｍですか。
数と言葉で説明しましょう。説明の中に式を使ってもかまいません。また、
解答用紙の（　　　）には、さつえいした花火の実際の大きさを、四捨五入して
上から２けたのがい数で書きましょう。

受検番号

適性検査Ⅰ　解答用紙

2 (1)
4点

記号		

(2)
6点

記号	

理由	
	（から）

(3)
6点

ア	
	（のはどうかな）

受検番号 [   ]

適性検査Ⅰ　解答用紙

3 (1)
4点

(2)
7点

(3)
8点

ア

30 という機能　　20

イ

15　　20 こと

※左からつめて、横書きで書くこと。

受検番号

適性検査Ⅱ　解答用紙

2 (1)
8点

説明	

さつえいした花火の実際の大きさは、直径約（　　　　　　　　　）m

(2)
5点

1回目	2回目	3回目

受検番号

適性検査Ⅱ　解答用紙

3 (1) 8点

説明

(2) 5点

ア

イ

(3) 6点

ウ　（7月）　　　（日）

エ

【解

受検番号 [   ]

適性検査Ⅱ　解答用紙

※50点満点
（満点は学校によって異なります）

1 (1)
6点

【運動場の図】

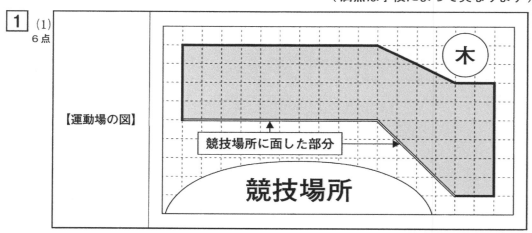

競技場所に面した部分

競技場所

(2)
4点

説明

(3)
8点

説明

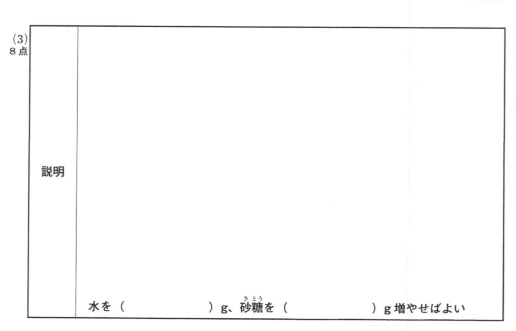

水を（　　　　　　　）g、砂糖を（　　　　　　　）g増やせばよい

受検番号 □

適性検査Ⅰ　解答用紙

※50点満点
（ 満点は学校によって異なります ）

1 (1)
5点

ア	（から）

(2)
4点

イ	
ウ	

(3)
6点

エ	（こと）

【解

ゆきさん：	そういえば、昨日は花火大会の会場でわたあめをくれてありがとう。
お兄さん：	どういたしまして。実は、わたあめを買ったお店は、わたあめを買うとミニゲームができて、そのゲームで予想が当たったから、わたあめをもう１つもらえたんだよ。
ゆきさん：	そうなんだ。どんなゲームだったの。
お兄さん：	お店の人と３回じゃんけんをして、コマを進めるんだけど、じゃんけんをする前に、コマが【ミニゲームのマス目】のどこのマスにとう着するか予想するゲームだよ（【ミニゲームの説明】）。
ゆきさん：	お兄ちゃんは、どのマスを予想したの。
お兄さん：	☆のマスを予想し、☆のマスにとう着したから、わたあめをもう１つもらえたんだよ。
ゆきさん：	すごいね。お店の人はじゃんけんで何を出したの。
お兄さん：	お店の人は１回目に「グー」を、２回目に「チョキ」を、３回目に「パー」を出したよ。
ゆきさん：	そうなんだ。お兄ちゃんがじゃんけんで何を出したか考えてみるね。

【ミニゲームのマス目】

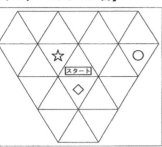

【ミニゲームの説明】

・コマは、はじめ【ミニゲームのマス目】の スタート のところにある。

・お店の人とじゃんけんを３回する。

・お店の人とじゃんけんをする前に、コマがとう着するマスを１つ予想し、予想が当たれば、わたあめがもう１つもらえる。

・じゃんけんは、「グー」は「チョキ」に"勝ち"、「チョキ」は「パー」に"勝ち"、「パー」は「グー」に"勝ち"、同じものを出したときは"あいこ"になる。

・コマがある位置のマスの形とじゃんけんの結果によって、コマは≪コマの進み方≫のように進む。

≪コマの進み方≫

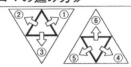

"勝ち"なら、①または④の向きに１マス進む
"負け"なら、②または⑤の向きに１マス進む
"あいこ"なら、③または⑥の向きに１マス進む

※ △ や ▽ は、コマがある位置

例えば、"勝ち"→"勝ち"→"勝ち"の場合、〇のマスにとう着する。

例えば、"勝ち"→"負け"→"あいこ"の場合、◇のマスにとう着する。

(2) 　会話文２　で、ゆきさんは、「お兄ちゃんがじゃんけんで何を出したか考えてみるね。」と言っています。あなたなら、どのように考えますか。【ミニゲームの説明】を参考にして、次の《条件》に合うように書きましょう。

《条件》

・考えられる組み合わせのうち、１つを書くこと。

・解答用紙の１回目、２回目、３回目には、「グー」「チョキ」「パー」の中から選び、それぞれ１つ書くこと。このとき、同じものをくり返し選んでもよい。

3　6月のある日の朝、そらさんは、お兄さんとはがくれ市にあるサンライズ運動公園に来ています。　会話文1　を読んで(1)の問いに、　会話文2　を読んで(2)の問いに、　会話文3　を読んで(3)の問いに答えましょう。

会話文1

> そらさん：1周700mと1周1500mの【ランニングコース】があるね。私^{わたし}は、1周700mのコースを走ろうと思うけど、お兄ちゃんは、どっちのコースを走ろうと思っているの。
>
>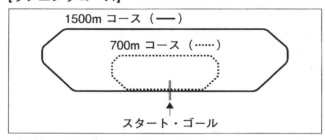
>
> お兄さん：1周1500mのコースを走ろうと思っているよ。
>
> そらさん：私とは別のコースだね。別のコースを走っても、1周したときにお兄ちゃんといっしょにゴールすることができたらいいな。
>
> お兄さん：ぼくは、1kmを4分の速さで走るつもりだよ。
>
> そらさん：私は、1kmを10分の速さで走るよ。<u>1周したときにいっしょにゴールするためには、どうしたらいいか考えてみるね。</u>

(1)　会話文1　で、そらさんは、「<u>1周したときにいっしょにゴールするためには、どうしたらいいか考えてみるね。</u>」と言っています。あなたなら、どのように考えますか。次の《条件1》に合うように、数と言葉で説明しましょう。説明の中に式を使ってもかまいません。

《条件1》

> ・そらさんは1kmを10分の速さで、700mのコースを走る。ただし、スタートしてからゴールするまで常に同じ速さで走るものとして考えること。
>
> ・お兄さんは1kmを4分の速さで、1500mのコースを走る。ただし、スタートしてからゴールするまで常に同じ速さで走るものとして考えること。
>
> ・解答用紙の**説明**には、1周したときにそらさんとお兄さんがいっしょにゴールするために、2人のうち、<u>どちら</u>が先にスタートし、もう1人は<u>何秒後</u>にスタートすればよいかが分かるように書くこと。

会話文2

.... （走り終わったあと） ....

そらさん：そういえば、朝、明るくなるのが早くなったね。

お兄さん：日の出の時刻（じこく）は、1年のうちで6月の今ごろが1番早いんだよ。

そらさん：そうなんだね。10月に、このサンライズ運動公園でスポーツの全国大会が
　　　　　行われるみたいだけど、10月の日の出の時刻は、どれくらいなのかな。

お兄さん：はがくれ市の毎月1日と15日の日の出の時刻が書いてある【表】が、
　　　　　家にあったと思うよ。

.... （家に帰ったあと、お兄さんが【表】を持ってくる） ....

お兄さん：ほら、これだよ。

【表】

	1日	15日
月	6：07	5：49
月	5：31	5：19
月	5：11	5：09
月	5：13	5：21
月	5：32	5：42
月	5：53	6：02
月	6：13	6：23
月	6：37	6：50
月	7：04	7：15
月	7：22	7：23
月	7：15	7：04
月	6：47	6：29

そらさん：この【表】は上から順に、例えば、1月、2月、3月、……のように
　　　　　並（なら）んでいるんだよね。

お兄さん：そうだよ。でも、破れてしまっていて1番上が何月かは分からないね。
　　　　　これでは、10月の日の出の時刻も分からないよね。

そらさん：えっと、分かるかも。10月1日の日の出の時刻は ┃ ア ┃ だね。
　　　　　この【表】を見ると、┃ イ ┃。

---

(2) ┃会話文2┃ で、そらさんは、10月1日の日の出の時刻について、┃　　　┃ の
　　ように言っています。あなたなら、どのように考えますか。次の《条件2》に合う
　　ように書きましょう。

《条件2》

・解答用紙の ┃ ア ┃ には、【表】にある時刻の中から、10月1日の日の出の時刻を
　選んで書くこと。

・解答用紙の ┃ イ ┃ には、┃ ア ┃ の時刻を選んだ理由を書くこと。

そらさん：10月に行われるスポーツの全国大会には、たくさんの人が来るんだよね。

お兄さん：そうだよ。スポーツの全国大会の開会式が行われる10月５日に向けて、ヒマワリを育てるボランティアをぼ集していたから、そらもやってみたら。

そらさん：いいね。でも、ヒマワリの花は７月や８月にさいているイメージがあるけど、10月５日にヒマワリの花がさいているようにすることはできるのかな。

お兄さん：くふうすれば、できるみたいだよ。

そらさん：そうなんだね。いろいろな情報を集めて、自分でも考えてみるよ。

………………（集めた情報と考えたことを【ノート】にまとめる）………………

【ノート】

《ヒマワリに関する情報》

・発芽に適した温度：20℃〜25℃

・種をまいてから発芽するまでの日数：10日

・発芽してから花がさき始めるまでの日数：60日

・花がさいている期間：7日間

《はがくれ市の平均気温》

	平均気温（℃）
6 月	23.5
7 月	27.2
8 月	28.2
9 月	24.5
10 月	20.1

《6月から10月までのカレンダー》

6月

日	月	火	水	木	金	土
						1
2	3	4	5	6	7	8
9	10	11	12	13	14	15
16	17	18	19	20	21	22
23/30	24	25	26	27	28	29

7月

日	月	火	水	木	金	土
	1	2	3	4	5	6
7	8	9	10	11	12	13
14	15	16	17	18	19	20
21	22	23	24	25	26	27
28	29	30	31			

8月

日	月	火	水	木	金	土
				1	2	3
4	5	6	7	8	9	10
11	12	13	14	15	16	17
18	19	20	21	22	23	24
25	26	27	28	29	30	31

9月

日	月	火	水	木	金	土
1	2	3	4	5	6	7
8	9	10	11	12	13	14
15	16	17	18	19	20	21
22	23	24	25	26	27	28
29	30					

10月

日	月	火	水	木	金	土
		1	2	3	4	5
6	7	8	9	10	11	12
13	14	15	16	17	18	19
20	21	22	23	24	25	26
27	28	29	30	31		

ヒマワリの種を７月 ［ ウ ］ 日にまけば、10月５日に花がさいているようにすることができる。平均気温がヒマワリの発芽に適した温度ではない月であっても、発芽させるために、［ エ ］。

（3） ［会話文３］で、そらさんは、集めた情報をもとに、10月５日にヒマワリの花がさいているようにするための方法を考え、【ノート】の ［＿＿＿＿＿］ のようにまとめています。あなたなら、どのように考えますか。次の《条件３》に合うように書きましょう。

《条件３》

・解答用紙の ［ ウ ］ には、考えられる日にちのうち、1つを書くこと。

・［ ウ ］ は、【ノート】にある《ヒマワリに関する情報》のとおりに成長するものとして考えること。

・種をまいた日、発芽した日、花がさき始めた日は、それぞれ１日目として考えること。

・解答用紙の ［ エ ］ には、平均気温がヒマワリの発芽に適した温度ではない月であっても、発芽させるための方法を書くこと。

【資料２】 考えを整理するための図やふせん

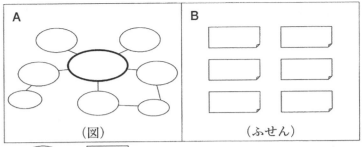

A	B
（図）	（ふせん）

※ ⬭ 、 ▭ には、思いつくことを書き出します。

(1) ┃会話文┃で、かおりさんは、「サッカーをするのも楽しいと思うけど、サッカー
だとマイク先生からのアドバイスに合わないよ。」と言っています。あなたは、どの
アドバイスに合わないと考えますか。次の《条件１》に合うように書きましょう。

《条件１》

　　・解答用紙の記号には、サッカーをすることはマイク先生のどのアドバイスに
　　　合わないのか、【資料１】の①～④の中から2つ選び、その記号を書くこと。

(2) ┃会話文┃で、かおりさんは、「学校しょうかいで話す内容について、考えを
整理するための図やふせん（【資料２】）を使いながら、みんなで考えてみよう。」
と言っています。あなたなら、【資料２】のAとBのどちらを使って考えますか。
また、その理由は何ですか。次の《条件２》に合うように書きましょう。

《条件２》

　　・解答用紙の記号には、【資料２】から、AかBのどちらかを選び、その記号を
　　　書くこと。
　　・解答用紙の理由には、【資料２】から選んだ、考えを整理するための図または
　　　ふせんの特ちょうにふれながら、選んだ理由を書くこと。
　　・解答用紙の理由は、「から」につながるように書くこと。

(3) ┃会話文┃で、ゆうかさんは、┊┄┄┄┄┄┊のように、「本番では、しょうかいの
仕方もくふうするといいよね。例えば、英語で学校しょうかいをするときに、
┃ ア ┃のはどうかな。そうすると、よりよく伝わる学校しょうかいになるんじゃ
ないかな。」と言っています。あなたなら、どのようなくふうをしますか。次の
《条件３》に合うように書きましょう。

《条件３》

　　・解答用紙の┃ ア ┃には、英語で学校しょうかいをするときに、よりよく伝わる
　　　ものにするためのくふうを書くこと。
　　・解答用紙の┃ ア ┃は、声の大きさや表情など、学校しょうかいをするときの
　　　態度以外のことを書くこと。
　　・解答用紙の┃ ア ┃は、「のはどうかな」につながるように書くこと。

3 ゆきさんは、タブレット型端末を使いながらお父さんと話をしています。次の
[会話文] と【資料１】～【資料４】を読んで、あとの(1)～(3)の問いに答えましょう。

[会話文]

> お父さん：最近、テレビを見るよりタブレット型端末をよく使っているね。どんな
> ことをしているの。
>
> ゆきさん：インターネットで、お気に入りの動画を見たり、いろいろなことを
> 調べたりしているよ。
>
> お父さん：そうなんだね。使うのはいいけど、今日の新聞にちょっと気になる記事
> がのっていたよ。2012年と2022年を比べた、平日１日あたりのテレビ
> とインターネットの平均利用時間（【資料１】）を見てごらん。
>
> ゆきさん：この資料を見ると、10代から60代に共通する変化の様子が分かるね。
>
> お父さん：インターネットは生活を便利にしているけど、インターネットなどを利用
> した犯罪に関するグラフ（【資料２】）を見ると、さまざまなトラブルが
> 起こっていることが分かるね。それに、青少年を取りまくインターネット
> トラブル（【資料３】）も気になるね。
>
> ゆきさん：これらの資料を参考に、小学生が安心してインターネットを使うため
> のルールを考えてみるね。
>
> お父さん：フィルターバブル現象についての記事（【資料４】）も読むといいよ。
>
> ┌─────────────────────────────────┐
> ┆ ゆきさん：フィルターバブル現象は、＊ＳＮＳや＊プラットフォームに ┆
> ┆ ［　ア　］ という機能があるから起こるんだね。フィルターバブル ┆
> ┆ のような状態にならないように、はば広く情報を得るためには、 ┆
> ┆ ［　イ　］ ことも大切だね。 ┆
> └─────────────────────────────────┘

＊ＳＮＳ：ソーシャルネットワーキングサービスのことで、友達や同じ趣味の人同士などがインター
　　　　　ネット上で交流できるサービスのこと

＊プラットフォーム：けんさくサービスや、動画・音楽、オンライン予約サービスなど、人と人、
　　　　　　　　　　人と企業、企業と企業をインターネット上で結び付ける場のこと

【資料１】　平日１日あたりのテレビとインターネットの平均利用時間

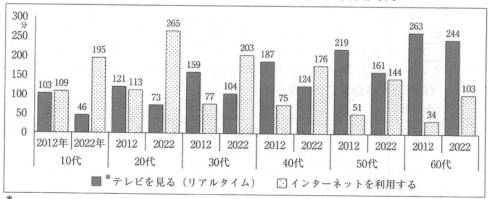

＊テレビを見る（リアルタイム）：放送中の番組をテレビで
　その時見ること

（総務省令和４年情報通信白書　より）

【資料２】　インターネットなどを利用した犯罪に関するグラフ

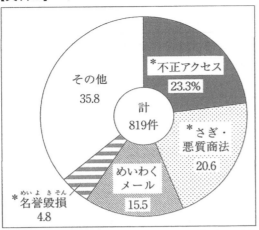

*不正アクセス：個人情報などを入手するために、他人のID・パスワードなどを悪用してネットワークに、しん入すること

*さぎ・悪質商法：他人をだましてお金や物をうばったり、高額な商品などを無理に買わせたりすること

*名誉毀損：人のほこりをきずつけること

（令和５年第３次佐賀県防犯あんしん計画　より）

【資料３】　青少年を取りまくインターネットトラブル

① スマートフォンが気になるあまり、日常生活に支障が出てしまう
② *自画撮り画像や、安易な気持ちで送った悪ふざけ画像
③ ゲームで高額の課金、オンラインショッピングサイトでの詐欺被害などお金に係わるトラブル

*自画撮り：カメラ機能付きのけい帯電話やスマートフォンなどで、自分自身をさつえいすること

（内閣府ウェブサイト　より）

【資料４】　フィルターバブル現象についての記事

　SNSやプラットフォームなどの多くは、私たちがどのようにサービスを利用しているかなどを分析・学習することによって、私たちが興味のある情報を自動的に選んで表示してくれます。たくさんの情報にあふれている現代社会においては、このような機能はとても便利です。

　一方で、こうした機能によって「興味がないはず」と判断された情報は、自動的にはじかれてしまうため、実際に受け取れた情報がどれだけ偏ったものなのか、私たちは正確に知ることができません。

　このように、自分の考え方や価値観のバブル（泡）に包まれたかのように、好みの情報に囲まれ、好みではない情報に接しづらくなる状態のことを「フィルターバブル」といいます。

（総務省情報通信白書 for Kids　より）

(1) 　|会話文|　で、ゆきさんは、「この資料を見ると、10代から60代に共通する変化の様子が分かるね。」と言っています。あなたなら、どのように説明しますか。次の《条件１》に合うように書きましょう。

《条件１》

> ・【資料１】の2012年と2022年を比べること。
> ・【資料１】をもとに、10代から60代に共通してみられる、平日１日あたりのテレビとインターネットの平均利用時間のそれぞれの変化について書くこと。

(2) 　|会話文|　で、ゆきさんは、「これらの資料を参考に、小学生が安心してインターネットを使うためのルールを考えてみるね。」と言っています。あなたなら、どのようなルールが必要だと考えますか。また、その理由は何ですか。次の《条件２》に合うように書きましょう。

《条件２》

> ・小学生が安心してインターネットを使うためのルールと、そのルールが必要だと考える理由を書くこと。
> ・【資料２】と【資料３】の内容を関連付けて書くこと。
> ・ルールと理由は、それぞれ１文で書き、つなぐ言葉を適切に使って２文で書くこと。

(3) 　|会話文|　で、ゆきさんは、┊┈┈┈┈┊のように、「フィルターバブル現象は、ＳＮＳやプラットフォームに|　ア　|という機能があるから起こるんだね。フィルターバブルのような状態にならないように、はば広く情報を得るためには、|　イ　|ことも大切だね。」と言っています。あなたなら、どのように考えますか。次の《条件３》に合うように書きましょう。

《条件３》

> ・解答用紙の|　ア　|には、フィルターバブル現象が起こるＳＮＳやプラットフォームの機能を書くこと。
> ・解答用紙の|　ア　|は、【資料４】の言葉を使って、「という機能」につながるように書くこと。
> ・解答用紙の|　ア　|は、20〜30字で書くこと。
> ・解答用紙の|　イ　|には、フィルターバブルのような状態にならないように、はば広く情報を得るために、あなたが大切だと考える具体的な行動を書くこと。
> ・解答用紙の|　イ　|は、「こと」につながるように書くこと。
> ・解答用紙の|　イ　|は、15〜20字で書くこと。

佐賀県立中学校
　佐賀県立香楠中学校
　佐賀県立致遠館中学校
　佐賀県立唐津東中学校
　佐賀県立武雄青陵中学校

令和5年度　適性検査Ⅰ　問題

(45分)

（注　意）

1　「はじめ」の合図があるまでは、開いてはいけません。
2　問題は全部で3題あり、7ページまでです。
3　「はじめ」の合図があったら、まず、2枚の解答用紙の3か所にそれぞれ受検番号を
　書きなさい。
4　答えは、すべて解答用紙に書きなさい。
5　印刷がはっきりしなくて読めないときや、体の具合が悪くなったときなどは、だまって
　手をあげなさい。
6　検査中は、話しかけたり、わき見をしたり、音を立てたり、声を出して読んだりしては
　いけません。
7　「やめ」の合図で、すぐに鉛筆を置き、解答用紙を裏返しにして机の上に置きなさい。
8　検査終了後、問題用紙は持ち帰りなさい。

1 てつおさんたちは、朝のあいさつ運動週間について話しています。次の**会話文**と
【**資料１**】～【**資料３**】を読んで、あとの(1)～(3)の問いに答えましょう。

会話文

> てつおさん：朝のあいさつ運動週間のお知らせ（【**資料１**】）をつくってきたよ。
> このお知らせを各学級に配る予定だよ。朝のあいさつ運動に参加する
> 学級は、３年生から６年生までの合計８学級で、１日に１学級、
> 順番で１回ずつ行うことになっていたよね。
>
> かおりさん：とてもくふうしてつくっているね。　1　、この内容だと確認で
> きないことがあるんじゃないかな。　2　の情報と　3　の
> 情報がないから、参加する人が困ると思うよ。
>
> てつおさん：なるほど。来週までに書き加えて修正してみるね。
>
> かおりさん：ありがとう。私は、校門に置く掲示物（【**資料２**】）をつくってきたよ。
> 掲示物についてみんなで決めたことをまとめたメモ（【**資料３**】）を
> 確認して書いてみたから、アドバイスをくれないかな。
>
> てつおさん：メモの　ア　に注目するなら、　イ　といいと思うよ。他にも、
> メモの　ウ　に注目するなら、　エ　といいと思うよ。
>
> かおりさん：ありがとう。今聞いたことを参考にして、もう一度書いてみるね。

【**資料１**】　朝のあいさつ運動週間のお知らせ

【**資料２**】　校門に置く掲示物

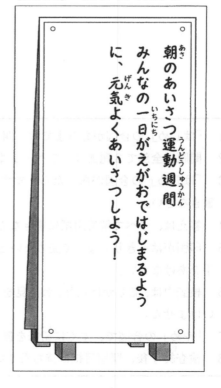

【資料３】 掲示物についてみんなで決めたことをまとめたメモ

○「朝のあいさつ運動週間　みんなの一日がえがおではじまるように、元気よくあいさつしよう!」
　の文字だけ書く。
○３行に分けて、たて書きで書く。
○文字を見やすくするために、白色の紙に黒色の文字で書く。

《くふうが必要なこと》
①「朝のあいさつ運動週間」の文字が、他の文字より目立つようにする。
②余白に注意し、用紙の中で３行がバランスよく見えるようにする。
③文章をどこで区切るか注意し、読みやすくする。

(1) 会話文で、かおりさんは、「とてもくふうしてつくっているね。　１　、この内容だと
確認できないことがある」と言っています。　１　に、　１　の前後の文を
つなぐ適切な言葉を書きましょう。

(2) 会話文で、かおりさんは、「　２　の情報と　３　の情報がないから、参加
する人が困る」と言っています。あなたは、どのような情報が必要だと考えますか。
次の《条件１》に合うように書きましょう。
《条件１》

・解答用紙の　２　と　３　には、【資料１】に書かれていない、参加者に
とって必要な情報を、それぞれ書くこと。
・解答用紙の　２　と　３　は、「〜の情報」につながるように、それぞれ
書くこと。

(3) 会話文で、てつおさんは、「メモの　ア　に注目するなら、　イ　といいと
思うよ。他にも、メモの　ウ　に注目するなら、　エ　といいと思うよ」と言って
います。あなたなら【資料３】をもとに、かおりさんにどのようなアドバイスを
しますか。次の《条件２》に合うように書きましょう。
《条件２》

・解答用紙の　ア　と　ウ　には、【資料３】の①〜③の中から異なる数字を選んで、
それぞれ１つ書くこと。
・解答用紙の　イ　と　エ　には、　ア　と　ウ　で選んだメモの内容を
もとに、【資料２】の、どこをどのように変えればメモの内容に合う掲示物に
なるかが分かるようなアドバイスを、それぞれ書くこと。
・解答用紙の　イ　と　エ　は、「〜といい」につながるように、それぞれ
書くこと。

2 　なおさんは、新聞を読みながら家族と話しています。次の**会話文**と【資料】を読んで、あとの(1)、(2)の問いに答えましょう。

会話文

> お母さん：今週の新聞の中で、何か気になる記事はあったの。
>
> なおさん：うん。鉄についての記事（【資料】）がおもしろかったよ。ツタンカーメンのお墓から見つかった短剣は、＊隕石の鉄が原料だったんだって。昔は、鉄はめずらしい金属で金よりも価値があったらしいよ。
>
> お母さん：そうだったの。お母さんも知らなかったわ。
>
> なおさん：お母さん、ここを見て。記事の最後の方に「もろ刃のつるぎ」って書いてあるんだけど、よく分からないなあ。
>
> お母さん：ああ、ここね。「つるぎ」は剣のことなのよ。剣は、両側が刃になっているから、自分を守ることもできるけれど、使い方しだいで自分を傷つけてしまうこともあるのよね。そこからできた表現よ。ねえ、お父さん。
>
> お父さん：ああ、この文章で鉄のことを「もろ刃のつるぎ」だと言っているのは、鉄は、スキやクワなどの農機具に使われて役に立つけれど、武器に使われるなどよくないこともあるということだよ。
>
> なおさん：そういうことね。分かったわ。
>
> お父さん：じゃあ、「もろ刃のつるぎ」だと言えるものとして、例えば、他に何があると思う。
>
> なおさん：　ア　は、どうかな。　イ　ことができて役に立つけれど、　ウ　などよくないこともあるから。
>
> お母さん：なおも「もろ刃のつるぎ」の意味がちゃんと分かったみたいね。

＊隕石：宇宙から地球などに落ちてきた石のこと

【資料】　鉄についての記事

> 　約3300年前のエジプト王ツタンカーメンの墓から見つかった短剣は宇宙から降ってきた隕石の鉄（隕鉄）が原料でした▼千葉工業大学の研究チームがくわしく調べたところ、熱した隕鉄をハンマーでたたいて作ったらしいとのこと。ツタンカーメンの祖父が他国の王から鉄剣をおくられた記録が残っていて、この短剣のことではと見られます▼当時、鉄はめずらしい金属で金より何倍も貴重品でした。もともと鉄は鉄鉱石などにふくまれ、地球上にたくさんありますが、鉄鉱石から鉄を取り出す技術がなかったからです。やがて鉄鉱石をとかして鉄を取り出す技術が広まると、スキやクワなどの農機具に固くて丈夫な鉄が使われ、広い田畑が生まれました。一方、鉄で強力な武器が作られ、戦争を悲惨にしました。役立つ半面、害を与えるものを例えて「もろ刃のつるぎ」と言います。

令和5年度　適性検査Ⅱ　問題

(45分)

（注　意）

1　「はじめ」の合図があるまでは、開いてはいけません。

2　問題は全部で3題あり、7ページまでです。

3　「はじめ」の合図があったら、まず、2枚の解答用紙の3か所にそれぞれ受検番号を
書きなさい。

4　答えは、すべて解答用紙に書きなさい。

5　印刷がはっきりしなくて読めないときや、体の具合が悪くなったときなどは、だまって
手をあげなさい。

6　検査中は、話しかけたり、わき見をしたり、音を立てたり、声を出して読んだりしては
いけません。

7　「やめ」の合図で、すぐに鉛筆を置き、解答用紙を裏返しにして机の上に置きなさい。

8　検査終了後、問題用紙は持ち帰りなさい。

1 はるさんたちは、かささぎ公園に遊びに来ています。 会話文1 を読んで(1)の
問いに、 会話文2 を読んで(2)、(3)の問いに答えましょう。

会話文1

はるさん：みんなで、かげふみ遊びをしようよ。

ゆいさん：いいね。線をひいてかげふみ遊びをするはん囲を決めよう。

·············· （【かささぎ公園の図】のように地面に線をひく） ··············

【かささぎ公園の図】

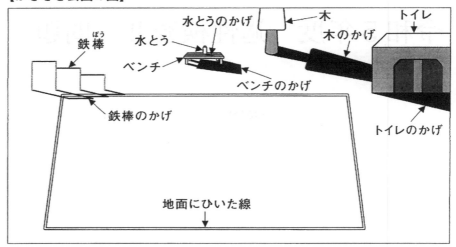

そらさん：だれが最初にかげをふむ人になるか、じゃんけんで決めよう。

·············· （みんなでじゃんけんをする） ··············

りんさん：私（わたし）がかげをふむ人だね。みんなは私にかげをふまれないように、地面に
ひいた線の内側をにげてね。10秒数えたら、みんなのかげをふみに行くよ。
10、9、8、7······。

·············· （りんさんは10秒数え、りんさん以外の人はにげる） ··············

あきさん：ここに立っていたら、かげをふまれないよね。

(1) 会話文1 で、あきさんは、「ここに立っていたら、かげをふまれない」と言って
います。あなたなら、あきさんが立っている場所はどこだと考えますか。次の《条件》に
合うように考えてかきましょう。

《条件》

· 地面にひいた線の内側で、かげふみ遊びをしていることとして考えること。

· 解答用紙の【かささぎ公園の図】には、あきさんが立っていると考えた
場所に ◯ を1つかくこと。

· 解答用紙の理由には、◯ をかいた場所について、どうしてかげをふまれない
のかが分かるように書くこと。また、何をもとにして考えたのかが分かる
ように書くこと。

………………………（かげふみ遊びをしたあと）…………………………

はるさん：かげふみ遊び楽しかったね。今日は暑いから、木のかげで休みましょう。

…………………（公園の木のかげに移動したあと）………………………

そらさん：よし、水とうに入れたお茶を飲もう。うわぁっ。

りんさん：そらさん、どうしたの。

そらさん：水とうのお茶を飲もうとしてふたをあけたら、ストローの先からお茶が飛び出してきたよ（【図１】）。強くにぎっていないのに、どうしてなんだろう。

りんさん：それは、そらさんが水とうをベンチ（【かささぎ公園の図】のベンチ）に置いていたからだよ。

【図１】

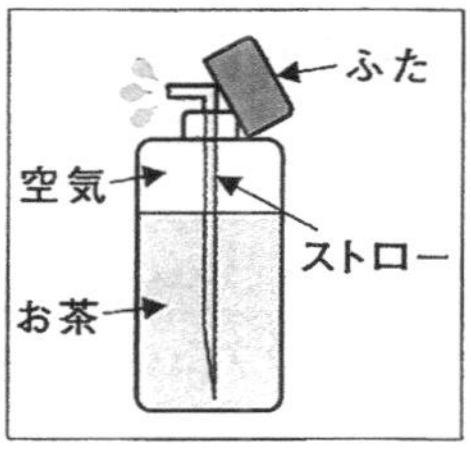

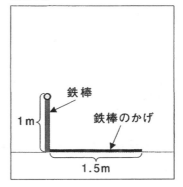

…………………（公園の木のかげで休んでいるとき）………………………

はるさん：この木は高いね。どれくらいの高さがあるのかな。

ゆいさん：木のかげの長さ、鉄棒の高さ、鉄棒のかげの長さをはかって、それらを使えば木の高さが分かるよ。家からメジャーを持ってくるね。

………………（メジャーで長さをはかったあと）……………………

はるさん：トイレのかべにまで木のかげがのびていたね。木のかげの長さ（【図２】）、鉄棒の高さ、鉄棒のかげの長さ（【図３】）をまとめてみたよ。

【図２】

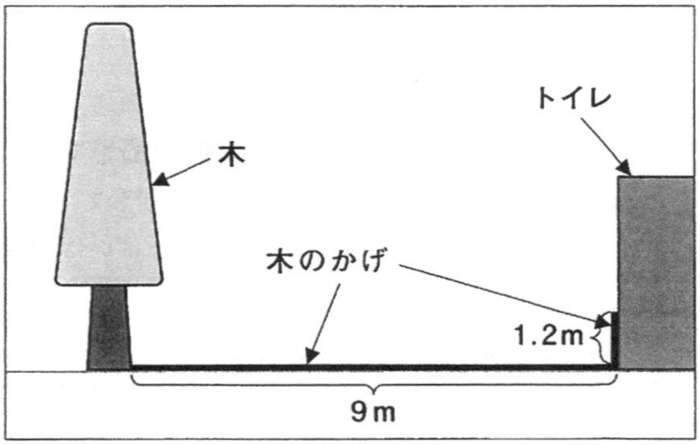

木

トイレ

木のかげ

1.2m

9m

【図３】

鉄棒

1m

鉄棒のかげ

1.5m

ゆいさん：じゃあ、木の高さを考えてみよう。

(2) ｜会話文２｜で、そらさんは、「強くにぎっていないのに、どうしてなんだろう」と言っています。水とうを強くにぎっていないのに、ストローの先からお茶が飛び出してきたのはどうしてだと考えますか。ストローの先からお茶が飛び出す仕組みが分かるように、言葉で説明しましょう。

(3) ｜会話文２｜で、ゆいさんは、「じゃあ、木の高さを考えてみよう」と言っています。木の高さは何ｍですか。木の高さが何ｍであるかを【図２】と【図３】を使って考え、数と言葉で説明しましょう。式や図を使ってもかまいません。

2　冬のある日、みゆさんは、お姉さんと洗たくをすることにしました。
　　会話文1 を読んで(1)の問いに、 会話文2 を読んで(2)の問いに
答えましょう。

会話文1

> みゆさん：洗たく機のこの画面（【図1】）に表示された「0.6」は何だろう。
> お姉さん：洗たく物の重さに合わせて適切な洗ざいの量が表示　【図1】
> 　　　　　されるのよ。今回は、「0.6」と表示されたから、
> 　　　　　洗ざいの量は0.6ぱいでいいということよ。洗ざいの
> 　　　　　量は、洗たく物1kgあたり水10L使うことをもとに
> 　　　　　計算しているのよ。ちなみに、今日の洗たく物の
> 　　　　　重さは4500gだよ。
> みゆさん：【液体洗ざい】と【粉末洗ざい】では、洗ざいをはかるものが大きさの
> 　　　　　ちがうキャップとスプーンだけど、どちらも0.6ぱいでいいのかな。
> お姉さん：お母さんは、洗たく機の表示どおりに量をはかって使っているよ。
> みゆさん：それぞれの洗ざいに書いてある《使用量のめやす》は、【液体洗ざい】は
> 　　　　　体積で、【粉末洗ざい】は重さで示してあるね。これらを使ってどちらの
> 　　　　　洗ざいを使っても0.6ぱいでいいか考えてみよう。

【液体洗ざい】
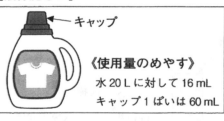
　　　　　　　　　← キャップ
《使用量のめやす》
水20Lに対して16mL
キャップ1ぱいは60mL

【粉末洗ざい】
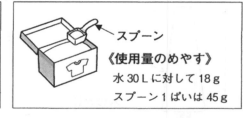
　　　　　　　← スプーン
《使用量のめやす》
水30Lに対して18g
スプーン1ぱいは45g

(1)　 会話文1 　で、みゆさんは、「どちらの洗ざいを使っても0.6ぱいでいいか考えて
みよう」と言っています。あなたなら、どのように考えますか。次の《条件1》に
合うように考えて、数と言葉で説明しましょう。式を使ってもかまいません。
《条件1》

> ・解答用紙の説明には、4500gの重さの洗たく物を、「0.6」と表示された
> 　洗たく機で、【液体洗ざい】と【粉末洗ざい】のそれぞれを使って洗う場合に
> 　ついてあなたの考えを書くこと。
> ・解答用紙の0.6ぱいでよい洗ざいには、「【液体洗ざい】だけ」「【粉末洗ざい】だけ」
> 　「どちらとも」のいずれかを選び、　◯　で囲むこと。

受検番号	

適性検査Ⅰ　解答用紙

2 (1)
6点

（から）

(2)
8点

ア	
イ	（ことができて役に立つけれど、）
ウ	（などよくないこともある）

受検番号 ☐

適性検査Ⅰ　解答用紙

3 (1)
4点　| 1 | ☐ |

(2)
7点

記号	☐

理由	（から）

(3)
11点

年れいそう	大人　　　　　　高れい者

提案

A町を住みやすいまちにするために、

（横書き原稿用紙　70　100）

※左からつめて、横書きで書くこと。

適性検査Ⅱ　解答用紙

2 (1)
8点

説明	
0.6ぱいで よい洗ざい	【液体洗ざい】だけ　　【粉末洗ざい】だけ　　どちらとも

(2)
5点

調べること	風　　　　　干し方
加える手順	

受検番号

3 (1)
4点

| 説明 | |

(2)
6点

（　　　　　）人で並べれば、東西方向に（　　　　　）列のイスを（　　　　　）分で並べることができる。

(3)
8点

| 説明 | |

| 1ブロック
あたりの
イスの数 | |

K教英出版

適性検査Ⅱ　解答用紙

※50点満点
（満点は学校によって異なります）

1 (1) 6点

【かささぎ公園の図】	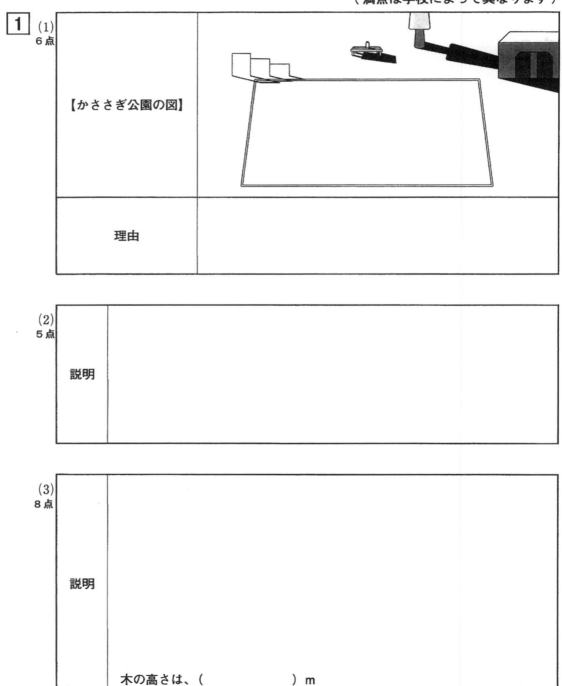
理由	

(2) 5点

説明	

(3) 8点

説明	

木の高さは、（　　　　　　　　）m

【解答用

受検番号 ☐

適性検査Ⅰ　解答用紙

※50点満点
（ 満点は学校によって異なります ）

1 (1)
2点

1	

(2)
6点

2	（の情報）
3	（の情報）

(3)
6点

ア	
イ	（といい）
ウ	
エ	（といい）

【解答用

............（洗たく物を干したあと、しばらくして）............

みゆさん：今日は晴れているけど気温が低いから、なかなか洗たく物がかわかないね。冬に洗たく物を少しでも早くかわかすには、どうしたらいいのかな。

お姉さん：洗たく物を早くかわかすためには、気温以外にも風や干し方が関係しているみたいだよ。

みゆさん：そうなんだね。実験をして調べてみよう。

お姉さん：正確な実験にするためには、家の外で実験をするより、家の中で実験をした方がいいよ。

............（次の日）............

みゆさん：このような【実験計画】を立てたけど、どうかな。

【実験計画】

準備するもの：1枚70gのタオル4枚、ハンガー4本、
物干し台（【図2】）2台、電子てんびん2台　　【図2】

手順1：部屋の温度を20℃にする。

手順2：タオルを水でぬらししぼり、1枚の重さが200gになるようにしてハンガーにかけ、それを2台の物干し台に2枚ずつ干す。

手順3：10分おきに、電子てんびんでタオルの重さを同時にはかり、タオルがかわいてそれぞれの重さが70gになるまでの時間を比べる。

お姉さん：これでは、洗たく物がかわくのに風や干し方がそれぞれのように関係しているのかを調べることができないよ。**手順2と手順3の間にもう一つ手順を加えると、風または干し方が、かわき方にどのように関係しているかを調べる実験になるよ。**

(2)　会話文2　で、お姉さんは、「**手順2と手順3の間にもう一つ手順を加えると、風または干し方が、かわき方にどのように関係しているかを調べる実験になる**」と言っています。あなたなら、どちらについて調べてみたいですか。次の《条件2》に合うように書きましょう。図を使ってもかまいません。

《条件2》

・解答用紙の**調べること**には、「**風**」と「**干し方**」のどちらかを選び、⬭で囲むこと。

・解答用紙の**加える手順**には、手順2と手順3の間に加える手順を書くこと。その際、必要であれば**準備するもの**以外の道具も使ってよい。

・変える条件と変えない条件が分かるように書くこと。

— 4 —

3 ゆうきさんとのぞみさんは、体育館で計画されている行事の準備について、先生と話をしています。 会話文１ を読んで(1)の問いに、 会話文２ を読んで(2)の問いに、 会話文３ を読んで(3)の問いに答えましょう。

会話文１

> ゆうきさん：先生、体育館（【図１】）のカーテンは、閉めておいたほうがいいですか。
>
> 先　　　生：太陽の光が体育館に直接入るとまぶしくなるから、カーテンは閉めておきましょう。
>
> ゆうきさん：全部閉めると暗くなってしまうね。
>
> のぞみさん：全部のカーテンを閉める必要はないと思うよ。体育館の南側のカーテンは閉めたままにしておいて、午前と午後のそれぞれで、東側と西側のどちらか一方のカーテンを閉めるだけでいいよ。

【図１】

(1) 会話文１ で、のぞみさんは、「午前と午後のそれぞれで、東側と西側のどちらか一方のカーテンを閉めるだけでいい」と言っています。あなたなら、太陽の光が体育館に直接入らないようにするためには、どのようにしますか。次の《条件１》に合うように考えて書きましょう。また、そのように考えた理由を説明しましょう。

《条件１》

> ・解答用紙の**説明**には、午前と午後のそれぞれで、「東側」と「西側」のどちらのカーテンを閉めればよいかが分かるように書くこと。

先　　　生：行事を見に来てくれる人のために、
　　　　　　体育館にイスを並べましょう。

ゆうきさん：イスを並べるのに、どれくらいの時間が
　　　　　　かかるのかな。

先　　　生：前回並べたときは、２人で東西方向に
　　　　　　２列のイスを並べる（【図２】）のに、
　　　　　　２分かかりましたよ。

【図２】

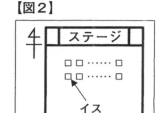

ゆうきさん：それなら、10人で並べれば、東西方向に10列のイスを10分で並べる
　　　　　　ことができますね。

先　　　生：おしい、その考えは少しだけちがいますよ。ゆうきさんの考えの、
　　　　　　人数か列か時間のうち、どれか１つの数を変えると、正しい考えに
　　　　　　なりますよ。

(2)　会話文２　で、先生は、「ゆうきさんの考えの、人数か列か時間のうち、どれか
　１つの数を変えると、正しい考えになります」と言っています。あなたなら、
　□□□□　のゆうきさんの考えを正しい考えにするために、どのように変えますか。
　次の《条件２》に合うように考えて書きましょう。

《条件２》

　・□□□□　のゆうきさんの考えの「人数」「列」「時間」のうち、１つの数だけを
　　変えて正しい考えになるようにすること。
　・解答用紙の（　　　）に、数を書くこと。

先　　　生：はばが40cmのイス（【図３】）を、東西方向１列につき24きゃく並べましょう。体育館の東側と西側のかべからは、どちらも５mはなれたところからイスを並べますよ（【図４】）。

【図３】

40cm　40cm

【図４】

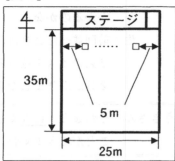

35m

5m

25m

ステージ

のぞみさん：通路は並べたイスとイスの間にもあったほうがいいと思います。

ゆうきさん：それなら、イスを同じ数ずつのいくつかのブロックに分けて、その間に通路をつくるようにしてみてはどうでしょうか（【図５】）。

【図５】

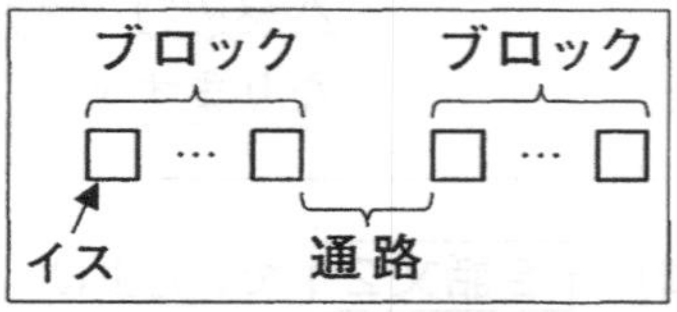

ブロック　　　　ブロック

□ … □　　　□ … □

イス　　　通路

先　　　生：いい考えですね。通路のはばはどこも等しくして、１つの通路のはばは、人が通ることができるように１mから２mの間になればいいですね。

のぞみさん：分かりました。基準となる一番前の列について、<u>１ブロックあたりのイスの数を何きゃくにすればいいか考えてみます</u>。

(3) 　会話文３　で、のぞみさんは、「<u>１ブロックあたりのイスの数を何きゃくにすればいいか考えてみます</u>」と言っています。あなたなら、１ブロックあたりのイスの数をどのように考えますか。次の《条件３》に合う１ブロックあたりのイスの数をすべて書きましょう。また、そのように考えた理由を、数と言葉で説明しましょう。式を使ってもかまいません。

《条件３》

・解答用紙の**説明**には、１ブロックあたりのイスの数についてのあなたの考えを書くこと。

・はばが40cmのイスを、東西方向１列につき24きゃく並べること。

・東側と西側のかべからは、どちらも５mはなれたところから、イスを並べること。

・１ブロックのイスの数は、<u>どのブロックも同じ数</u>にすること。

・同じブロックのイスは、すき間なく並べること。

・ブロックとブロックの間に通路ができるようにイスを並べること。

・通路のはばはどこも等しくして、１つの通路のはばが１mから２mの間になるようにすること。

・解答用紙の**１ブロックあたりのイスの数**には、考えられる１ブロックあたりのイスの数をすべて書くこと。

(1) **会話文**で、なおさんは、「昔は、<u>鉄はめずらしい金属で金よりも価値があった</u><u>らしいよ</u>」と言っています。あなたなら、その理由をどのように説明しますか。次の《条件1》に合うように書きましょう。

《条件1》

- ・解答用紙には、【資料】の言葉を使って理由を書くこと。
- ・「〜から」につながるように書くこと。

(2) **会話文**の ア 、 イ 、 ウ には、なおさんが、「もろ刃のつるぎ」だと言えると考えたものとその説明が入ります。あなたなら、どのように説明しますか。次の《条件2》に合うように書きましょう。

《条件2》

- ・解答用紙の ア には、「**車**」「**言葉**」「**インターネット**」の中からどれか1つを選んで書くこと。
- ・解答用紙の イ と ウ は、**会話文**の「<u>スキやクワなどの農機具に</u><u>使われて役に立つけれど、武器に使われるなどよくないこともある</u>」を参考にして、 イ には、「〜ことができて役に立つけれど、」につながるように、 ウ には、「〜などよくないこともある」につながるように、それぞれ書くこと。
- ・解答用紙の イ と ウ は、それぞれ<u>5字以上</u>で書くこと。

— 4 —

3　わたるさんたちの住むA町で、子ども議会が開かれることになりました。わたるさんたちは、今回の議題である「A町を住みやすいまちにしよう」について話し合っています。次の**会話文**と【**資料１**】～【**資料３**】を読んで、あとの(1)～(3)の問いに答えましょう。

会話文

> わたるさん：子ども議会に向けて、まずはA町のことをしっかり調べたいな。
>
> ちかこさん：そうだね。ここに、A町に住む15才以上の人たちを対象にした満足度調査結果（【**資料１**】）があるよ。この調査結果から、<u>多くの人たちが、水や空気の質や　**1**　などに満足している</u>ことが分かるね。
>
> わたるさん：この結果は、A町の人口の変化と関係があるみたいだね。
>
> ちかこさん：どういうことかな。
>
> わたるさん：A町の人口の変化（【**資料２**】）を見て。日本は人口減少が問題になっているのに、なぜA町の人口が増加しているのか、不思議に思っていたんだ。A町に住む人たちの満足度が関係していると思うな。
>
> ちかこさん：それは関係がありそうだね。人口の構成を表した人口ピラミッドというグラフがあるよね。A町の1980年の人口ピラミッド（【**資料３**】）は見つけたけど、2020年の人口ピラミッドは見つけられなかったよ。
>
> わたるさん：町のホームページにのっているこれじゃないかな。
>
> ちかこさん：なるほど。A町の人口の変化（【**資料２**】）を見ると、まちに必要なことが見えてきそうだね。
>
> わたるさん：そうだね。A町を住みやすいまちにするために、どんなことができるかな。<u>満足度調査結果（【**資料１**】）を参考にして、子ども議会で提案したいことを考えてみる</u>よ。

【**資料１**】　A町に住む15才以上の人たちを対象にした満足度調査結果

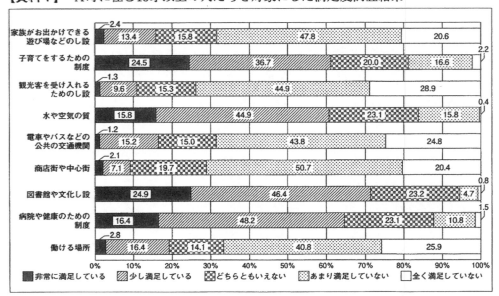

【資料2】　A町の人口の変化

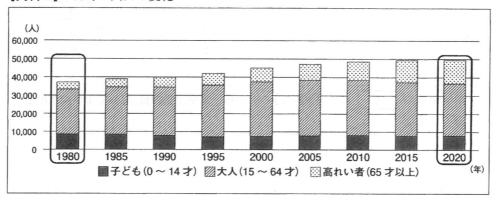

（人）

■子ども（0～14才）　▨大人（15～64才）　⬚高れい者（65才以上）　（年）

【資料3】　A町の1980年の人口ピラミッド　【2020年の人口ピラミッド】

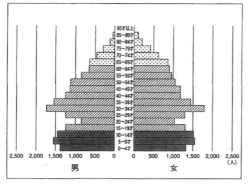

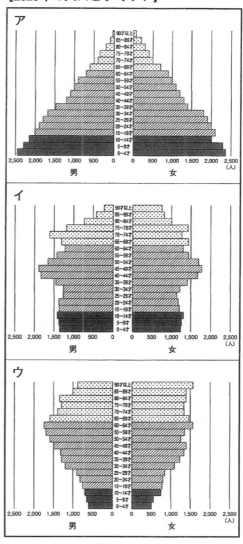

(1) **会話文で、ちかこさんは、「多くの人たちが、水や空気の質や　1　などに満足していることが分かる」**と言っています。あなたは、Ａ町に住む15才以上の人たちが何に満足していると考えますか。次の《条件１》に合うように書きましょう。

《条件１》

・解答用紙の　1　には、【資料１】の中から、「水や空気の質」以外で１つぬき出して書くこと。

(2) **会話文で、わたるさんは、「町のホームページにのっているこれじゃないかな」**と言っています。あなたは、Ａ町の2020年の人口ピラミッドについてどのように考えますか。次の《条件２》に合うように書きましょう。

《条件２》

・解答用紙の**記号**には、Ａ町の2020年の人口ピラミッドとして考えられるものを、【2020年の人口ピラミッド】のア～ウの中から１つ選び、その記号を書くこと。
・解答用紙の**理由**には、1980年の人口ピラミッドが【資料３】であることを参考にしながら、【資料２】の人口の変化の様子をもとに、選んだ理由を書くこと。
・解答用紙の**理由**は、「～から」につながるように書くこと。

(3) **会話文で、わたるさんは、「満足度調査結果（【資料１】）を参考にして、子ども議会で提案したいことを考えてみるよ」**と言っています。あなたなら、子ども議会でＡ町を住みやすいまちにするために、どのような提案を考えますか。次の《条件３》に合うように書きましょう。

《条件３》

・15～64才を「**大人**」、65才以上を「**高れい者**」として考えること。
・「**大人**」と「**高れい者**」のどちらかの立場に立って提案をすること。
・解答用紙の**年れいそう**には、「**大人**」と「**高れい者**」のどちらに注目するかを選び、◯で囲むこと。
・【資料１】から分かることを、【資料２】と関連付けて、Ａ町を住みやすいまちにするための具体的な提案を考えること。
・解答用紙の**提案**には、「Ａ町を住みやすいまちにするために、」に続けて書き出し、子ども議会で話すように、ていねいな言葉づかいで書くこと。
・70～100字で書くこと。

佐賀県立中学校
　佐賀県立香楠中学校
　佐賀県立致遠館中学校
　佐賀県立唐津東中学校
　佐賀県立武雄青陵中学校

令和４年度　適性検査Ⅰ　問題

（45分）

（注　意）

1　「はじめ」の合図があるまでは、開いてはいけません。
2　問題は全部で３題あり、７ページまでです。
3　「はじめ」の合図があったら、まず、２枚の解答用紙の３か所にそれぞれ受検番号を
　書きなさい。
4　答えは、すべて解答用紙に書きなさい。
5　印刷がはっきりしなくて読めないときや、体の具合が悪くなったときなどは、だまって
　手をあげなさい。
6　検査中は、話しかけたり、わき見をしたり、音を立てたり、声を出して読んだりしては
　いけません。
7　「やめ」の合図で、すぐに鉛筆を置き、解答用紙を裏返しにして机の上に置きなさい。
8　検査終了後、問題用紙は持ち帰りなさい。

　長者町に住むりなさんは、家の近くに新しくできた公園に、お母さんといっしょに遊びに行きました。次の会話文を読んで、あとの(1)～(3)の問いに答えましょう。

りなさん：お母さん、見て。公園の名前が英語で書かれているよ（【図1】）。「ちょうじゃまち」はローマ字では　1　や　2　って書き方もできるって習ったよ。

お母さん：そうね。ローマ字には、書き方の種類がいくつかあるわね。りなは、どうして公園の名前がひらがなや英語でも書かれているか分かるかしら。

りなさん：漢字だけだと、伝わらない人もいるからかな。

お母さん：そのとおりよ。みんなにとって分かりやすく、使いやすくするためのくふうを「ユニバーサルデザイン」って言うのよ。例えば、あの水飲み場（【写真1】）や、テーブルとベンチ（【写真2】）にもユニバーサルデザインが取り入れられているんだけど、分かるかな。

りなさん：分かった。　あ　は　い　ことで　う　やすくなるようにしているんだね。

お母さん：よく気づいたわね。そのくふうがあることで、みんなにとって使いやすくなるのがユニバーサルデザインのいいところなのよ。ユニバーサルデザインでは、自分もふくめた多くの人が、より暮らしやすくなるように考えてくふうしていくことが大切なの。

りなさん：ユニバーサルデザインっておもしろいね。私も学校でくふうできるところを探してみよう。

【図1】

ちょうじゃまちこうえん

長者町公園

Chojamachi*Park

＊Park：英語で公園のこと

【写真1】　水飲み場

【写真2】　テーブルとベンチ

(1)　　1　　と　　2　　には「ちょうじゃまち」を Chojamachi 以外の書き方のローマ字で表したものが入ります。あなたならどう書きますか。２種類の書き方で書きましょう。

(2)　**会話文で、お母さんは「ユニバーサルデザインが取り入れられているんだけど、分かるかな」と言っています。【写真1】と【写真2】を見て、ユニバーサルデザインのくふうについて考え、次の《条件1》に合うように書きましょう。**

《条件１》

- 解答用紙の　　あ　　には、「水飲み場」か「テーブルとベンチ」のどちらかを選んで書くこと。
- 解答用紙の　　い　　には、　　あ　　で選んだものが、どのようにくふうされているのかを、「〜ことで」につながるように１つ書くこと。
- 解答用紙の　　う　　には、　　い　　のくふうがあることで、だれにとってどのように使いやすくなるのかを、「〜やすくなるようにしている」につながるように書くこと。

(3)　**会話文で「私も学校でくふうできるところを探してみよう」と言ったりなさんは、「照明のスイッチ」（【図2】）と「学級の道具箱」（【図3】）にくふうできるところがあると考えました。あなたなら、みんなにとってより使いやすくするために、どのようなくふうができると考えますか。あとの《条件2》に合うように書きましょう。**

【図２】　照明のスイッチ

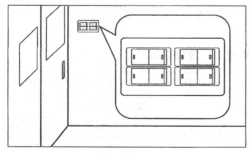

【図３】　学級の道具箱

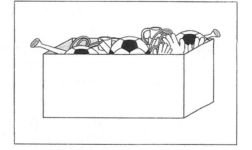

《条件２》

- 解答用紙のくふうするものには、「照明のスイッチ」か「学級の道具箱」のどちらかを選んで書くこと。
- 解答用紙のくふうには、選んだものの使いにくい点を、どのようにくふうして使いやすくするのかを１文で書くこと。
- <u>50〜60字で書くこと。</u>

2 たいちさんたちは、総合的な学習の時間に環境（かんきょう）を守るための取り組みについて話し合っています。次の会話文と【資料１】、【資料２】を読んで、あとの(1)～(3)の問いに答えましょう。

> たいちさん：テレビ番組で、海がプラスチックゴミでよごれているというのを見たよ。
>
> みさきさん：私（わたし）も見たわ。海をよごすプラスチックゴミを減らすための取り組みとして、2020年７月からレジぶくろが有料化されたよね。
>
> けんたさん：有料化されたことで、レジぶくろをもらう人の気持ちや行動にどれぐらいのえいきょうがあったのかな。
>
> みさきさん：このかささぎ市の調査の結果（【資料１】）を見て。この資料から 1 と言えるね。それは、 2 からだよ。
>
> けんたさん：なるほどね。
>
> たいちさん：今後は、プラスチック製のスプーンやフォークも有料になっていくみたいだよ。
>
> けんたさん：そうなんだ。じゃあ、わりばしも有料にすればいいんじゃないかな。
>
> たいちさん：確かに、わりばしは木でできているものが多いよね。わりばしをたくさん使うと森林破壊（かい）につながるのかな。
>
> みさきさん：これを見て。日本で作られている、間ばつ材を使った木製のわりばしについての資料（【資料２】）を見つけたよ。
>
> たいちさん：この資料を見ると、木製のわりばしを使うことが森林破壊につながるとは言えないみたいだね。 3 からね。だから、わりばしは有料になっていないのかもしれないね。
>
> けんたさん：レジぶくろのこともわりばしのことも、方法はちがうけど環境を守ることにつながっているんだね。ぼくたちも、できることを考えていかないといけないね。
>
> みさきさん：そうね。私も自分ができる環境を守るための取り組みを考えてみるわ。

【資料１】　かささぎ市の調査の結果（質問１、質問２は同じ人100人が回答）

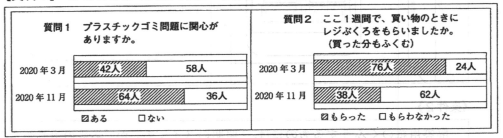

質問１　プラスチックゴミ問題に関心がありますか。

	ある	ない
2020年３月	42人	58人
2020年11月	64人	36人

質問２　ここ１週間で、買い物のときにレジぶくろをもらいましたか。（買った分もふくむ）

	もらった	もらわなかった
2020年３月	76人	24人
2020年11月	38人	62人

【資料２】　間ばつ材を使った木製のわりばし（日本製）についての資料

【間ばつ前】　【間ばつ後】　【間ばつした木材】　【製品化①】製品　【製品化②】残った切れはし　わりばし　【製品化③（リサイクル）】再生紙の製品

令和４年度　適性検査Ⅱ　問題

（45分）

（注　意）

1　「はじめ」の合図があるまでは、開いてはいけません。

2　問題は全部で３題あり、７ページまでです。

3　「はじめ」の合図があったら、まず、２枚の解答用紙の３か所にそれぞれ受検番号を書きなさい。

4　答えは、すべて解答用紙に書きなさい。

5　印刷がはっきりしなくて読めないときや、体の具合が悪くなったときなどは、だまって手をあげなさい。

6　検査中は、話しかけたり、わき見をしたり、音を立てたり、声を出して読んだりしてはいけません。

7　「やめ」の合図で、すぐに鉛筆を置き、解答用紙を裏返しにして机の上に置きなさい。

8　検査終了後、問題用紙は持ち帰りなさい。

| 1 | ゆうきさんは、家の庭で育てる野菜についておじいさんと話をしています。次の 会話文１ を読んで(1)の問いに、 会話文２ を読んで(2)、(3)の問いに答えましょう。 |

会話文１

> おじいさん：この【表】を見れば、野菜ごとに、種まきや収（しゅう）かくの時期が分かるよ。
> これを見て何を育てるか考えてごらん。
>
> ゆうきさん：大好きなトマトとハクサイを育てたいな。
>
> おじいさん：いいね。せっかくだから、食べる部分が実の野菜、葉の野菜、根の
> 野菜をそれぞれ１つ以上は育てるようにしようか。
>
> > ゆうきさん：それなら畑を２か所作って、５月 ア 旬（じゅん）にトマトと イ を、
> > ８月 ウ 旬にハクサイと エ の種をまいて育てよう。

【表】

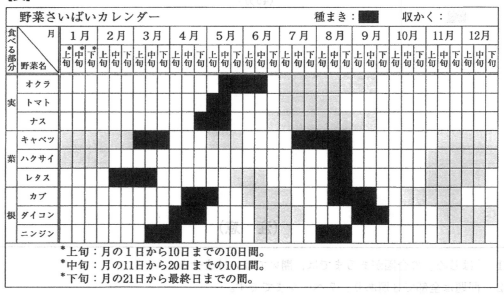

> *上旬：月の１日から10日までの10日間。
> *中旬：月の11日から20日までの10日間。
> *下旬：月の21日から最終日までの間。

(1) 会話文１ の □ で、ゆうきさんは、種をまく時期と育てる野菜について
話しています。あなたなら、どの時期にどの野菜の種をまきますか。次の《条件１》
に合うように書きましょう。

《条件１》

> ・解答用紙の ア と ウ には、上、中、下のいずれかを書き、種まき
> の時期を答えること。
>
> ・解答用紙の イ と エ には、トマトやハクサイと同じ時期に種まき
> ができる野菜名をトマトとハクサイ以外でそれぞれ１つ書くこと。
>
> ・５月と８月の２回の種まきを合わせて、食べる部分が実の野菜、葉の野菜、
> 根の野菜がそれぞれ１つ以上になるようにすること。

会話文2

> おじいさん：倉庫にある木の板で、囲いを作って畑にするよ（【図1】）。
> ゆうきさん：木の板は、横の長さがどれも2mで、縦の長さが5cm、6cm、7cm
> 　　　　　　のものが、それぞれ20枚あるけど、どうやって囲いを作ればいいの。
> おじいさん：まず、同じ高さの板4枚で、1段の木わく（【図2】）を作るよ。次に、
> 　　　　　　これを何段か積み上げると、囲い（【図3】）になるよ。

【図1】　　【図2】　　　　　　　　　　　　　　　　　【図3】

木の板の囲い

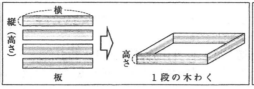

1段の木わく

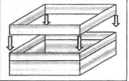

> ゆうきさん：時期ごとに、2つの野菜を育てるから、倉庫の板を全部使って
> 　　　　　　同じ高さの囲いを2つ作ろう。<u>どの高さの木わくを何段ずつ積み上</u>
> 　　　　　　<u>げればいいかな</u>。
> ‥‥‥‥‥‥‥‥（木の板の囲いを作って土を入れたあと）‥‥‥‥‥‥‥‥
> おじいさん：よし、畑に肥料を入れよう。肥料は1m²当たり2kg必要だよ。倉庫
> 　　　　　　に、10Lと15Lの同じ種類の肥料のふくろがいくつか置いてある
> 　　　　　　から、必要だと思う分だけ取っておいで。重いから気を付けてね。
> 　　　　　　ちなみに肥料10Lは5kgあるよ。
> ゆうきさん：<u>2か所の畑に入れるには、15Lが2ふくろあれば足りるかな</u>。

(2)　[会話文2]で、ゆうきさんは、「<u>どの高さの木わくを何段ずつ積み上げればいい</u>
<u>かな</u>」と言っています。あなたなら、5cm、6cm、7cmの木わくをそれぞれ何段
ずつ積み上げて囲いを作りますか。次の《条件2》に合うように考えて書きましょう。
《条件2》

> ・板を全部使って、2つの囲いが同じ高さになるように考えること。
> ・解答用紙の囲い1、囲い2の（　　　）に、数字を書くこと。

(3)　[会話文2]で、ゆうきさんは、肥料を「<u>2か所の畑に入れるには、15Lが</u>
<u>2ふくろあれば足りるかな</u>」と言っています。あなたなら、足りるかどうかをどの
ように考えますか。次の《条件3》に合うように考えて数と言葉で説明しましょう。
式を使ってもかまいません。
《条件3》

> ・ゆうきさんとおじいさんが木の板の囲いで作った2か所の畑に肥料を入れる
> 　量として足りるかを考えること。
> ・解答用紙の①には、「足りる」か「足りない」のどちらかを書くこと。
> ・解答用紙の②には、①と判断した理由を書くこと。

2 りかさんたちは、図書館祭りのプレゼントについて先生と話をしています。
　　会話文1 を読んで(1)、(2)の問いに、 会話文2 を読んで(3)の問いに答えましょう。

会話文1

りかさん：図書館祭りに参加してくれた人に、しおり（【図1】）を作ってプレゼントしたいね。

先　生：いい考えだね。多くの人が参加すると思うから、たくさんのしおりを作ってほしいな。今、画用紙と小さな折り紙とリボンしかないけどいいかな。

そらさん：画用紙を切ってしおりの台紙を作り、折り紙で作ったかざり（【図2】のアとイ）をその台紙にはればいいね。

りかさん：それはいいアイデアね。折り紙を2回折ってから、切り取りましょう。

【図1】

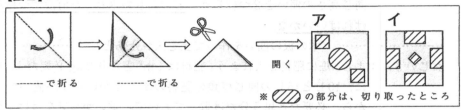
しおりの台紙
折り紙で作ったかざり

【図2】

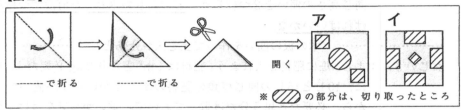
------ で折る　------ で折る　開く
ア　イ
※ ▨ の部分は、切り取ったところ

そらさん：この折り紙は、1辺が5.5cmだよ。折り紙で作ったかざりが台紙からはみ出さないようにはった方がきれいだよね。折り紙は、100枚入りだから、台紙も100枚必要だね。

りかさん：台紙に使う画用紙（【図3】）の大きさは27.2cm、39.3cmで、6枚あるよ。台紙の2つの辺の長さはどれくらいにしたらいいかな。

そらさん：リボンを付けたしおりにするために穴を開けるから、台紙のはしから2cmは空けておかないといけないね（【図4】）。

【図3】

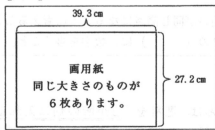
39.3cm
画用紙
同じ大きさのものが
6枚あります。
27.2cm

【図4】

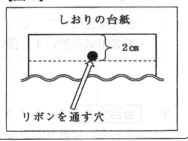
しおりの台紙
2cm
リボンを通す穴

(1) 　会話文1 で、「折り紙を2回折ってから、切り取りましょう」と言ったりかさんは、折り紙で【図2】のア、イのかざりを作ることにしました。あなたなら、どちらのかざりを作りますか。次の《条件1》に合うように書きましょう。

《条件1》

・解答用紙の選んだかざりには、アかイのどちらかを選び、その記号を書くこと。
・解答用紙の2回折った折り紙には、選んだかざりになるように、はさみで切り取る線をかき入れ、切り取る部分に ▨ をかくこと。

受検番号 [   ]

適性検査Ⅰ　解答用紙

2 (1)
5点

1	（と言えるね）
2	（それは、）　　　　　　　　　　　　　　　　　　　　　（からだよ）

(2)
6点

3

40

60 からね

※左からつめて、横書きにすること。

(3)
6点

①

40　　　　　　　　　　　　　　　　　　50

②

40　　　　　　　　　　　　　　　　　　50

※左からつめて、横書きにすること。

受検番号 [　　　　　　　]

適性検査Ⅰ　解答用紙

3 (1)
5点

記号	
1	
2	

(2)
4点

3												

20　　　　　から　30

※左からつめて、横書きにすること。

(3)
7点

4	

5												

25　　　と思っています　35

※左からつめて、横書きにすること。

適性検査Ⅱ　解答用紙

2 (1)
4点

選んだかざり	
２回折った折り紙	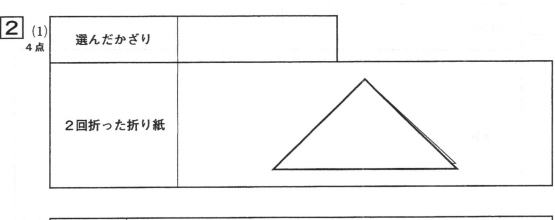

(2)
6点

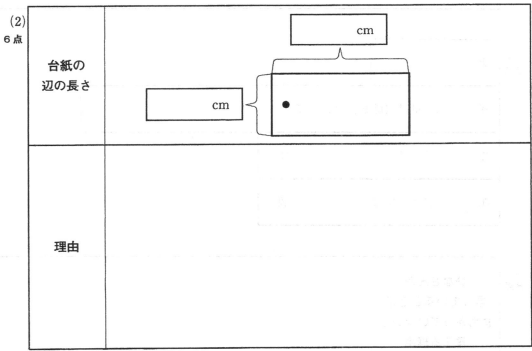

台紙の 辺の長さ	cm cm
理由	

(3)
6点

ウ	（cm）
エ	（cm）

受検番号

適性検査Ⅱ　解答用紙

3 (1)
6点

Ⓐの長さ	(cm)
理由	

(2)
5点

ア	
イ	（水の量は【図5】と比べて）
ウ	（ライトは）　　　（個）
エ	（エアポンプは）　　　（個）

(3)
8点

ひなさんが言っていることはまちがっていないと言える理由	
りくさんが言っていることはまちがっていないと言える理由	

受検番号	

適性検査Ⅱ　解答用紙　　※50点満点

1 (1)
3点

ア	（５月）　　　　（旬）
イ	（トマトと）
ウ	（８月）　　　　（旬）
エ	（ハクサイと）

(2)
6点

囲い1

5cm（　　　）段 と 6cm（　　　）段 と 7cm（　　　）段

囲い2

5cm（　　　）段 と 6cm（　　　）段 と 7cm（　　　）段

(3)
6点

①

②

受検番号 [   ]

適性検査Ⅰ　解答用紙　　※50点満点

1 (1)
4点

1	
2	

(2)
6点

あ	
い	（ことで）
う	（やすくなるようにしている）

(3)
7点

くふう するもの	
くふう	

※左からつめて、横書きにすること。

(2) ┃会話文1┃ で、りかさんは、「台紙の２つの辺の長さはどれくらいにしたらいい
かな」と言っています。あなたなら、台紙の２つの辺の長さをそれぞれ何 cm に
しますか。次の《条件２》に合うように台紙の２つの辺の長さを考えて書きましょう。
また、その長さにした理由を、数と言葉で説明しましょう。式を使ってもかまいません。
《条件２》

・【図３】のような 27.2 cm、39.3 cm の大きさの画用紙を６枚使って、しおり
　の台紙を100枚以上作ること。すべての台紙は、同じ大きさで作ること。
・１辺 5.5 cm の折り紙のかざりをはったとき（【図１】）、台紙からはみ出さ
　ないこと。
・台紙にリボンを付けるために、【図４】のように、台紙のはしから 2 cm 空けた
　所に穴を開けるので、その部分には折り紙のかざりをはらないようにすること。
・解答用紙の台紙の辺の長さには、長さの単位を cm として整数で書くこと。

┃会話文2┃

りかさん：台紙にしおりのかざりをはる作業が終わったね。　　　　　【図５】
そらさん：しおりにリボンで作った取っ手（【図５】）を結んだ
　　　　　ら完成だね。
りかさん：リボンは、同じ種類の色ちがいのものが、黄と赤と
　　　　　青の３巻きあるね。赤は新品で 10 m あるよ。青は
　　　　　使いかけだよ。黄のリボンは、残り 15 cm しかな
　　　　　かった。15 cm で、取っ手１本分作れるかな。
そらさん：やっぱりちょっと短いね。ほどけてしまうかもね。
りかさん：本当だ。もう少し取っ手１本分を長くしたいけど、
　　　　　赤と青のリボンで100本分作れるか心配だね。
先　　生：リボンを全部出して調べるのは大変だから、重さを比べて青のリボン
　　　　　の長さを調べてみたらどうかな。

そらさん：３つのリボンの重さを調べて、【表】にまとめたよ。【表】
りかさん：使いかけの青のリボンは、┃ウ┃ cm 残って
　　　　　いることになるね。
そらさん：取っ手がほどけないようにするためには、１本
　　　　　分の長さをできるだけ長くしたいね。
りかさん：１本分の長さを ┃エ┃ cm にしても、赤と青の
　　　　　リボンで合わせて100本分作ることができるね。

	重さ
芯のみ	10 g
赤のリボン 新品（10 m）	26 g
青のリボン 使いかけ	22 g

(3) ┃会話文2┃ で、そらさんとりかさんは、赤と青のリボンで、取っ手に使うリボン
100本分を作ろうと思い、┃　　　┃ のように考えています。┃ウ┃と┃エ┃に
当てはまる長さは何 cm になりますか。次の《条件３》に合うように書きましょう。
《条件３》

・解答用紙の ┃ウ┃ には、使いかけの青のリボンの残りの長さを書くこと。
・解答用紙の ┃エ┃ には、リボンで作ることができる取っ手１本分の長さの
　うち、いちばん長い長さを書くこと。
・┃ウ┃と┃エ┃は、どちらも整数で答えること。

— 4 —

3 　ひなさんとりくさんは、メダカの世話をしながら話をしています。次の 会話文1
を読んで(1)の問いに、 会話文2 を読んで(2)の問いに、 会話文3 を読んで(3)
の問いに答えましょう。

会話文1

ひなさん：水そう（【図1】）の水がよ
　　　　　ごれてきたから水をかえた
　　　　　いね。
りくさん：全部かえてしまうとメダカ
　　　　　によくないみたいだから、
　　　　　全体の半分の水を残して、
　　　　　新しい水を入れることにし
　　　　　よう。
ひなさん：それなら、水そう（【図2】）をかたむけて半分の水を捨てよう（【図3】）。

【図1】

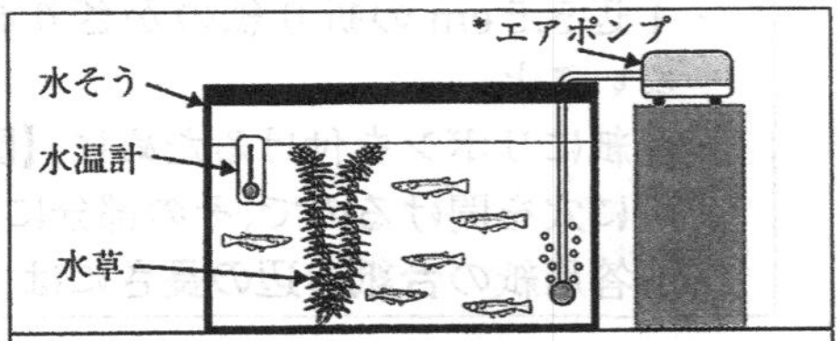

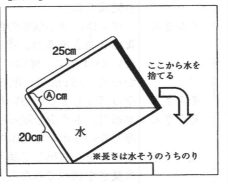

*エアポンプ：空気を送り出す物

【図2】　　　　　　　　　　　　　　　　【図3】

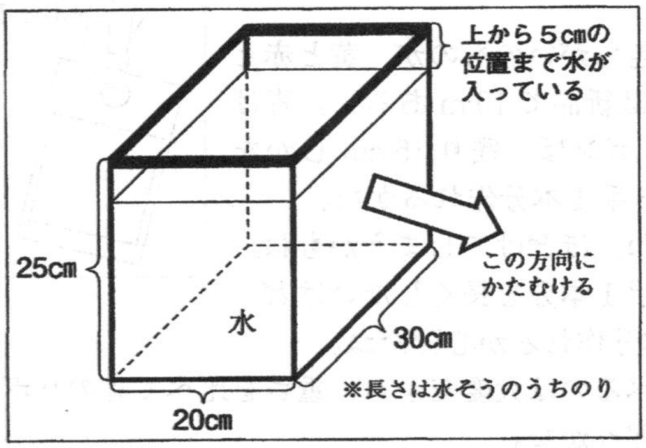

(1)　 会話文1 で、ひなさんは、「水そう（【図2】）をかたむけて半分の水を捨て
よう（【図3】）」と言っています。半分の水を捨てることができるのは、【図3】の
Ⓐの長さが何 cm になったときですか。その長さを数字で書きましょう。また、そ
のようになる理由を、数と言葉で説明しましょう。式を使ってもかまいません。

りくさん：メダカのえさがなくなってきたから、買ってこ
　　　　　ないといけないね。

【図４】

ひなさん：買わなくても、ミジンコ（【図４】）をつかまえて、
　　　　　えさにしたらいいと思うよ。それに、ミジンコ
　　　　　は、簡単に増やすことができるよ。

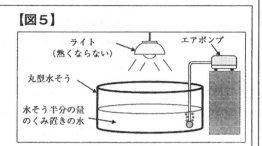

りくさん：そうなんだ。実際に【実験】をして増やしてみよう。

【実験】

手順１	＊実験装置（【図５】）を作り、つかまえたミジンコを30ぴき入れる。
手順２	３日間（72時間）そのままにしておく。
［結果］	ミジンコが２倍くらいに増えた。

【図５】

ライト（熱くならない）　エアポンプ
丸型水そう
水そう半分の量のくみ置きの水

りくさん：ミジンコを増やせたけど、同じ時間でもっと増やしたいね。

ひなさん：光の明るさや水の量が関係するのかな。条件を変えて実験してみよう。

りくさん：ぼくはミジンコが増える条件は、　ア　と思うよ。だから、【図５】
　　　　　の実験装置とは別に同じ大きさの丸型水そうを使って、水の量は
　　　　　【図５】と比べて　イ　して、ライトは　ウ　個にして、エアポ
　　　　　ンプは　エ　個にした実験装置を作ろうかな。そして、ミジンコは
　　　　　30ぴきずつ入れて、２つの実験装置で同時に３日間実験してみようかな。

＊実験装置：実験を行うために、いくつかの道具を組み合わせたもの

(2)　会話文２　で、ミジンコを「もっと増やしたい」と考えたりくさんは、実験装置
　　を　　　　のように考えました。あなたなら、どのような実験装置を考えますか。
　　あとの《条件１》に合うように書きましょう。

【りくさんの考え】

① 　明るさが関係している
② 　水の量が関係している

《条件１》

・解答用紙の　ア　には、【りくさんの考え】の①、②のどちらかを選び、
　その番号を書くこと。
・解答用紙の　イ　には、水の量は【図５】と比べてどのようにしたかが
　分かるような言葉を使って書くこと。
・解答用紙の　ウ　と　エ　には、数字を書くこと。

会話文3

```
..................................（冬のある日）..................................
ひなさん：そういえば、6月ごろはメダカが卵をよく産んでいたのに、最近は
　　　　　産まなくなったね。冬にはメダカは卵を産まないのかな。
りくさん：そういえば、図かんに【メダカの*産卵に必要な条件】が書いてあっ
　　　　　たよ。
　　　　　【メダカの産卵に必要な条件】
　　　　┌─────────────────────────────────┐
　　　　│・健康なオスのメダカとメスのメダカがそろっていること　　　　│
　　　　│・水質がよいこと　　　　　　　　　　　　　　　　　　　　　　│
　　　　│・水温が18〜30℃で安定していること　　　　　　　　　　　　　│
　　　　│・*日照時間（室内照明でも可）が12時間以上あること　　　　　│
　　　　└─────────────────────────────────┘
ひなさん：じゃあ、やっぱり冬にはメダカは卵を産まないんだね。
りくさん：そうかな。冬でもメダカに卵を産ませることができると思うよ。明日、
　　　　　先生に聞いてみようよ。
..................................（次の日、学校で先生に聞く）..................................
先　　生：2人が言っていることは、どちらもまちがっていませんよ。
```

*産卵：卵を産むこと
*日照時間：1日のうちで、太陽の光に照らされている時間

(3)　会話文3　で、先生に「2人が言っていることは、どちらもまちがっていませ
んよ」と言われたひなさんとりくさんは、その理由を【メダカの産卵に必要な条件】
をもとに考えることにしました。2人が言っていることは、まちがっていないと
言える理由を、次の《条件2》に合うようにそれぞれ書きましょう。

《条件2》

・解答用紙のひなさんが言っていることはまちがっていないと言える理由には、
　冬にはメダカは卵を産まないと言える理由を書くこと。
・解答用紙のりくさんが言っていることはまちがっていないと言える理由には、
　冬でもメダカに卵を産ませることができると言える理由を書くこと。
・どちらの理由も【メダカの産卵に必要な条件】をもとに考えた理由を書くこと。

(1) **会話文**で、みさきさんは「この資料から □1 と言えるね。それは、□2 からだよ」と言っています。あなたなら、どのように考えますか。次の《条件１》に合うように書きましょう。

　《条件１》

> ・解答用紙の □1 には、「大きなえいきょうがあった」か「あまりえいきょうはなかった」のどちらかを選んで書くこと。
> ・解答用紙の □2 には、□1 と考えた理由を、【資料１】の質問１と質問２の両方のグラフの数値の変化や関わりにふれながら説明すること。
> ・□2 は、「それは、」という書き出しに続けて、「〜からだよ」につながるように１文で書くこと。

(2) **会話文**で、たいちさんは「この資料を見ると、木製のわりばしを使うことが森林破壊につながるとは言えないみたいだね。□3 からね」と言っています。あなたなら、どのように説明しますか。次の《条件２》に合うように書きましょう。

　《条件２》

> ・解答用紙の □3 には、木製のわりばしを使うことが森林破壊につながるとは言えない理由を【資料２】から分かることをもとに、「〜からね」につながるように、40〜60字で書くこと。

(3) みさきさんは【環境を守るための取り組み】として、次の取り組みを考えました。あなたはこれらの取り組みにどのようなよさがあると考えますか。あとの《条件３》に合うように書きましょう。

　【環境を守るための取り組み】

> ① 家庭ゴミの分別についてのチラシを作って全校児童に配る。
> ② 穴があいたＴシャツを小さく切って家庭でのそうじに使う。

　《条件３》

> ・解答用紙には、【環境を守るための取り組み】の①、②の取り組みにどのようなよさがあるのかを考え、それぞれ40〜50字で書くこと。

3 みちるさんたちは、総合的な学習の時間に「私たちのまち、はがくれ市」という
テーマで、自分の住んでいる市について調べる活動をしています。次の会話文と
【資料1】、【資料2】を読んで、あとの(1)～(3)の問いに答えましょう。

> みちるさん：図書館で昔の地図と今の地図（【資料1】）を借りてきたわ。
>
> ゆりなさん：これは駅の周りの地図ね。
>
> たくみさん：ぼくの家ははがくれ駅の北西の方にあるよ。わかば中学校の近くだ。
>
> ゆりなさん：昔はこの場所に中学校はなかったんだね。
>
> たくみさん：ぼくの家の周りは、昔はなかった家や店ができたり、　　1　　や
> 　　2　　ができたりして、生活が便利になったっておばあちゃん
> が言っていたよ。
>
> みちるさん：駅の南側にも、最近、家やアパートがたくさんできているね。
>
> ゆりなさん：でも、はがくれ市の人口を調べたら、昔に比べると減っていたよね。
>
> たくみさん：人口が減ったのに、家やアパートが多くなったのはなぜだろう。
>
> みちるさん：インターネットではがくれ市について検索してみたら、はがくれ市
> の人口統計（【資料2】）がのっていたよ。
>
> ゆりなさん：これを見ると、はがくれ市は昔と比べて　　3　　から、人口は
> 減っているのに家やアパートは多くなっているんじゃないかな。
>
> たくみさん：なるほど。そういうことなのか。自分が住んでいる市でも、知らな
> いことがたくさんあるんだね。

【資料1】　昔の地図と今の地図

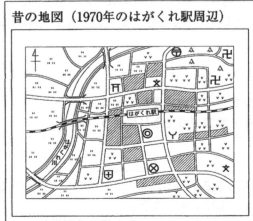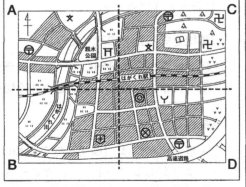

昔の地図（1970年のはがくれ駅周辺）　　今の地図（2020年のはがくれ駅周辺）

▨▨▨▨ 家や店が多いところ

【資料２】 はがくれ市の人口統計

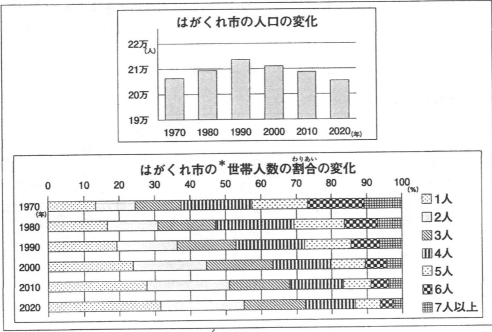

*世帯：同じ家に住み、いっしょに暮らしている人の集まり。

(1) **会話文**で、たくみさんは「昔はなかった家や店ができたり、 1 や 2 ができたりして、生活が便利になったっておばあちゃんが言っていた」と言っています。あなたなら、どのような施設ができて便利になったと伝えますか。次の《条件１》に合うように書きましょう。

《条件１》

・解答用紙の**記号**には、たくみさんの家がある地域を、【資料１】の今の地図のA～Dの中から１つ選び、その記号を書くこと。
・解答用紙の 1 、 2 には、選んだ地域に昔はなかった施設のうち、できたことで生活が便利になったと考えられるものを「わかば中学校」以外で１つずつ書くこと。

(2) ゆりなさんは【資料２】から、「はがくれ市は昔と比べて 3 から、人口は減っているのに家やアパートは多くなっているんじゃないかな」と言っています。あなたなら、理由をどのように説明しますか。次の《条件２》に合うように書きましょう。

《条件２》

・解答用紙の 3 には、【資料２】をもとに、人口は減っているのに家やアパートは多くなっている理由を、「～から」につながるように書くこと。
・<u>20～30字で書くこと。</u>

(3) みちるさんがはがくれ市について調べていると、【市内で危険な場所】を見つけました。そこで、先生に相談したところ、先生といっしょに市のホームページから【改善してほしいこと】を伝えることになりました。あなたならどのようなことを伝えますか。あとの《条件3》に合うように書きましょう。

【市内で危険な場所】

あかね通り   れんげ公園の橋

【改善してほしいこと】

> はがくれ市の危険な場所を見つけたので、改善してもらえないでしょうか。
> 場所は、　　4　　です。　　　5　　　と思っています。よろしくお願いします。

《条件3》

> ・解答用紙の　4　には、【市内で危険な場所】の「あかね通り」か「れんげ公園の橋」のどちらかを選んで書くこと。
> ・解答用紙の　5　には、選んだ場所が危険な理由と、どのように改善してもらいたいのかを、【改善してほしいこと】の「〜と思っています」につながるように1文で書くこと。
> ・25〜35字で書くこと。

佐賀県立中学校
　佐賀県立香楠中学校
　佐賀県立致遠館中学校
　佐賀県立唐津東中学校
　佐賀県立武雄青陵中学校

令和３年度　適性検査Ⅰ　問題

(45分)

（注　意）

1　「はじめ」の合図があるまでは、開いてはいけません。

2　問題は全部で３題あり、７ページまでです。

3　「はじめ」の合図があったら、まず、２枚の解答用紙の３か所にそれぞれ受検番号を書きなさい。

4　答えは、すべて解答用紙に書きなさい。

5　印刷がはっきりしなくて読めないときや、体の具合が悪くなったときなどは、だまって手をあげなさい。

6　検査中は、話しかけたり、わき見をしたり、音を立てたり、声を出して読んだりしてはいけません。

7　「やめ」の合図で、すぐに鉛筆を置き、解答用紙を裏返しにして机の上に置きなさい。

8　検査終了後、問題用紙は持ち帰りなさい。

1 くすのき小学校の図書館には、自由に意見を伝えることのできる意見箱が置かれています。ともみさんたちは図書委員会で、みんなの意見を生かしてよりよい図書館にするための話し合いを行っています。次の会話文と【資料1】、【資料2】を読んで、(1)〜(3)の問いに答えましょう。

> ともみさん：意見箱に出された意見を見ると、図書館のいいところがよく分かるね。それから、改善してほしいこともあるみたい。
>
> あやかさん：私は、図書館のいいところを知らせるために図書委員会だよりの案（【資料1】）を書いてみたよ。まだまだ図書館を利用していない人も多いから、学校のみんなに図書館のいいところを知らせることで、もっと図書館を利用する人を増やしたいと思ったの。
>
> さとしさん：ちょっと見せて。あれ、でもここに書かれている読み聞かせ会のお知らせだと、みんなにきちんと伝わらないんじゃないかな。読み聞かせ会のお知らせにはもっと情報を書き加えた方がいいよ。
>
> あやかさん：なるほど。 1 と 2 が不足しているから、書き加えよう。アドバイスありがとう。
>
> さとしさん：あと、改善してほしいことは先生に伝えた方がいいよね。
>
> かずきさん：先生に伝えるだけじゃなく、図書委員会として改善方法まで提案したいんだ。意見箱に出された意見の中から、異なる立場からの意見があるものを整理してみたよ（【資料2】）。どちらの立場の人にも分かってもらえるような改善方法を考えよう。
>
> ともみさん：分かったわ。みんなにとって、もっといい図書館になるといいね。

【資料1】 図書委員会だよりの案

くすのき小学校図書委員会だより

| ア |

◎図書館のいいところ
・おもしろい本がたくさん！
・しずかでゆっくりすごせます！
・調べ学習にやくだつ資料がたくさん！

◎大人気！読み聞かせ会のお知らせ
　次回は2月12日(金)に読み聞かせ会をします。お楽しみに‼

【資料2】 意見を整理したメモ

① 貸し出し期間をもっと長くしてほしいという意見があるが、借りたい本がいつも貸し出し中でなかなか借りられないという意見もある。

② 静かなのでゆっくり過ごせるという意見があるが、調べ学習の時に話し合いながら本を読みたいという意見もある。

③ 読みたいと思うような本がないからもっと本を増やしてほしいという意見があるが、本が多すぎて探すのが大変だという意見もある。

(1) 図書委員会だよりの案（【資料1】）の ア には見出しが入ります。あなた
　ならどのような見出しを考えますか。次の《条件1》に合うように書きましょう。
　《条件1》

> ・あやかさんの思いが伝わるように書くこと。
> ・「図書館」という言葉を使って書くこと。
> ・「〜ましょう」や「〜ませんか」などのように、呼びかける表現を使って書く
> 　こと。

(2) 会話文で、さとしさんは「読み聞かせ会のお知らせにはもっと情報を書き加えた
　方がいい」と言っています。あなたなら、どのような情報を書き加えますか。会話
　文の 1 、 2 に合うように、書き加えた方がよい情報を2つ考えて書き
　ましょう。

(3) 会話文で、かずきさんは「どちらの立場の人にも分かってもらえるような改善
　方法を考えよう」と言っています。あなたなら、どのような改善方法を考えますか。
　次の《条件2》に合うように書きましょう。
　《条件2》

> ・解答用紙の番号には、【資料2】の①〜③の中から1つ選び、その番号を書く
> 　こと。
> ・解答用紙の改善方法には、選んだ番号に対して、どちらの立場の人にも分かって
> 　もらえるような方法を考えて書くこと。
> ・50〜70字で書くこと。

2 はがくれ市に住むひろとさんは、総合的な学習の時間に、環境のことを調べ、
食品ロスが大きな問題になっていることを知りました。それをもとに、家族と話をして
います。次の会話文と【資料１】、【資料２】を読んで、(1)〜(3)の問いに答えましょう。

ひろとさん：本当なら食べられるのに捨てられてしまう食品を「食品ロス」って
　　　　　　いうんだね。日本では、それが１年間で一人あたり48 kgにもなるって
　　　　　　勉強したよ。

お 母 さ ん：ちょうど１月のはがくれ市の広報誌には、市が行った食品ロスに関
　　　　　　する調査結果（【資料１】）が公表されていたわよ。はがくれ市では、
　　　　　　まだ食品ロスをなくす努力が足りないようね。

ひろとさん：そうだね。資料から 　　　　　　　　 ということが分かるからね。

お 姉 さ ん：まだ食べられるのに捨てられてしまうなんて、もったいないわね。
　　　　　　どんな理由で捨てられているのかしら。

ひろとさん：広報誌には食品が捨てられている理由ものっていたよ。調理された
　　　　　　後の食べ残しが一番多いけど、食品を使い切れずに捨てるのも多い
　　　　　　ことが分かるね。

お 姉 さ ん：食べ残しをしないこと以外にも、食品を使い切れずに捨てることが
　　　　　　ないように何か取り組む必要があるわね。

ひろとさん：ぼくもそう思う。食品を使い切れずに捨てた理由（【資料２】）も
　　　　　　のっていたから、食品ロスを減らすためにどんな取り組みができるか
　　　　　　考えてみるよ。

お 母 さ ん：一人一人が、何かできることを考えて取り組んでいくといいわね。
　　　　　　ところで、学校では何か取り組みを始めているの。

ひろとさん：まだなんだ。でも、ぼくの学校での食品ロスといえば、給食の食べ
　　　　　　残しだと思うんだ。今度、調べたことをしょうかいする発表会が
　　　　　　あるから、そこで学校のみんなに、*パネルを使って、給食の食べ
　　　　　　残しをしないように呼びかけるつもりだよ。

*パネル：展示のために写真やポスターなどをはったうすい板。

【資料１】　はがくれ市の調査結果

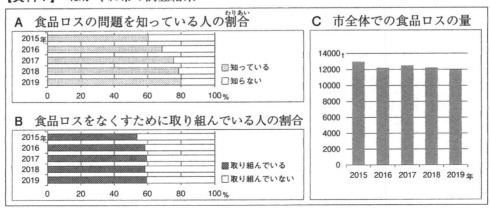

A　食品ロスの問題を知っている人の割合

C　市全体での食品ロスの量

B　食品ロスをなくすために取り組んでいる人の割合

令和3年度　適性検査Ⅱ　問題

(45分)

(注　意)

1　「はじめ」の合図があるまでは、開いてはいけません。

2　問題は全部で4題あり、7ページまでです。

3　「はじめ」の合図があったら、まず、2枚の解答用紙の4か所にそれぞれ受検番号を書きなさい。

4　答えは、すべて解答用紙に書きなさい。

5　印刷がはっきりしなくて読めないときや、体の具合が悪くなったときなどは、だまって手をあげなさい。

6　検査中は、話しかけたり、わき見をしたり、音を立てたり、声を出して読んだりしてはいけません。

7　「やめ」の合図で、すぐに鉛筆を置き、解答用紙を裏返しにして机の上に置きなさい。

8　検査終了後、問題用紙は持ち帰りなさい。

1 　たくやさんとあおいさんは、「スポーツ大会」の計画を立てて、「スポーツ大会」を行うことになりました。次の 会話文1 を読んで(1)の問いに答え、 会話文2 を読んで(2)の問いに答えましょう。

会話文1

たくやさん：「スポーツ大会」では、クラス対こうのバスケットボールの試合をして、おうちの人に見に来てもらおうよ。その後に、おうちの人といっしょに玉入れをしたいね。全体で45分で終わるように【計画】を考えてみたよ。

【計画】

はじめの言葉	ルールの説明	バスケットボールの試合		休けい	バスケットボールの試合		玉入れ	先生の話	おわりの言葉
		第1試合　1組　対　2組 第2試合　2組　対　3組 第3試合　1組　対　3組			第4試合　1組　対　2組 第5試合　2組　対　3組 第6試合　1組　対　3組				
1分	3分	第1試合〜第3試合の時間 5分ずつ		3分	第4試合〜第6試合の時間 5分ずつ		4分	2分	1分

あおいさん：この【計画】だと、「準備運動」と「成績発表」が入っていないよ。あと、「休けい」は、他のクラスが試合をしているときに少し休めるから短くてもいいのではないかな。

たくやさん：そうだね。3分の「準備運動」と、2分の「成績発表」を入れよう。「休けい」は2分にして、もう一度計画を考えてみるね。

(1)　たくやさんは、【計画】に「準備運動」と「成績発表」の2つを入れ、休けい時間を短くした【新しい計画】を考えます。あなたなら、バスケットボールの試合の「第1試合〜第3試合の時間」と「第4試合〜第6試合の時間」を何分ずつにしますか。あとの《条件1》に合うように書きましょう。

【新しい計画】

はじめの言葉	ルールの説明	準備運動	バスケットボールの試合		休けい	バスケットボールの試合		玉入れ	成績発表	先生の話	おわりの言葉
			第1試合　1組　対　2組 第2試合　2組　対　3組 第3試合　1組　対　3組			第4試合　1組　対　2組 第5試合　2組　対　3組 第6試合　1組　対　3組					
1分	3分	3分	第1試合〜第3試合の時間 （　　　）分ずつ		2分	第4試合〜第6試合の時間 （　　　）分ずつ		4分	2分	2分	1分

《条件1》

・【新しい計画】は、全体で40分以上45分以下にすること。
・試合の時間は3分以上とし、整数で表すこと。試合ごとのクラスが入れかわる時間は考えなくてよい。
・第1試合〜第3試合の3試合はそれぞれ同じ時間とし、第4試合〜第6試合の3試合もそれぞれ同じ時間として考えること。ただし、「第1試合〜第3試合の時間」と「第4試合〜第6試合の時間」は同じでも、ちがってもよい。

················· （「スポーツ大会」当日、玉入れを行う前） ·················

たくやさん：今のところ【新しい計画】にした「スポーツ大会」は、時間通りに
　　　　　　進んでいるね。次は、玉入れ（【図】）だね。参加する人数が分かった
　　　　　　よ（【表１】）。クラスの人数に少し差があるね。

【図】

棒の先につけた
かごの中に玉を
投げ入れる競技。

【表１】　参加する人数

	児童（人）	おうちの人（人）
１組	22	18
２組	20	20
３組	20	16

あおいさん：時間は４分あるから【玉入れのルール】の説明をした後に、玉入れ
　　　　　　をしようね。

【玉入れのルール】

・【表１】の全員が参加する。
・どのクラスも、それぞれ１つのかごを使い、自分のクラスのかごに玉を
　入れる。
・３クラスとも同時に始め、同時に終わる。
・終わったときに、かごに入った玉の数を数える。児童が入れても、おうち
　の人が入れても、１つを１点とする。

················· （玉入れを行う） ·················

たくやさん：玉入れの結果が出たよ（【表２】）。
　　　　　　これで玉入れの順位を決めると、２組
　　　　　　は点数が低いから３位で、１組と３組
　　　　　　が１位だね。

【表２】　玉入れの結果

	点数（点）
１組	117
２組	116
３組	117

あおいさん：点数だけで順位を決めると、参加した人数がクラスによってちがう
　　　　　　から不公平にならないかな。私（わたし）は、参加した人数と点数を考えた
　　　　　　上で順位を決めると、なぜその順位になるのか、みんなが分かって
　　　　　　くれると思うよ。

(2) 　会話文２　で、あおいさんは、「参加した人数と点数を考えた上で順位を
決めると、なぜその順位になるのか、みんなが分かってくれる」と言っています。
あおいさんが言ったことをもとにして、玉入れの順位を決め、その順位になる理由
を、数や言葉を使って説明しましょう。式を使ってもかまいません。

2 しんさんとお父さんは、家の中でジュースを飲みながら話をしています。次の会話文を読んで、(1)、(2)の問いに答えましょう。

> しんさん：お父さん、このジュース、冷たくておいしいね。でも、どうして
> コップの外側に水てきがつくのかな。
> お父さん：その水てきは、コップのまわりにある空気中の水蒸気が、冷たい
> コップで冷やされて水に変わったものだよ。水蒸気が水に変わるのは、
> 温度としつ度に関係があるんだよ。
> しんさん：温度って言葉は分かるけど、しつ度ってよく分からないな。天気予報
> で聞いたことがあるけど。
> お父さん：しつ度は、空気中に水蒸気がどのくらいふくまれているのかを
> 割合で示したものだよ。単位は%を使うんだ。天気予報で、「今日
> の天気は雨で、しつ度は高くなるでしょう」というように言われる
> ことがあるよね。雨の日には空気中に水蒸気が多くなるから、
> しつ度が高くなるんだ。
> しんさん：そうなんだ。部屋の温度やしつ度が高くなったり低くなったりしたら、
> コップへの水てきのつきやすさはどう変わるかを調べてみたいな。

(1) 会話文の「部屋の温度やしつ度が高くなったり低くなったりしたら、コップへの水てきのつきやすさはどう変わるか」を調べるために、しんさんは、次の【実験】を行いました。【実験】の［結果］から分かることを、あとの《条件１》に合うように書きましょう。

【実験】

手順１ 部屋の温度と部屋のしつ度を、【図１】の温度としつ度をはかる道具ではかって記録する。

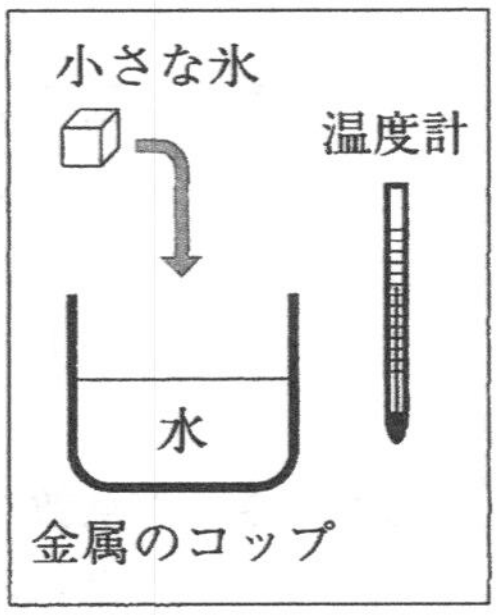

手順２ 【図２】のように、部屋の温度と同じ温度の水を半分まで入れた金属のコップと、小さな氷、温度計を準備する。

手順３ コップに小さな氷を入れ、コップを横に軽くふって、水の温度を下げる。

手順４ 氷がとけたときに、コップの外側に水てきがついていなければ、水てきがつくまで手順３をくり返す。

手順５ 水てきがつき始めたときの水の温度を、【図２】の温度計を水の中に入れ、はかって記録する。

手順６ 手順１〜手順５を１日１回同じ時刻に、３日間行う。

【図１】
温度　27
しつ度　48

【図２】

小さな氷　温度計
水
金属のコップ

［結果］

	1日目	2日目	3日目
部屋の温度（℃）	25	20	25
部屋のしつ度（%）	45	55	55
水てきがつき始めたときの水の温度（℃）	12	11	15

— 3 —

受検番号

適性検査Ⅰ　解答用紙

2 (1)
6点

記号		

理由	ということが分かるからね。

(2)
6点

場面	するときには
取り組み	

(3)
6点

パネル	

メッセージ										
					70					
	80	給食の食べ残しをしないようにしましょう。								

※左からつめて、横書きにすること。　　※数字も１字として数えること。

受検番号 [   ]

適性検査Ⅰ　解答用紙

3 (1)
6点

1		

2												

（30・40　からね）

※左からつめて、横書きにすること。

(2)
10点

グループ1	作品		

	共通する特ちょう										10	
										20	という特ちょう	

※左からつめて、横書きにすること。

グループ2	作品		

	共通する特ちょう										10	
										20	という特ちょう	

※左からつめて、横書きにすること。

受検番号 [   ]

適性検査Ⅱ　解答用紙

2 (1)
7点

比べる結果	日目	日目
分かること		

(2)
6点

ア		イ	
ウ		エ		オ	

受検番号

適性検査Ⅱ　解答用紙

3 (1)
6点

【サイコロの展開図】

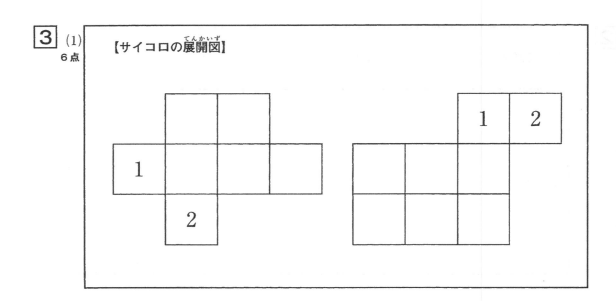

(2)
6点

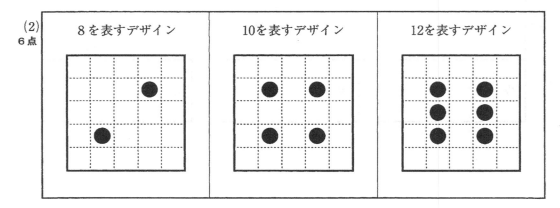

K 教英出版

【解答

受検番号

適性検査Ⅱ　解答用紙

4 (1)
6点

からね。

(2)
6点

番号	
方法	

受検番号

適性検査Ⅱ　解答用紙　　※50点満点

1 (1)
6点

第1試合～第3試合の時間	第4試合～第6試合の時間
（　　　　　）分ずつ	（　　　　　）分ずつ

(2)
7点

順位	1位	（　　　　　）組
	2位	（　　　　　）組
	3位	（　　　　　）組
理由		

受検番号 [   ]

適性検査Ⅰ　解答用紙　　※50点満点

1 (1)
4点 [   ]

(2)
4点

1	
2	

(3)
8点

番号	

改善方法													
												50	
						70							

※左からつめて、横書きにすること。

《条件１》

- ・解答用紙の**比べる結果**には、【実験】の［結果］の中から、１日目、２日目、３日目のいずれかを**２つ**選び、「〜日目」につながるように数字を書くこと。
- ・解答用紙の**分かること**には、選んだ２つの日の結果を比べることで、<u>部屋の温度や部屋のしつ度</u>と<u>水てきがつき始めたときの水の温度</u>の関係が分かるように書くこと。

(2) 　【実験】を終えた後、しんさんは、自分の家に【いろいろなつくりのコップ】が４種類あることを発見しました。つくりがちがうと水てきのつきやすさがちがうのではないかと考えたしんさんは、【予想】を立てました。また、その【予想】を確かめるために、【いろいろなつくりのコップ】のうち２つを使って【実験計画】を立てて、お父さんに相談することにしました。あなたなら、どのような【予想】を立て、どのような【実験計画】にしますか。あとの《条件２》に合うように書きましょう。

【いろいろなつくりのコップ】

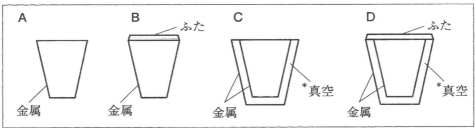

＊真空……空気がない状態

【予想】

コップの中の水を冷やしたときに、　　ア　　コップの方が、　　イ　　コップより、水てきがつきやすい。

【実験計画】

手順１　　ウ　と　エ　のコップに、部屋の温度と同じ温度の水を同じ量だけ入れる。

手順２　２つのコップに、同じ量の氷を同時に入れて、ふたがあるコップはふたをする。２つのコップを同じはやさで横に軽くふって、中の水を冷やす。

［ぼくの【予想】が正しかったときの結果］
　　　　オ　のコップの外側に、先に水てきがつく。

《条件２》

- ・アとイには、「ふたがある」「ふたがない」「真空の部分がある」「真空の部分がない」の中から、それぞれ１つを選んで書くこと。
- ・ウ〜オには、【いろいろなつくりのコップ】のＡ〜Ｄの記号を１つずつ書くこと。同じ記号を何回使ってもよい。

3 さきさんは、お父さんとサイコロを作ることにしました。次の 会話文１ を読んで(1)の問いに答え、 会話文２ を読んで(2)の問いに答えましょう。

会話文１

> さきさん：サイコロ（【図１】）を２個作るために、厚紙に【サイコロの展開図】
> をかいてみたよ。
>
> お父さん：工夫してかけているね。でも、立方体のサイコロは面が６つなのに、
> それぞれの展開図で面が７つ以上あるみたいだよ。
>
> さきさん：本当だ。それぞれ不要な面を決めなきゃいけないね。
>
> お父さん：サイコロを組み立てたときの数字を下書きしておくと、こういう
> まちがいもなくなるんじゃないかな。サイコロは平行な面どうしの数
> の合計が７になる必要があるから、鉛筆で数字を下書きしておくと
> 分かりやすいと思うよ。1と2だけお父さんが書いておくから、残りの
> 面に数字を正しく書いてごらん。
>
> さきさん：やってみるね。

【図１】　　　　　　　　　【サイコロの展開図】

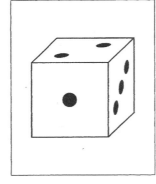 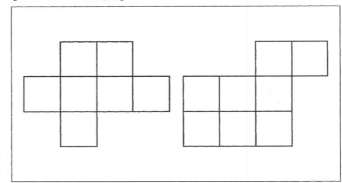

(1) 会話文１ で、「1と2だけお父さんが書いておくから、残りの面に数字を
正しく書いてごらん」と言われたさきさんは、立方体のサイコロが２個できる
ように【サイコロの展開図】で不要な面を決めて「×」を書き、それ以外の面に数字
を書くことにしました。あなたなら、どのように「×」と数字を書きますか。
次の《条件１》に合うように、解答用紙の【サイコロの展開図】に書きましょう。

《条件１》

> ・サイコロの展開図として不要な面には、「×」と書くこと。
>
> ・組み立てたとき、サイコロの平行な面どうしの数の合計が７となるように、
> それぞれの面の数字を決めること。
>
> ・サイコロの1と2となる面には、それぞれ数字の「1」と「2」がすでに
> 書かれているので、残りの面にそれぞれ「3」～「6」の数字を書くこと。

さきさん：サイコロにかかれている【デザイン】は、ほとんどのサイコロで同じ
　　　　　だね。どのように決められているのかな。

【デザイン】

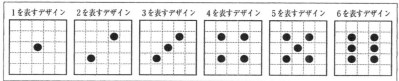

お父さん：数が大きくなるにつれて●の数が１個ずつ増えていくけど、必ず点対称
　　　　　になるようにデザインが決められているみたいだね。

さきさん：それと、デザインはすべて
　　　　　線対称にもなっている
　　　　　ね。デザインによって、
　　　　　６みたいに対称の軸が
　　　　　２本しかかけないものと、
　　　　　４みたいに対称の軸が
　　　　　４本かけるものがあり
　　　　　そうね（【図２】）。

【図２】

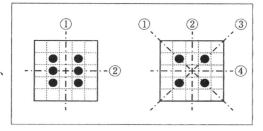

お父さん：そうだね。【デザイン】を参考にしたら、<u>７以上の数のサイコロが
　　　　　作れそうだね。</u>

さきさん：それはいい考えだね。【デザイン】にそれぞれ●を６個ずつかき加え
　　　　　たら、７〜12を表すデザインになりそうだよ。偶数のデザインを私が
　　　　　考えるから、残りはお父さんにお願いしてもいいかな。

お父さん：もちろんいいとも。

(2)　会話文２　で、「【デザイン】を参考にしたら、７以上の数のサイコロが作れ
そう」と言われたさきさんは、８、10、12を表すデザインを考えることにしました。
次の《条件２》に合うようなデザインを考え、解答用紙に合わせて●をかきましょう。

《条件２》

・すべての数が、点対称となるデザインにすること。
・すべての数が、線対称となるデザインにすること。ただし、対称の軸は
　少なくとも２本かけるようにし、対称の軸を４本かけるものは必ずその
　デザインにすること。
・解答用紙に●をかくときは、縦横５マスずつに区切ってあるマスの中に
　かくこと。
・解答用紙には、２、４、６個の●がすでにかかれているので、それぞれ
　６個ずつ●をかき加えることで８、10、12を表すデザインにすること。

4 めいさんは、お母さんと野菜の種をまいて育てることにしました。次の 会話文1 を読んで(1)の問いに答え、 会話文2 を読んで(2)の問いに答えましょう。

会話文1

> めいさん：種を直接畑にまかずに、一度ポリポット（【図1】）にまいて、発芽
> してから畑に植えかえるのはどうして。
> お母さん：<u>持ち運ぶことができるポリポットにまく方がよい</u>
> <u>のは、植物の発芽の条件が関係しているよ。</u>
> めいさん：そうか。ポリポットと畑では、使う土や肥料は同じ
> だけど、持ち運ぶことができると、□□□□□ からね。

【図1】

ポリポット

(1)　会話文1 の □□□□□ には、めいさんがお母さんの「持ち運ぶことができる
ポリポットにまく方がよいのは、植物の発芽の条件が関係しているよ」という話を
聞いて、持ち運ぶことができる方がよいと考えた理由が入ります。あなたが考えた
理由を書きましょう。

会話文2

> めいさん：発芽したからそろそろ畑に植えかえようよ。
> お母さん：そうだね。ポリポットを畑に持って行って植えかえようか。それから、
> この黒いマルチシート（【図2】）も持って行こうね。
> めいさん：黒いマルチシートはどう使うの。　【図2】
> お母さん：畑の土にかぶせて、野菜を植える場所
> には穴（あな）を開けて使うよ（【図2の ◌ 】）。
> 黒いマルチシートをかぶせた部分では、
> 雑草が育ちにくくなるし、土がかわき
> にくくなるよ。
> めいさん：そうなんだ。じゃあ、<u>黒いマルチシート</u>
> <u>には【2つのはたらき】があるのかな。</u>

【2つのはたらき】

> ①　黒いマルチシートをかぶせた部分では、土に日光が当たらない。
> ②　黒いマルチシートをかぶせた部分では、土にしみこんだ水が蒸発（じょうはつ）しても
> にげにくい。

(2)　会話文2 で、「<u>黒いマルチシートには【2つのはたらき】がある</u>」と考えた
めいさんは、調べて確かめようとしています。あなたなら、どちらを調べてみたい
ですか。 会話文2 の【2つのはたらき】の①、②のどちらかを選び、その番号を
書きましょう。また、選んだ番号のはたらきを調べる方法を、次の《条件》に合う
ように書きましょう。図を使ってもかまいません。

《条件》

> ・黒いマルチシートがあるときとないときで比べるような方法にすること。
> ・黒いマルチシート以外の道具を使ってもよい。

(1) **会話文**の ☐ には、ひろとさんが、直前のお母さんの意見に賛成する理由が入ります。あなたなら、どのような理由を考えますか。次の《条件1》に合うように書きましょう。

《条件1》

・解答用紙の**記号**には、お母さんの意見に賛成する理由のもとにするグラフを、【資料1】のA～Cの中から**2つ**選び、その記号を書くこと。
・解答用紙の**理由**には、選んだグラフから読み取れることをもとに、お母さんの意見に賛成する理由を「～ということが分かるからね。」につながるように1文で書くこと。

(2) ひろとさんは、【資料2】を見て、「食品ロスを減らすためにどんな取り組みができるか考えてみるよ」と言っています。あなたなら、食品ロスを減らすために、どのような場面でどのようなことに取り組みますか。次の《条件2》に合うように書きましょう。

【資料2】　食品を使い切れずに捨てた理由

・カビが生えてしまったから。
・くさってしまったから。
・多く買いすぎてしまったから。
・食品があることを忘れていたから。
・期限が切れていたから。

《条件2》

・食品を買った後の取り組みを考えること。
・解答用紙の**場面**には、【資料2】から具体的な場面を考え、「～するときには」につながるように書くこと。
・解答用紙の**取り組み**には、**場面**の解答「～するときには」からつながるように、どのようなことに取り組むかを書くこと。

(3) ひろとさんは、「学校のみんなに、パネルを使って、給食の食べ残しをしないように呼びかけるつもりだよ」と言っています。発表会では、説得力のあるメッセージを伝えるために、右の【図】のパネルと、下の**ア**か**イ**のどちらか1枚のパネルを使います。あなたなら、どのようなメッセージを考えますか。あとの《条件3》に合うように書きましょう。

【図】　給食の食べ残しを表すパネル

ア　たくさんの生産者の働く姿を表すパネル

イ　日本で1年間に出る食品ロスの量を表すパネル

612万トン

→国民1人あたり
　毎日茶わん1ぱい分の量

《条件3》

・解答用紙の**パネル**には、**ア**か**イ**のパネルのどちらかを選び、その記号を書くこと。
・解答用紙の**メッセージ**には、【図】と選んだパネルをもとに、メッセージを考え、「給食の食べ残しをしないようにしましょう。」につながるように書くこと。
・70～80字で書くこと。

3　ゆきさんとりかさんは、かささぎ町で毎年秋に行われているスケッチ大会について話しています。次の会話文と【資料1】、【資料2】を読んで、(1)、(2)の問いに答えましょう。

> ゆきさん：かささぎ町スケッチ大会、楽しみだね。りかさんは、去年も参加したんだよね。今年は何をかくのか決めているの。
>
> りかさん：去年のスケッチ大会を思い出して、かきたいものとその特ちょうをまとめたメモ（【資料1】）を見て考えようと思っているんだ。どれも、私が考えるかささぎ町らしいものだよ。
>
> ゆきさん：かきたいものが4つあるんだね。
>
> りかさん：うん。そうなの。それで、私がかきたいものを2つ以上入れてかけそうな場所を、会場図に書きこんでみたんだ（【資料2】）。
>
> ゆきさん：なるほど。そうすると、　1　の場所から東の方角を向いてかくのがいいかな。　2　からね。
>
> りかさん：たしかに、その場所がいいかもしれないね。

【資料1】　りかさんがかきたいものとその特ちょうをまとめたメモ

> ・商店街
> 　　商店街の屋根は*ステンドグラス風になっていて、西側が新しく、近い場所で見ると色あざやかに見えた。
>
> ・クスノキ
> 　　千年前からあると言われている大きな木で、はく力があった。緑の葉がとてもきれいだった。
>
> ・パン屋
> 　　大きな建物で、かべに赤いレンガが使われていておしゃれだった。着板がパンの形になっていて、外でも食べられるようになっていた。
>
> ・イチョウ並木
> 　　*遊歩道に沿ってイチョウの木々が並べて植えられていて、紅葉が美しかった。イチョウの葉が道にも落ちていて、周りが黄色でいっぱいだった。

*ステンドグラス：色のついたガラスを組み合わせて絵や模様を表したもの
*遊歩道：散歩のために作られた、車が通らない道

【資料２】 りかさんが、かきたいものを２つ以上入れてかけそうな場所Ⓐ〜Ⓒを示した会場図

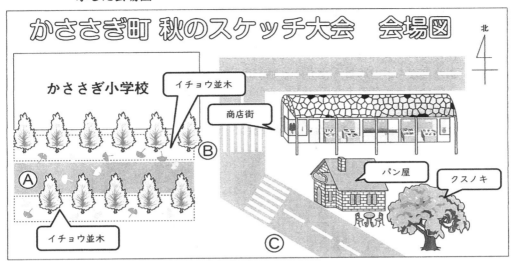

(1) 会話文で、ゆきさんは「　1　の場所から東の方角を向いてかくのがいいかな。
　2　からね」と言っています。あなたなら、Ⓐ〜Ⓒのうちのどの場所でかきますか。また、その場所を選ぶのはなぜですか。次の《条件１》に合うように書きましょう。

《条件１》

・解答用紙の　1　には、【資料２】のⒶ〜Ⓒの中から１つ選び、その記号を書くこと。

・解答用紙の　2　には、　1　の場所を選んだ理由を、「〜からね」につながるように30〜40字で書くこと。ただし、【資料１】をもとに、りかさんがかきたいものを２つ以上選び、かきたいものの特ちょうを入れ、どのような景色がかけるかについて書くこと。

(2) ゆきさんは、【かささぎ町スケッチ大会の入選作品】の作品展^{てん}を見に行きました。
作品展では、4つの作品が2つのグループに分けられており、**ア**と**イ**のグループは
「建物がかかれている絵」、**ウ**と**エ**のグループは「自然がかかれている絵」と
しょうかいされていました。ゆきさんは、このしょうかいを見て、画面の構成や
かき方の工夫に注目すると、これ以外のグループにも分けられると考えました。
あなたなら、どのように分けますか。あとの《条件2》に合うように書きましょう。

【かささぎ町スケッチ大会の入選作品】

《条件2》

・【かささぎ町スケッチ大会の入選作品】の**ア**〜**エ**の作品を2つずつ選び、
　「**グループ1**」と「**グループ2**」に分けること。ただし、**ア**と**イ**のグループ、
　ウと**エ**のグループ以外の分け方を考えること。
・解答用紙の**作品**には、グループ分けした作品の記号を書くこと。
・解答用紙の**共通する特ちょう**には、グループごとに共通する画面の構成や
　かき方の工夫を、それぞれ「〜という特ちょう」につながるように10〜20字で
　書くこと。

佐賀県立中学校

　佐賀県立香楠中学校
　佐賀県立致遠館中学校
　佐賀県立唐津東中学校
　佐賀県立武雄青陵中学校

令和２年度　適性検査Ⅰ　問題

（45分）

（注　意）

1　「はじめ」の合図があるまでは、開いてはいけません。
2　問題は全部で３題あり、７ページまでです。
3　「はじめ」の合図があったら、まず、２枚（まい）の解答用紙の３か所にそれぞれ受検番号を
　書きなさい。
4　答えは、すべて解答用紙に書きなさい。
5　印刷がはっきりしなくて読めないときや、体の具合（ぐあい）が悪くなったときなどは、だまっ
　て手をあげなさい。
6　検査中は、話しかけたり、わき見をしたり、音を立てたり、声を出して読んだりして
　はいけません。
7　「やめ」の合図で、すぐに鉛筆（えんぴつ）を置き、解答用紙を裏返（うらがえ）しにして机（つくえ）の上に置きなさい。

1 りくさんたちは授業で、2020年に開かれる東京オリンピック・*パラリンピックについて学習しています。そこで、りくさんたちが住んでいる佐賀県が*ホストタウンになっている国の特色を調べました。次の 会話文1 と【資料1】、【資料2】を読んで(1)の問いに答え、 会話文2 と【資料3】を読んで(2)の問いに答えましょう。

*パラリンピック：障がいのある人が出場できる世界的な競技大会
*ホストタウン　：大会に参加する国の選手や関係者の事前合宿を受け入れたり、交流会などを行ったりして、おたがいの文化などの交流をはかる県や市町村のこと

会話文1

りくさん：佐賀県はたくさんの国のホストタウンになっていたね。

みかさん：佐賀県にたくさんの海外の選手が来るのね。

りくさん：その人たちに佐賀県のことを知ってもらいたいな。温泉や吉野ヶ里遺跡とか。

みかさん：そうね。他にも、海苔やみかん……いろいろあるね。

先　　生：いいアイデアですね。みんなで、調べた国の特色（【資料1】）に関わりのある佐賀県のことを知ってもらう取り組みを考えてみませんか。これは、先生が考えた取り組み（【資料2】）です。参考にしてみてください。

【資料1】　調べた国の特色

国　　名	特　　色
フィンランド	・たくさんの乳牛が飼われており牛乳の消費量が多い ・多くの家庭にサウナがある ・夏は1日中太陽がしずまない白夜が続く
タイ	・稲作がさかんで主食はお米 ・めん料理もよく食べる ・絹織物を使ったあざやかな民族衣装が有名
ニュージーランド	・羊の数が人口より多く羊毛の生産がさかん ・海に囲まれていて魚や貝などをよく食べる ・キウイフルーツのさいばいがさかん

【資料2】　先生が考えた取り組み

国　　名	フィンランド
取り組み	佐賀県内の温泉に案内して、サウナと温泉のちがいや似ているところを発見してもらい、佐賀県の温泉のすばらしさを知ってもらう。
理　　由	フィンランドでは多くの家庭にサウナがあり、サウナに親しんでいると思うので、佐賀県の温泉にも興味をもってもらえると思うから。

(1) 先生は、「佐賀県のことを知ってもらう取り組みを考えてみませんか」と言っています。あなたが考える「佐賀県のことを知ってもらう取り組み」を、【資料2】を参考に、次の《条件1》に合うように書きましょう。

《条件1》
・**国名**には、あなたが取り組みを考える国を【資料1】から1つ選んで国名を書くこと。
・**取り組み**には、あなたが考えた「佐賀県のことを知ってもらう取り組み」を、特産物、食べ物などを取り上げてくわしく書くこと。また、その取り組みで佐賀県のどのようなことを知ってほしいのかも書くこと。
・先生が考えた取り組みとは別の取り組みを考えて書くこと。
・**理由**には、なぜその取り組みとしたのか、その理由を書くこと。ただし、【資料1】の選んだ国の特色と関わりをもたせて書くこと。

会話文2

先　　　　生：各国の選手団の代表の方が、2月に私たちの学校に来てくれることになりました。代表の方に事前に伝えておきたいことはありますか。
あおいさん：私は佐賀県がホストタウンになっている国の特色を調べたときに、各国の2月の平均気温と季節の特ちょう（【資料3】）が書いてある本を見つけて、それぞれの国でちがいがあることを知りました。佐賀県は季節が冬で、2月の平均気温は6℃くらいなので、代表の方にどのような服を用意して、佐賀県に来てほしいかを事前に伝えたらいいと思います。
先　　　　生：そうですね。そうすれば、代表の方も安心して来ることができますね。

【資料3】　各国の2月の平均気温と季節の特ちょう

国　　　名	フィンランド	タイ	ニュージーランド
*2月の平均気温	－6℃	29℃	17℃
季節の特ちょう	四季はあるが、1年中気温が低く、日本と比べて寒い。2月は平均気温が1年で最も低い。	1年中気温が高く、季節による気温の変化が少ない。1年を通じて20℃を下回らず、日本と比べて暑い。	四季はあるが、1年を通じて暖かい。季節は日本と逆である。

＊2月の平均気温は各国のある都市のもの

(2) あなたなら選手団の代表の方に「どのような服を用意して、佐賀県に来てほしい」と考えますか。次の《条件2》に合うように書きましょう。

《条件2》
・**国名**には、あなたが服の用意を伝える国を【資料3】から1つ選んで国名を書くこと。ただし、(1)で選んだ国とちがう国を選んでもよい。
・**伝えること**は、 会話文2 と【資料3】をもとに2文で書くこと。1文目には「どのような服を用意して、佐賀県に来てほしい」かを書くこと。2文目には1文目に書いたことの理由を、佐賀県と選んだ国の2月の平均気温や季節の特ちょうを比べて書くこと。

— 2 —

2 　まりこさんたちは、総合的な学習の時間で、「かささぎ地区に残したいもの」として
地区の『秋祭り』についてグループで調べ、発表することになりました。そのことに
ついて、まりこさんはグループの代表として公民館の館長さんと話をしています。
次の会話文と【資料1】、【資料2】を読んで、(1)～(3)の問いに答えましょう。

> まりこさん：かささぎ地区の『秋祭り』について教えてください。
> 館 長 さん：まりこさんたちが『秋祭り』に興味をもって調べてくれるのはうれ
> 　　　　　　しいな。去年の『秋祭り』で作ったこのリーフレット（【資料1】）
> 　　　　　　は参考になると思うよ。この地区の『秋祭り』は全国的にもめずらし
> 　　　　　　いところがあるから、ぜひ多くの人たちに知ってもらえるといいな。
> まりこさん：6年生のみんなに『秋祭り』のいいところを伝える発表を考えてみ
> 　　　　　　ます。
> 館 長 さん：そうだね。みんなが『秋祭り』に興味をもってくれるように発表し
> 　　　　　　てね。ところで、『秋祭り』がしょうかいされたときの新聞記事の
> 　　　　　　グラフ（【資料2】）を見てごらん。このグラフを見ると、『秋祭り』
> 　　　　　　の今後がとても心配でもあるんだ。まりこさんはどう思いますか。
> まりこさん：今後の『秋祭り』にえいきょうがありそうですね。学校で6年生の
> 　　　　　　みんなに私の考えを伝えたいと思います。

【資料1】　リーフレット（一部分）

『秋祭り』の歴史	『秋祭り』の特色
1910年　『秋祭り』が始まる 1912年　衣装と笛、たいこが作られ、 　　　　　おどりが始まる 1920年　みこしが作られる 2000年　県の代表として『秋祭り』 　　　　　のおどりを海外でひろう 　　　　　する 2010年　新聞で、『秋祭り』がしょう 　　　　　かいされる	・みこしをかついだり、おどりをおどったり 　する ・おどりの音楽は、笛とたいこで演奏され、 　速い部分とおそい部分で構成されている ・笛は、かささぎ地区の竹を使用している ・おどりは3種類あり、おどる人はさまざまな 　色が使われた衣装を着ておどる ・みこしの重さは500キログラムあり、20人 　以上のかつぐ人が必要である

【資料2】　新聞記事のグラフ

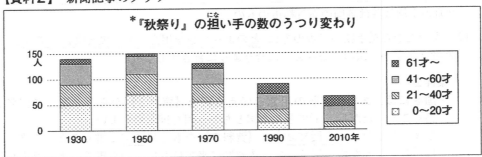

*『秋祭り』の担い手：笛などを演奏する人、みこしをかつぐ人、おどりをおどる人
　　　　　　　　　　などのこと

令和2年度　適性検査Ⅱ　問題

(45分)

(注　意)

1　「はじめ」の合図があるまでは、開いてはいけません。

2　問題は全部で4題あり、7ページまでです。

3　「はじめ」の合図があったら、まず、2枚の解答用紙の4か所にそれぞれ受検番号を書きなさい。

4　答えは、すべて解答用紙に書きなさい。

5　図などをかく場合は、定規を使ってかく必要はありません。

6　印刷がはっきりしなくて読めないときや、体の具合が悪くなったときなどは、だまって手をあげなさい。

7　検査中は、話しかけたり、わき見をしたり、音を立てたり、声を出して読んだりしてはいけません。

8　「やめ」の合図で、すぐに鉛筆を置き、解答用紙を裏返しにして机の上に置きなさい。

1 たかしさんとなおこさんは、洗たく物の色によるかわきやすさのちがいをテーマにした自由研究に取り組んでいます。次の 会話文１ を読んで(1)の問いに答え、 会話文２ を読んで(2)の問いに答えましょう。

会話文１

たかしさん：太陽の光が当たる場所に洗たく物を並べて干して実験しようと思うんだ。物干し台と物干しざお（【図】）の他にどんな準備が必要かな。

【図】
物干しざお

物干し台

なおこさん：気温が関係するかもしれないから、棒温度計があるといいね。

たかしさん：そうだね。洗たく物といっしょに、棒温度計も物干しざおにつるしておくと、便利かもしれないね。

なおこさん：いい考えだけど、【気温をはかるための条件】に合うように棒温度計を使わないといけないから、気をつけようね。

【気温をはかるための条件】

条件１	地面から1.2ｍ～1.5ｍの高さではかる
条件２	風通しのよいところではかる
条件３	棒温度計に太陽の光が直接当たらないようにしてはかる

たかしさん：分かった。それなら、物干し台と物干しざおを庭の太陽の光が当たる風通しのよい場所に置いて、棒温度計を地面から1.2ｍ～1.5ｍの高さになるようにつるさないといけないね。他に何が必要かな。

なおこさん：身近なものでおおいを作って棒温度計に取り付けたらよさそうね。

たかしさん：実際に作ってみるよ。

(1) たかしさんは、牛乳パックで３種類のおおいを作りましたが、【気温をはかるための条件】に合っていないものがいくつかあることに気づきました。そのうちの１つを次のア～ウから選び、記号を書きましょう。また、そう考えた理由を【気温をはかるための条件】をもとに書きましょう。

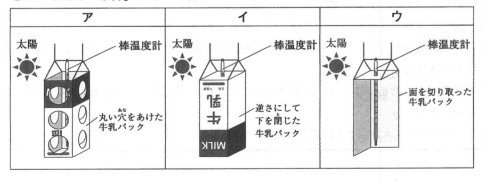

たかしさん：晴れた日に行った【実験】をまとめてみたよ。

【実験】

　　手順１　布の種類と大きさが同じで重さが70ｇの、白色と黒色のタオルを１枚ずつ用意し、水にぬらす。

　　手順２　ぬらしたタオルをしぼり、どちらの重さも200ｇになるようにする。

　　手順３　しぼったタオルを、太陽の光が当たる場所に置いた物干しざおに同じ高さになるように干して、10分ごとにそれぞれの重さをはかり、タオルがかわいて70ｇにもどるまでの時間をはかる。

　　［結果］

　　タオルがかわくまでに、白色のタオルは230分かかり、黒色のタオルは150分かかった。

たかしさん：【実験】の［結果］から、色がこいタオルの方がかわきやすいことが分かったね。

なおこさん：ちょっと待って。それを言うには、いろいろ確かめないといけないよ。太陽の光が当たる場所に干した白色のタオルと黒色のタオルしか比べていないからね。最初に行った【実験】を参考にして【実験２】をやってみたらどうかな。

【実験２】

　　①　【実験】で使ったタオルと布の種類、大きさ、重さが同じ灰色、白色、黒色のタオルを１枚ずつ用意して、太陽の光が当たる場所に干して、かわくまでの時間をはかる。

　　②　【実験】で使ったタオルと同じ白色と黒色のタオルを１枚ずつ用意して、太陽の光が当たらない場所に干して、かわくまでの時間をはかる。

(2)　たかしさんとなおこさんは【実験２】の①と②を実験することにしました。【実験２】の①と②は、それぞれ、最初に行った【実験】から何をどのように変えたことで、どのようなことが確かめられるようになりましたか。【実験２】の①、②のどちらかを選び、次の《条件》に合うように書きましょう。

《条件》

　・番号には、選んだ実験の番号を書くこと。
　・変えたことには、選んだ実験について、最初に行った【実験】から何をどのように変えたかが分かるように書くこと。
　・確かめられることには、選んだ実験で確かめられることを書くこと。ただし、「タオルがかわくまでの時間」という言葉を使い、「〜かどうか。」につながるように書くこと。

2 　たろうさんたちは、体育の授業で行っているサッカーについて話をしています。次の会話文を読んで、(1)、(2)の問いに答えましょう。

> たろうさん：これまでの授業で、たくさん試合をしてきたね。ひなたさんのチームは、合計すると何点取ったの。
>
> ひなたさん：6試合して20点取ったよ。たろうさんのチームは何点取ったの。
>
> たろうさん：8試合して25点取ったよ。そのうち、ぼくは10点取っているよ。
>
> ひなたさん：すごいね。私は9点だったよ。たろうさんの方が点数を多く取っているから、たろうさんがＭＶＰ候補だね。
>
> みなとさん：そうだね。でも、<u>この結果で比べても、ひなたさんがＭＶＰ候補という考え方もある</u>よ。
>
> ひなたさん：ところで、この前からやっているリーグ戦では、どのチームも他のチームと1回ずつ試合をし、その結果で順位を決めるようになっているね。
>
> みなとさん：【リーグ戦の対戦表】と【順位決定のルール】を見ると、たろうさんのＡチームはＣチームと並んで2位だね。残りあと1試合ずつになったけど、もう優勝できないのかな。
>
> たろうさん：そんなことないよ。<u>Ａチームが次の試合に勝てば、ＢチームとＣチームの試合の結果によっては、Ａチームだけが優勝できる</u>よ。

＊ＭＶＰ候補：最も活やくし、チームの役に立っている選手に選ばれそうな人

(1) 会話文で、みなとさんは、「<u>この結果で比べても、ひなたさんがＭＶＰ候補という考え方もある</u>」と言っています。みなとさんの考え方はどのようなものですか。数と言葉で説明しましょう。式を使ってもかまいません。

(2) 会話文で、たろうさんが「<u>Ａチームが次の試合に勝てば、ＢチームとＣチームの試合の結果によっては、Ａチームだけが優勝できる</u>」と言っています。Ａチームだけが優勝できる条件はいくつかあります。【リーグ戦の対戦表】と【順位決定のルール】をもとに、Ａチームだけが優勝する条件を1つ書きましょう。また、そのときのＡチーム対Ｄチーム、Ｂチーム対Ｃチームの試合結果の得点例を書きましょう。

受検番号 [　　　　　　　　]

適性検査 I　解答用紙

2 (1)
8点

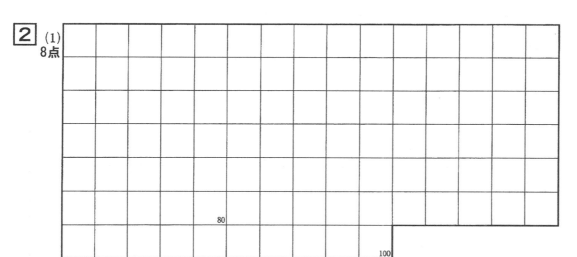

※左からつめて、横書きにすること。　　※数字も1字として数えること。

(2)
5点

番号 [　　　]

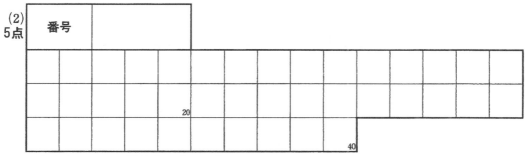

※左からつめて、横書きにすること。

(3)
7点

1950年と比べて、2010年は

※左からつめて、横書きにすること。　　※数字も1字として数えること。

受検番号 [   ]

適性検査Ⅰ　解答用紙

3 (1)
8点

ア		イ	

ウ	
	からね。

エ	
	と思うからだよ。

(2)
8点

番号	

オ	

30

50

というアイデア

カ	

25

40

というよさ

※左からつめて、横書きにすること。

【解答

受検番号 | |

適性検査Ⅱ　解答用紙

2 (1)
6点

みなとさん の考え方	

(2)
8点

条件	

試合結果 の 得点例	Aチーム　　　　　Dチーム （　　）対（　　）	Bチーム　　　　　Cチーム （　　）対（　　）

受検番号 ☐

適性検査Ⅱ　解答用紙

3 (1)
7点

作ることができる ピラミッド模型の 段 と 数	4段が（　　　　）つ　と　（　　　　）段が（　　　　）つ

(2)
7点

【解答

適性検査Ⅱ　解答用紙

4 (1)
5点

| ア | ℃ | のところに置いていた生地は、 |
| イ | | 。 |

このことから、イースト菌は

| ウ | |

ことが分かるね。

(2)
6点

番号	
温度	℃
理由	

受検番号

適性検査Ⅱ　解答用紙

1 (1)
5点

記号	
理由	

(2)
6点

番号	
変えたこと	
確かめられること	

かどうか。

【解答

受検番号

適性検査Ⅰ　解答用紙

1 (1)
8点

国名	
取り組み	
理由	

(2)
6点

国名	
伝える こと	

【リーグ戦の対戦表】

	対戦する相手				勝った数	引き分けた数	負けた数	得点の合計	失点の合計
	A	B	C	D					
Aチーム		△ 2対2	△ 3対3		0	2	0	5	5
Bチーム	△ 2対2			○ 6対4	1	1	0	8	6
Cチーム	△ 3対3			△ 4対4	0	2	0	7	7
Dチーム		× 4対6	△ 4対4		0	1	1	8	10

[対戦表の見方]

・○は勝ち、△は引き分け、×は負けを表しています。

・例えば、対戦表の □ は、BチームがDチームに6対4で勝ったことを
表しています。

【順位決定のルール】

① 試合で勝った数がいちばん多いチームを優勝とする。

② 試合で勝った数が同じ場合は、引き分けた数が多いチームを上の順位とする。

③ 引き分けた数も同じ場合は、(得点の合計)−(失点の合計)が大きいチームを
上の順位とする。

④ (得点の合計)−(失点の合計)も同じ場合は、同じ順位とする。

3 ひろしさんは、【ピラミッド模型の説明書】を見ながら、ピラミッド模型についてお父さんと話をしています。次の【ピラミッド模型の説明書】と 会話文1 を読んで(1)の問いに答え、 会話文2 を読んで(2)の問いに答えましょう。

【ピラミッド模型の説明書】

《入っているもの》
・直方体のブロック（3cm×3cm×2cm）200個 　※この向きになるように置きます。

《作り方》（3段の場合）

① いちばん下の段は、縦も横もブロックが3個ずつになるように並べます。（中にもブロックを入れます）

② 2段目は、縦も横もブロックが2個ずつになるように上にのせます。

③ いちばん上の段に、ブロックを1個のせます。

これで、3段のピラミッドの完成です。

※他にもいろいろな段のピラミッド模型を作ることができます。

①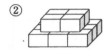

②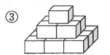

③

会話文1

お父さん：【ピラミッド模型の説明書】を見ると、いろいろな段のピラミッド模型を作ることができるみたいだよ。

ひろしさん：本当だね。200個のブロックを全部使って、4段以上のピラミッド模型をいくつか作ってみようかな。

お父さん：それは、おもしろそうだね。ピラミッド模型のいちばん下の段に使うブロックの数を手がかりにするといいね。

---

(1) 会話文1 の「200個のブロックを全部使って、4段以上のピラミッド模型」をいくつか作るために、ひろしさんはピラミッド模型のいちばん下の段に使うブロックの数を調べ、【表】にまとめました。あとの《条件》に合うようにピラミッド模型を作るとき、何段のピラミッド模型をそれぞれいくつ作ることができますか。考えられる段と数の組み合わせのうち、1つを解答用紙に合わせて書きましょう。

【表】

ピラミッド模型の段（段）	1	2	3	4	5	6	7
いちばん下の段に使うブロックの数（個）	1	4	9	16	25	36	49

《条件》

・200個のブロックを残らず全部使うこと。
・4段のピラミッド模型を1つ以上作り、残ったブロックを使って
　5段以上のピラミッド模型を作ること。
・同じ段のピラミッド模型をいくつ作ってもよい。

会話文2

ひろしさん：本物のピラミッドもピラミッド模型と同じ
　　　　　　ように作られているんだろうね。大きいだ
　　　　　　ろうな。

お父さん：エジプトにある世界一高いピラミッドは、
　　　　　高さが約140ｍで、正方形をした底面の
　　　　　1辺の長さ（【図】のＡ）は約210ｍもある
　　　　　みたいだよ。

【図】

ピラミッドの底面

ひろしさん：それはすごいね。そのピラミッドの底面（【図】）の広さは、ぼくの
　　　　　　小学校の校庭よりも広いのかな。

お父さん：どうだろうね。まず、ひろしの小学校の校庭の広さを調べて、比べ
　　　　　てみるといいね。

　　　　　‥‥‥‥‥‥‥‥‥‥‥‥‥‥（数日後）‥‥‥‥‥‥‥‥‥‥‥‥‥‥

ひろしさん：お父さん。調べてみたら、世界一高いピラミッドの底面の広さは、
　　　　　　ぼくの小学校の校庭より広いことが分かったよ。<u>ぼくの小学校の</u>
　　　　　　<u>校庭の約6つ分の広さもあるみたいだよ。</u>

(2)　会話文2　で、ひろしさんは、世界一高いピラミッドが「<u>ぼくの小学校の校庭</u>
<u>の約6つ分の広さもあるみたいだよ</u>」と言っています。世界一高いピラミッドの底
面の広さが、ひろしさんの小学校の校庭の約6つ分になることを、数と言葉で説明
しましょう。式や図を使ってもかまいません。

【ひろしさんの小学校の図】

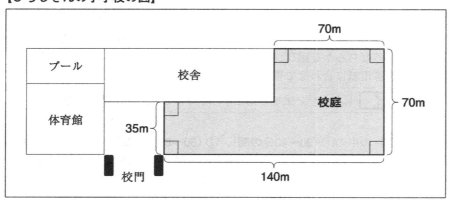

4 あすかさんは、家族でキャンプに行き、そこでパン作りにチャレンジしました。
そのときのことをお姉さんと話しています。次の会話文を読んで、(1)、(2)の問いに
答えましょう。

> あすかさん：パンを作るには、まず材料を混ぜ、こねてパン生地（きじ）を作るんだよね。
> それをしばらく置いておくと、材料の中のイースト菌（きん）のはたらきで
> パン生地がふくらむんだったね。でも、この前のキャンプのときは、
> いくら待ってもふくらまなかったね。なぜ、ふくらまなかったのかな。
>
> お　姉　さん：キャンプの日は気温が5℃で、寒かったことが原因じゃないかなと
> 思うよ。
>
> あすかさん：イースト菌のはたらきは、温度のちがいで変わるのかな。実験して
> みようよ。
>
> ‥‥‥‥‥‥‥‥‥‥‥‥‥‥（実験後）‥‥‥‥‥‥‥‥‥‥‥‥‥‥
>
> お　姉　さん：同じ量のパン生地をコップに入れ（【図】）、ふたをして、温度を5℃、
> 20℃、35℃、50℃に保った場所に置いていたら、【グラフ】のように
> パン生地の高さが変化したよ。
>
> 【図】　　　　　【グラフ】
>
>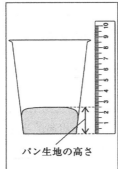
>
>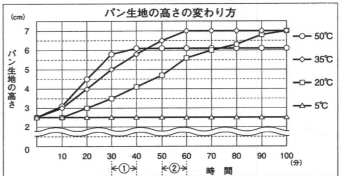
>
> お　姉　さん：35℃のところに置いていた生地は、最初から60分くらいまで高さが
> 高くなり続け、そのあとは、変わらなくなったね。このことから、
> イースト菌はしばらく活発にはたらき続けていたけど、と中から
> はたらかなかったことが分かるね。
>
> あすかさん：｜　なるほどね。　ア　のところに置いていた生地は、　イ　。
> このことから、イースト菌は　ウ　ことが分かるね。

(1) 会話文の □ で、あすかさんは【グラフ】から分かったことを言っています。
5℃、20℃のどちらかを選び、直前のお姉さんの言葉を参考にして《条件》に合う
ように、解答用紙に合わせて書きましょう。

《条件》　 イ には、パン生地の高さが、時間とともにどう変わったかを書くこと。

(2) 【グラフ】の中の①（30～40分の間）、②（50～60分の間）で、イースト菌が最も
活発にはたらいているのは、それぞれ何℃のところに置かれたものですか。①、②
のどちらかを選び、その番号と温度を書きましょう。また、そのように考えた理由
を説明しましょう。

(1) 「6年生のみんなに『秋祭り』のいいところを伝える発表」をするために、あなたならどのような発表原こうを考えますか。次の《条件1》に合うように書きましょう。

《条件1》
・6年生のみんなに伝えたいことを【資料1】の『秋祭り』の歴史と『秋祭り』の特色の両方から取り上げ、つながりをもたせて書くこと。
・伝えたいことについて「はく力」、「音色」、「はなやか」の言葉の中から1つ選び、その言葉を使って『秋祭り』のよさを書くこと。
・6年生のみんなに説明するように、ていねいな言葉づかいで書くこと。
・80〜100字で書くこと。

(2) 会話文で、館長さんは「みんなが『秋祭り』に興味をもってくれるように発表してね」と言っています。そこで、まりこさんは発表の中で動画を見せることにしました。あなたなら、次の①、②のどちらの動画を選びますか。その番号を書きましょう。また、選んだ理由を20〜40字で書きましょう。

```
①  担い手へのインタビュー
②  祭りの様子
```

(3) 会話文で、まりこさんは「今後の『秋祭り』にえいきょうがありそうですね。学校で6年生のみんなに私の考えを伝えたいと思います」と言っています。あなたなら『秋祭り』へのえいきょうをどのように考えて伝えますか。次の《条件2》に合うように書きましょう。

《条件2》
・「1950年と比べて、2010年は〜」という書き出しに続けて書くこと。
・【資料2】のグラフから分かる変化を取り上げ、今後の『秋祭り』にどのようにえいきょうするかを書くこと。
・6年生のみんなに説明するように、ていねいな言葉づかいで書くこと。
・50〜70字で書くこと。

3　たくやさんたち4人は、「くすのき商店街子どもフェスタ」というイベントに行く計画を立て、参加しました。次の【お知らせのチラシ】とあとの会話文を読んで、(1)、(2)の問いに答えましょう。

【お知らせのチラシ】

第2回　くすのき商店街子どもフェスタ　のお知らせ

○日時：令和2年2月2日(日)　午前10時～午後2時

○場所：くすのき商店街・中央公園

○参加費：無料
　　ただし、「お仕事体験」と「カレーコーナー」ではチケットが必要です。
　　参加者にはチケットを5枚配布します。

○チケット配布場所：公民館

○お仕事体験［午前10時から正午まで］

場所	内容	チケット	定員	持ち帰り
A	ペットショップ（動物のお世話）	1枚	制限なし	なし
B	花屋（花束作り）	2枚	先着40名	あり
C	本屋（ブックカバー作り）	1枚	先着40名	あり
D	カフェ（オリジナルドリンク作り）	2枚	先着40名	なし
E	印刷屋（オリジナル名刺作り）	2枚	制限なし	あり

○カレーコーナー［正午から］　　場所：中央公園　　チケット：2枚

○商店街子ども会議［午後1時から］　　場所：子どもフェスタ本部
　　来年の「くすのき商店街子どもフェスタ」をよりよくするためのアイデアを考えてみませんか。だれでも参加できますよ。

《くすのき商店街案内図》

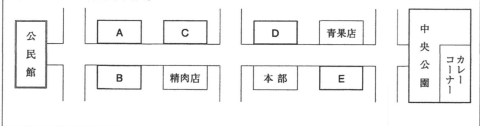

たくやさん：「子どもフェスタ」の参加者はチケットが5枚もらえて、それを使うんだね。せっかくだから、チケットを残らず全部使うように計画を立てたいな。

まなみさん：12時からのカレーコーナーには行きたいね。

あかりさん：お昼はみんなでカレーだね。持ち帰れるものも1つは作りたいし、むだに歩きたくないね。

まなみさん：待ち合わせは10時に公民館だったよね。去年行った友達に聞いたら、先着順になっている体験はあっという間に定員になったみたいよ。先着順のところは行くとしても1つにして、行く順番も考えた方がいいね。

たくやさん：そうだね。みんなの意見をうまく取り入れた計画にしたいね。

けんたさん：ぼくは ［ア］ に行ってから ［イ］ に行くという計画を考えてみたよ。そうすれば ［　　ウ　　］ からね。

たくやさん：なるほど。その組み合わせならいいね。どうしてその順番にしたの。

けんたさん：それは ［　　エ　　］ と思うからだよ。

たくやさん：そうか。よく考えられたいい計画だね。じゃあ、当日はその2つに行くことにしよう。お昼ごはんを食べたあとはどうしようか。

まなみさん：1時から「商店街子ども会議」があるんだって。来年の「子どもフェスタ」をよりよくするためのアイデアを出し合う会議みたいよ。

あかりさん：おもしろそうね。私（わたし）も何か考えてみたいな。

けんたさん：じゃあ、みんなで会議に参加してみよう。

(1) たくやさんは「みんなの意見をうまく取り入れた計画にしたい」と言っています。あなたならどのように計画しますか。次の《条件1》に合うように書きましょう。

《条件1》
・ ［ア］ 、 ［イ］ には、【お知らせのチラシ】のA～Eの中からそれぞれ1つずつ選び、その記号を書くこと。
・ ［ウ］ には、その2つの組み合わせにした理由を「～からね。」につながるようにくわしく書くこと。
・ ［エ］ には、順番を決めた理由を「～と思うからだよ。」につながるようにくわしく書くこと。

― 6 ―

(2) 4人が参加した「商店街子ども会議」では、来年の「くすのき商店街子どもフェスタ」を「子どもフェスタのねらい」にもっと近づけるための話し合いを行いました。そこで出た【参加者の意見】に対して、あなたならどのような【アイデア】を考えますか。【商店街子ども会議の資料】を読んで、あとの《条件2》に合うように書きましょう。

【商店街子ども会議の資料】

> ○子どもフェスタのねらい
> 「くすのき商店街子どもフェスタ」は、たくさんの子どもたちに商店街に来てほしいという思いから始まったイベントです。このイベントを通して、商店街のお店のよさについて知ってほしいです。また、働くことに興味をもち、将来に役立ててほしいと考えています。

【参加者の意見】

 ① お店の人がどのような思いで仕事をしているのかを知りたい

 ② ふだん、お店に行くだけでは分からないような仕事内容を知りたい

【アイデア】

①の意見に対する【アイデア】

> 私は ┃ オ ┃ というアイデアを考えました。そうすれば、お店の人がどのような思いで仕事をしているのかを知ることができるので、┃ カ ┃ というよさが生まれると考えました。

②の意見に対する【アイデア】

> 私は ┃ オ ┃ というアイデアを考えました。そうすれば、ふだん、お店に行くだけでは分からないような仕事内容を知ることができるので、┃ カ ┃ というよさが生まれると考えました。

《条件2》

・番号には、【参加者の意見】の①、②のどちらかを選び、その番号を書くこと。
・ ┃ オ ┃ には、選んだ意見に対して、イベントをよりよくするアイデアとその方法を、30～50字で「～というアイデア」につながるように書くこと。
・ ┃ カ ┃ には、そのアイデアからどのようなよさが生まれるかを、25～40字で「～というよさ」につながるように書くこと。

佐賀県立中学校
　佐賀県立致遠館中学校
　佐賀県立唐津東中学校
　佐賀県立香楠中学校
　佐賀県立武雄青陵中学校

平成31年度　適性検査Ⅰ　問題

(45分)

（注　意）

1　「はじめ」の合図があるまでは、開いてはいけません。

2　問題は全部で３題あり、６ページまでです。

3　「はじめ」の合図があったら、まず、２枚（まい）の解答用紙の３か所にそれぞれ受検番号を
　書きなさい。

4　答えは、すべて解答用紙に書きなさい。

5　印刷がはっきりしなくて読めないときや、体の具合（ぐあい）が悪くなったときなどは、だまっ
　て手をあげなさい。

6　検査中は、話しかけたり、わき見をしたり、音を立てたり、声を出して読んだりして
　はいけません。

7　「やめ」の合図で、すぐに鉛筆（えんぴつ）を置き、解答用紙を裏返（うらがえ）しにして机（つくえ）の上に置きなさい。

1 まさやさんとあきこさんは、委員会活動で給食のことについて全校児童に知ってもらうための取り組みを行うことになりました。次の 会話文 と【資料1】、【資料2】を読んで、あとの(1)〜(3)について考えましょう。

会話文

> まさやさん：昨日、ぼくたちの給食に関わる人にインタビューをしてきたよ。給食のこんだてを考える人や調理をする人の願い（【資料1】）がよく分かったから、全校のみんなにも知ってほしいな。
>
> あきこさん：私たちのことを考えて作ってもらっているのよね。みんなに知ってもらうだけではなくて、給食のこんだてを考える人や調理をする人の願いを実現するために、委員会活動でできることを考えましょう。
>
> まさやさん：そうだね。他にはどのような取り組みができるかな。
>
> あきこさん：私のおばあさんから、「子供のころ、給食の脱脂粉乳が飲みにくかった」という話を聞いたの。だから、学校給食の歴史（【資料2】）を調べて、学校給食の移り変わりについて*パネルにまとめて展示したいな。
>
> まさやさん：いい考えだね。ぼくは、来月の委員会だよりで、「給食のこんだてのよさを家庭でも生かしてみよう」と呼びかけようかな。

*脱脂粉乳：牛乳の乳脂肪分と水分を取り除いて粉末にしたもの。お湯でとかして飲む。
*パネル　：展示のために文章などを書いたうすい板。

【資料1】　給食のこんだてを考える人や調理をする人の願い

> ア　給食に使われている食べ物の栄養について興味をもってほしい。
> イ　給食を運んだり、つぎ分けたりするときは、衛生面に気をつけてほしい。

【資料2】　学校給食の歴史

年 （出来事）	1食分のこんだて例		
	主食	飲み物	おかず
1946 （関東地方で学校給食が開始される。）		脱脂粉乳	・トマトシチュー
1952 （学校給食が全国の小学校に拡大される。）	パン		・くじらあげ（くじらの肉をあげたもの） ・せん切りキャベツ
1964	↓	牛乳	・ソーセージあげ ・サラダ ・プリン
1976	パンまたはご飯	↓	・カレー ・野菜のごまあえ ・みかんゼリー

(1) 　会話文　で、あきこさんは「給食のこんだてを考える人や調理をする人の願い を実現するため」に全校児童に向けて委員会活動でできることを考えています。あ なたなら、どのような活動を考えますか。次の《条件１》に合うように書きましょう。

《条件１》
・【資料１】のアかイのどちらかを選び、その記号を書くこと。
・選んだ願いを実現するために、全校児童に向けて行う活動を具体的に書くこと。

(2) 　あきこさんは、【資料２】から分かった「学校給食の移り変わり」を３つ見つけ て、パネルに１枚ずつまとめました（【資料３】）。パネル１は「給食の拡大」につ いてまとめたものです。あなたなら、残りの２枚をどのようにまとめますか。あと の《条件２》に合うように書きましょう。

【資料３】

パネル１	パネル２	パネル３
［　給食の拡大　］ 関東地方から始まった給食が、1952年に全国の小学校に広がった。	［　見出し２　］ 本文２	［　見出し３　］ 本文３

《条件２》
・【資料２】から分かることを書くこと。
・パネル１を参考にして、パネル２、パネル３の見出しと本文をそれぞれ書くこと。
・見出しは、本文の内容に合わせて7字以内で書くこと。

(3) 　まさやさんは、昨日の給食のこんだて （【資料４】）をもとにして、「給食のこん だてのよさを家庭でも生かしてみよう」と 呼びかける記事を、委員会だより（【資料５】） に書くことにしました。あなたなら、どの ような記事を書きますか。次の《条件３》 に合うように書きましょう。

《条件３》
・【資料４】から分かる給食のこんだて のよさを１つ挙げて、それを生かした い理由が伝わるように書くこと。
・記事の終わりは「〜ましょう」や「〜 ませんか」のように呼びかける表現で 書くこと。
・45〜60字で書くこと。

【資料４】　昨日の給食のこんだて

・ご飯
・佐賀県産野菜のサラダ
・佐賀県産豚肉のしょうが焼き
・だごじる（大根、さといも、小麦粉 などを使った、佐賀県に伝わる料理）
・牛乳

【資料５】　委員会だより

委員会だより

給食のこんだてのよさを家庭でも生かしてみませんか

呼びかける記事

－ 2 －

② 　みさきさんの家に、アメリカからやってきた高校生のレイラさんがホームステイを
しています。みさきさんとお母さんは、レイラさんのためにできることについて話を
しています。次の会話文を読んで、あとの(1)～(3)について考えましょう。

> みさきさん：今度の節分にレイラさんと豆まきをした　　　　【絵】
> 　　　　　　いと思って【絵】を見せたら、レイラさ
> 　　　　　　んが「どうして【おに】さんは豆を投げ
> 　　　　　　られているの」って、びっくりしてい
> 　　　　　　たよ。
> お 母 さん：それなら、豆まきについて調べて、<u>おに</u>
> 　　　　　　<u>が豆を投げられている理由</u>を説明すると、
> 　　　　　　レイラさんにも分かると思うわ。
> みさきさん：そうね、調べてみるね。レイラさんは日本にとても興味があるんだ
> 　　　　　　よ。日本語の読み書きも、もっと上手（じょうず）になりたいと言っていたよ。
> お 母 さん：<u>外国のことを学ぶと、自分の国のことについてもよく分かるのよ。</u>
> みさきさん：そうなんだ。私（わたし）もいつか外国でホームステイをしたいから、レイラ
> 　　　　　　さんの話す英語をもっと分かるようになりたいな。
> お 母 さん：それなら、<u>レイラさんが生活の中で日本語の読み書きを学ぶことが</u>
> 　　　　　　<u>できて、あなたの英語の勉強にも役立つ方法</u>を考えてごらん。

(1)　みさきさんは、豆まきについて調べた【メモ】をもとに、「<u>おにが豆を投げられ</u>
<u>ている理由</u>」を豆まきにこめられた願いも加えて、【説明】することにしました。
あなたなら、どのような内容を伝えますか。あとの《条件１》に合うように書きま
しょう。

【メモ】

> ・豆には、悪いものを追い出す力があると考えられていた。
> ・豆まきのあとに、自分の年の数の豆を食べる。
> ・病気のようなよくないことは、おにが引きおこすものだと考えられていた。
> ・豆まきのかけ声は、「おには外、福は内」。

【説明】

> おにが豆を投げられている理由は、　　　　　　　あ　　　　　　　。
> つまり、豆まきには　　　　い　　　　という願いがこめられています。

《条件１》
・【メモ】の中から必要な情報を選び、選んだ情報をもとに考えること。
・　　　　あ　　　　には、おにが豆を投げられている理由を書くこと。
・　　　　い　　　　には、豆まきにこめられた願いを、「～という願い」につな
がっていくように書くこと。

平成31年度　適性検査Ⅱ　問題

(45分)

1 　冬のある日に、なおみさんとお母さんはアイスクリームを買って帰りました。次の 会話文1 ～ 会話文3 を読んで、あとの(1)、(2)について考えましょう。

会話文1

> なおみさん：家に着くまでに、アイスクリームがとけないか心配だな。
> お 母 さん：それなら、毛糸のマフラーで包んでおくといいよ。
> なおみさん：マフラーで包んだら、逆にアイスクリームが早くとけそう。
> お 母 さん：そんなことないよ。家に帰ってから実験で確かめてごらん。
> なおみさん：分かった。アイスクリームの代わりに氷を使って確かめてみるね。

会話文2

> なおみさん：このような【実験の計画】を立てたんだけど、どうかな。
>
> 　　【実験の計画】
>
> 　　　　準備するもの：氷2個、毛糸のマフラー、ストップウォッチ、はかり
> 　　　　手順1：部屋のエアコンの温度を20℃に設定する。
> 　　　　手順2：1個の氷は毛糸のマフラーで包み、もう1個の氷はそのままテーブルの上に置く（【図】）。
> 　　　　手順3：30分後に、とけ残った氷の重さを比べる。
>
> 　　　　【図】
>
>
>
> お 母 さん：実験は、すばやくしないといけないね。それに、3回ぐらい同じ実験をくり返すといいよ。他にも、正確な実験にするために気をつけないといけないことがあるから、考えてごらん。

会話文3

> お 母 さん：実験の結果はどうだった。
> なおみさん：毛糸のマフラーで包んだ氷の方が重かったよ。お母さんの言うとおり、マフラーで包んだ方がとけにくかったね。
> お 母 さん：氷に熱が伝わると、氷が温まってとけてしまうの。氷をマフラーで包むと、毛糸のすき間に空気があることで、氷に熱が伝わりにくくなるから、氷がとけにくくなるのよ。マフラーの代わりに新聞紙を使って、アイスクリームをとけにくくすることもできるのよ。

(1) 　 会話文２ 　で、お母さんは「他にも、正確な実験にするために気をつけないと いけないことがある」と言っています。気をつけることを具体的に書きましょう。 また、その理由を書きましょう。

(2) 　 会話文３ 　で、お母さんは「新聞紙を使って、アイスクリームをとけにくくす ることもできる」と言っています。アイスクリームをとけにくくするために、あな たなら新聞紙を使ったどのような方法を考えますか。 　 会話文３ 　の内容をもとに 考え、具体的な方法を書きましょう。また、その方法でアイスクリームがとけにく くなる理由を書きましょう。

2 　次の土曜日に、たろうさんとお父さんは、B駅前で行われるお祭りのパレードを見に行くことにしました。次の 会話文１ と 会話文２ を読んで、あとの(1)、(2)について考えましょう。

会話文１

> たろうさん：家からバス停までは自転車で行くから、自転車の点検をしたよ。自転車には【歯車】がついているんだね（【図】）。
>
> お 父 さん：そうだよ。ペダルを前にこいで【前の歯車】が回転すると、チェーンでつながっている【後ろの歯車】が回転して、後ろのタイヤも回転するんだよ。
>
> たろうさん：なるほど。よく見ると、【前の歯車】の歯の数は25枚、【後ろの歯車】の歯の数は10枚あるね。
>
> お 父 さん：歯車の歯の数が前後でちがうと、どうなるのか考えてごらん。
>
> たろうさん：歯車の歯の数が前後でちがうと、ペダルをこぐ回数と後ろのタイヤの回転数にちがいが出てくるよね。つまり、ぼくの自転車だと 　　　　　　　　 。

【注意】ペダルを１回こぐと、【前の歯車】は１回転することとします。また、【後ろの歯車】が１回転すると、後ろのタイヤも１回転することとします。

【歯車】

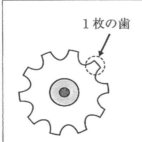
１枚の歯

【図】

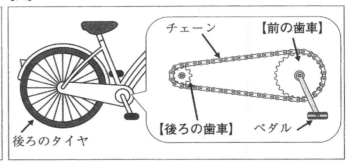
チェーン　【前の歯車】
【後ろの歯車】　ペダル
後ろのタイヤ

会話文２

> お 父 さん：バス停からA駅まではバスで、A駅からB駅までは電車で行くよ。
>
> たろうさん：お祭りのパレードは19時30分に始まるから、18時から19時の間にB駅にとう着したいね。
>
> お 父 さん：【バス停からB駅までの道のり】と【乗り物に関するメモ】を作ったから、お祭りのパレードに間に合うような計画を立ててごらん。
>
> たろうさん：分かったよ。バスでA駅にとう着してから電車で出発するまで、30分以上待たなくて済むように考えてみるね。

受検番号 □□

適性検査Ⅰ　解答用紙

7点

2 (1)

あ	
い	という願い

3点

(2)

6点

(3)

方法	
説明	

受検番号 [ ]

適性検査Ⅰ　解答用紙

8点

3 (1)

① [ ]

② [　　　　　　　　　　　　　　　　　　　　　　ということだよ。]

8点

(2)

発表の方法	
説明	

受検番号

適性検査Ⅱ　解答用紙

6点

2 (1)

番号		言葉	
理由			

6点

(2)

バスの時刻	時　　　　分	電車の時刻	時　　　　分

受検番号	

適性検査Ⅱ　解答用紙

6点

③ (1)

8点

(2)

①

②

【「ふみや」の表し方】

行の
表し方

1	2
4	3

1	2
4	3

1	2
4	3

段の
表し方

1	2
4	3

1	2
4	3

1	2
4	3

「ふ」　　　「み」　　　「や」

【解

受検番号

適性検査Ⅱ　解答用紙

7点

4 (1)

実験の説明	
結果	

5点

(2)

番号	
ア	
イ	

受検番号

※**50点満点（香楠中学校）**
致遠館中学校は40点満点，唐津東中学校と武雄青陵中学校
は60点満点に換算する。

適性検査Ⅱ　解答用紙

5点

1	(1)	気をつけること	
		理由	

7点

(2)	方法	
	理由	

【解

受検番号 [　　　　　]

※50点満点（香楠中学校）
致遠館中学校は40点満点，唐津東中学校と武雄青陵中学校
は60点満点に換算する。

適性検査Ⅰ　解答用紙

4点

1 (1)

記号	
活動	

6点

(2)

見出し2							
本文2							
見出し3							
本文3							

8点

(3)

（45）

（60）

＊左からつめて、横書きにすること。

【解

【バス停からB駅までの道のり】

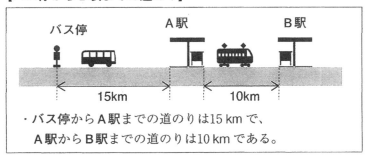

・バス停からA駅までの道のりは15 kmで、
　A駅からB駅までの道のりは10 kmである。

【乗り物に関するメモ】

・バス停からA駅に行くバスは、朝の6時10分から30分おきにバス停を発車し、
　23時10分に最後のバスが発車する。
　バスの速さは時速45 kmである。
・A駅からB駅に行く電車は、朝の6時5分から20分おきにA駅を発車し、
　23時5分に最後の電車が発車する。
　電車の速さは時速60 kmである。
・A駅では、バスを降りてから電車に乗るための移動に3分かかる。

(1) 　会話文1　の □□□□ には、たろうさんが「ペダルをこぐ回数と後ろのタイヤの回転数にちがいが出てくる」と気づいて考えたことが入ります。□□□□ に入る文を次の①、②のどちらかを選び、その番号を書きましょう。そして、選んだ文の（　　　）に入る言葉が、「多くなる」と「少なくなる」のどちらなのかを書きましょう。また、その理由を、あとの[注意すること]に合うように書きましょう。

　　① ペダルをこぐ回数と比べて、後ろのタイヤの回転数が（　　　　　）よね
　　② 後ろのタイヤの回転数と比べて、ペダルをこぐ回数が（　　　　　）よね

[注意すること]
　・【前の歯車】の歯の数と【後ろの歯車】の歯の数を比べた割合を用いること。

(2) 　会話文2　で、たろうさんは「18時から19時の間にB駅にとう着したい」と言っています。そのためには、バス停とA駅をそれぞれ何時何分に発車するバスと電車に乗ればよいでしょうか。　会話文2　と【バス停からB駅までの道のり】と【乗り物に関するメモ】をもとに考えて書きましょう。

3 　ふみやさんは、パンフレットなどについている2次元コードについて、お母さんと話をしています。次の 会話文1 と 会話文2 を読んで、あとの(1)、(2)について考えましょう。

会話文1

お母さん：【2次元コード】には、方眼を白と黒にぬり分　　【2次元コード】
　　　　　けた模様の中に情報が入れてあるのよ。
ふみやさん：携帯電話などの機械で情報を読み取るんだよね。
　　　　　ななめにしても読み取れるのかな。
お母さん：だいじょうぶよ。【2次元コード】の3つの角
　　　　　に【図1】のような目印があって、【図1】のアとイの長さの比は
　　　　　1：3になっているのよ。【図2】のようにななめになっても、A
　　　　　とBの長さの比は1：3になるから、機械は、これが目印だと分か
　　　　　るのよ。
ふみやさん：そうか、AとBの長さを測らなくても分かるね。　　　　　　　　。

【図1】　　　　　　【図2】

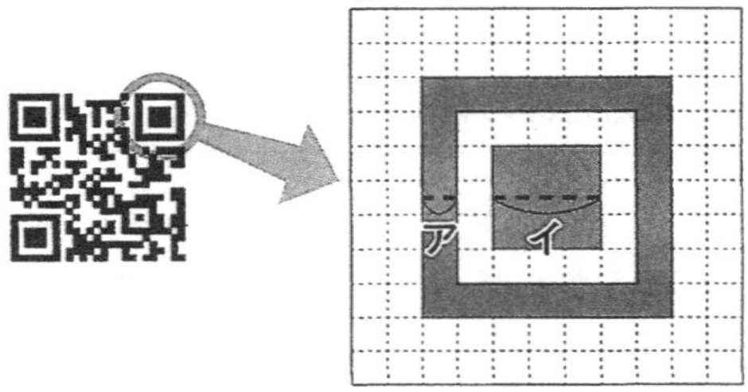

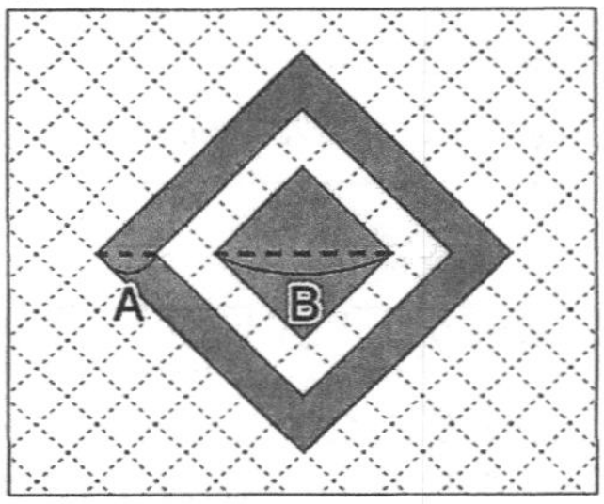

【注意】【図1】と【図2】の方眼の1目は、どちらも同じ長さです。

会話文2

ふみやさん：情報は【2次元コード】の目印以外の部分に入れてあるんだね。
お母さん：機械が読み取れるように文字を模様にしてあるのよ。お母さんも、
　　　　　【図3】のように4マスの正方形を使って、五十音の「あ行」から
　　　　　「な行」までのひらがなの表し方を考えてつくってみたわ。ローマ
　　　　　字のように、「行」と「段」を組み合わせて表すのよ。
ふみやさん：お母さんの表し方には、きまりがあるみたいだね。それなら、ぼくの
　　　　　名前を表せるように、「は行」、「ま行」、「や行」の行の表し方のきまり
　　　　　を、お母さんの表し方を参考にして自分で考えてつくってみるよ。

【図3】

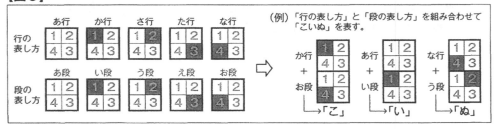

(1)　会話文1　の ［　　　　　］ には、【図2】のAとBの長さの比が1：3である説明が入ります。あなたなら、「長さを測って比を計算する」以外の方法で、どのように説明しますか。その説明を書きましょう。必要があれば、図を使って説明してもかまいません。

(2)　会話文2　で、ふみやさんは「は行」、「ま行」、「や行」の「行の表し方のきまりを、お母さんの表し方を参考にして」自分で考えてつくることにしました。あなたなら、「ふみや」をどのように表しますか。次の《条件》に合うように、あとの①、②を考えましょう。

《条件》

- 「は行」、「ま行」、「や行」の行の表し方は、4マスのうち、2マスを黒くぬりつぶす。
- 段の表し方は、【図3】を使う。

① 「は行」、「ま行」、「や行」の行の表し方の説明を、きまりが分かるように書きましょう。
② ①で考えた「は行」、「ま行」、「や行」の行の表し方に従って、解答用紙の【「ふみや」の表し方】にかきましょう。

【「ふみや」の表し方】

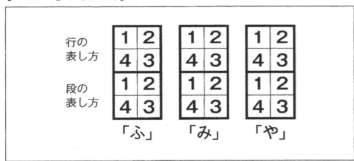

— 6 —

4 ひろしさんは、木から落ちる葉っぱと木の実を見て、お父さんと話をしています。次の会話文を読んで、あとの(1)、(2)について考えましょう。

> ひろしさん：木の実よりも葉っぱの方が軽いから、落ちる速さがおそいのかな。
> お 父 さ ん：重さで落ちる速さがちがうわけではないんだ。【実験】で確かめよう。
>
> > **【実験】**
> >
> > **準備するもの　ティッシュペーパー（【図1】）**
> > **手順**　1枚のティッシュペーパーを広げた　**【図1】**
> > 　　　　ものと丸めたものを、1mの高さ
> > 　　　　から同時にゆかに落とす。
> > **[結果]**
> > 広げたティッシュペーパーは、丸めたティッ
> > シュペーパーよりもおくれてゆかに着いた。
> >
> >
>
> ひろしさん：本当だ。ティッシュペーパーを広げた方が落ちる速さはおそかったよ。
> お 父 さ ん：ティッシュペーパーを広げると、空気からの力を受けやすくなるんだよ。プールの中を歩くと、<u>水から受ける力</u>で動きをじゃまされるように、空気からも動きをじゃまされるような力を受けるんだよ。

(1) ひろしさんは、【実験】の[結果]から次の【予想】を立てました。あなたなら、この【予想】を確かめるためにどのような実験を考えますか。その実験の説明を、使うものや手順が分かるように書きましょう。また、あなたの考えた実験の結果がどうなるかを書きましょう。ただし、「広げた紙と丸めた紙を同時に落とす」以外の実験を考えましょう。

【予想】　空気を受ける面積が広いほど、空気から受ける力は大きくなる。

(2) ひろしさんは、平泳ぎをするときの手が「<u>水から受ける力</u>」についてまとめました。次の【資料】はその一部です。あなたなら、どのようにまとめますか。【資料】の①、②のどちらかを選び、その番号を書きましょう。そして、　**ア**　には「大きく」と「小さく」のどちらかを書きましょう。また、　**イ**　には、その理由を書きましょう。

【資料】

> ①　うでをのばすとき、手の形を【図2】の　**【図2】**
> 　　ＡにするよりもＢにした方が、手が水から
> 　　受ける力は　　**ア**　　なります。それは
> 　　　　**イ**　　からです。そのため、前に
> 　　進みやすくなります。
>
>
>
> ②　水をかき分けるとき、手の形を【図3】　**【図3】**
> 　　のＡにするよりもＢにした方が、手が水か
> 　　ら受ける力は　　**ア**　　なります。それ
> 　　は　　**イ**　　からです。そのため、前
> 　　に進みやすくなります。
>
>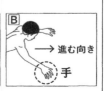

(2)　会話文で、お母さんは「外国のことを学ぶと、自分の国のことについてもよく分かる」と言っています。あなたなら、外国のことを学ぶと自分の国のことについてもよく分かる理由をどのように考えますか。あなたが考えた理由を書きましょう。

(3)　会話文で、お母さんは「レイラさんが生活の中で日本語の読み書きを学ぶことができて、あなたの英語の勉強にも役立つ方法」を考えるように言っています。あなたなら、どのような方法を考えますか。次の《条件2》に合うように書きましょう。

　《条件2》
　　・みさきさんとレイラさんが、交流しながらおたがいの国の言葉を学び合う方法を1つ書くこと。
　　・あなたが考えた方法が、みさきさんとレイラさんにとって、それぞれどのように役立つのかを具体的に説明すること。

3 なるみさんとたけしさんは、ことわざについて調べてまとめた【表】をもとに、学習発表会で全校児童に発表をすることになりました。次の【表】と 会話文 を読んで、あとの(1)、(2)について考えましょう。

【表】

記号	こ と わ ざ	意　　　味
ア	三人寄ればもんじゅの知恵	１人では難しいことも、みんなで集まって考えるとよい考えが出るということ。
イ	備えあればうれいなし	ふだんから準備をしておけば、いざというときでも心配がないということ。
ウ	石の上にも三年	がまん強く続けていれば、いつか必ず成功するということ。

会話文

　なるみさん：私は、【表】のことわざから１つ選んで、そのことわざと同じような意味の言葉を考えてきたよ。「アリの角砂糖運び」という言葉なの。この言葉に合うようにかいた【イラスト】を使って、発表をしようと思っているわ。

　たけしさん：おもしろいね。この言葉は、【表】のどのことわざと同じような意味なのかな。

　なるみさん：　①　と同じような意味だよ。この【イラスト】で説明したいのは、　②　ということだよ。

　たけしさん：なるほど、よく分かったよ。ぼくが考えてきたのは、ことわざを知らない１年生や２年生にもことわざの意味が分かるような発表だよ。

【イラスト】

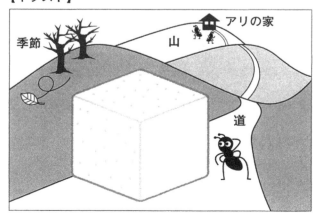

(1) 　会話文　の　①　と　②　で、なるみさんは、自分で考えた「アリ
の角砂糖運び」という言葉の説明をしています。あなたなら、どのような説明をし
ますか。次の《条件１》に合うように書きましょう。

《条件１》
　・　①　には、あなたが「アリの角砂糖運び」と同じような意味だと考えるこ
　　とわざを、【表】のア～ウから１つ選び、選んだ記号を書くこと。
　・　②　には、【イラスト】の中にある「アリの家」、「山」、「道」、「季節」
　　の４つの言葉の中から２つを使って、選んだことわざの意味と合うように説明
　　を書くこと。
　・　②　は、「～ということだよ」につながっていくように書くこと。

(2) 　会話文　で、たけしさんは「ことわざを知らない１年生や２年生にもことわざ
の意味が分かるような発表」を考えてきたと言っています。あなたなら、どのよう
な発表を考えますか。次の《条件２》に合うように書きましょう。

《条件２》
　・なるみさんが考えた方法とは別の方法を考えて書くこと。
　・あなたが考えた発表の方法によって、ことわざを知らない１年生や２年生にも
　　ことわざの意味が分かるようになる理由を入れて説明を書くこと。

K 教英出版

佐賀県立中学校
　佐賀県立致遠館中学校
　佐賀県立唐津東中学校
　佐賀県立香楠中学校
　佐賀県立武雄青陵中学校

平成30年度　適性検査Ⅰ　問題

（45分）

（注　意）

1　「はじめ」の合図があるまでは、開いてはいけません。

2　問題は全部で３題あり、６ページまでです。

3　「はじめ」の合図があったら、まず、２枚の解答用紙の３か所にそれぞれ受検番号を
　書きなさい。

4　答えは、すべて解答用紙に書きなさい。

5　印刷がはっきりしなくて読めないときや、気分が悪くなったときなどは、だまって手
　をあげなさい。

6　検査中は、話しかけたり、わき見をしたり、音を立てたり、声を出して読んだりして
　はいけません。

7　「やめ」の合図で、すぐに鉛筆を置き、解答用紙を裏返しにして机の上に置きなさい。

1 まみさんは、図書室でおもしろい絵や写真（【資料１】）がのっている本を見つけました。まみさんとおさむさんは、その本を見ながら話をしています。下の │会話文│ を読んで、あとの(1)〜(3)について考えましょう。

【資料１】

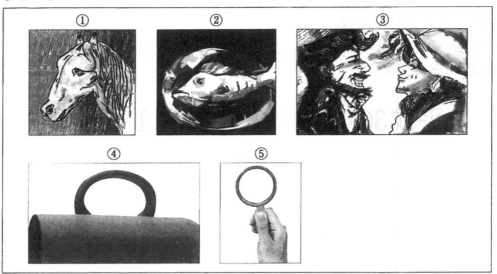

│会話文│

まみ さん：①は何の絵かわかるかな。

おさむさん：①の絵は馬の絵に見えるけど、絵を時計の針が回る向きに90°回転
　　　　　　すると、カエルの絵に見えるね。この絵は２通りの見方ができるん
　　　　　　だね。

まみ さん：②と③の絵も、２通りの見方ができるよ。

おさむさん：分かった。│ ア │は│ イ │。

まみ さん：④と⑤は何の写真か分かるかな。

おさむさん：④はバッグで、⑤は虫めがねだと思う。

まみ さん：実はどちらの写真もコップなのよ。

おさむさん：本当だ。同じ１枚の絵や写真でも、視点を変えるとちがって見える
　　　　　　からおもしろいね。

まみ さん：そうなのよ。わたしはこの本から、視点を変えると気づかなかった
　　　　　　ことが見えてくるということを教えられたわ。

おさむさん：なるほど。そういえば、ぼくが「せっかちで何事も早く終えないと
　　　　　　気がすまないところを直したい。」って言ったら、友達から「時間
　　　　　　を大切にできるということだよ。だから、学級の話し合いで、意見
　　　　　　が分かれて時間がかかっているときも、おさむさんがいるとすばや
　　　　　　く要点を整理してくれるから、短い時間でまとまりやすくなってい
　　　　　　ると思うよ。」って、ぼくの良さを教えてもらえてうれしかったな。
　　　　　　視点を変えることで、友達の良さを見つけることもできるんだね。

(1) 　会話文 で、おさむさんは、【資料１】の②か③のどちらかの絵について「２通りの見方ができる」ことを、「　ア　は　イ　」と説明しています。あなたなら②と③のどちらについて説明しますか。　ア　には、【資料１】の②か③のどちらかを選び、選んだ番号を書きましょう。また、　イ　には、　ア　で選んだ絵がどのような絵に見えるのか、その説明を会話文を参考にして解答らんに合うように書きましょう。

(2) 　会話文 で、まみさんは「実はどちらの写真もコップ」だと言っています。一つのコップが、バッグや虫めがねに見えるのは、コップをどのように写した写真だからでしょうか。その説明を書きましょう。

(3) 次の【資料２】は、まみさんの友達の、ゆうこさん、ひろとさん、かずこさんが、それぞれ直したいと思っている自分の性格です。それらは、　会話文 にあるように「視点を変えること」で良さとしてみることができます。３人の中から１人を選んでその名前を書き、その人の良さとして教えるために話す言葉を、あとの《条件》に合わせて書きましょう。ただし、解答するときは、あとの〔注意すること〕に従（したが）いましょう。

【資料２】

> ゆうこさん
> 　・小さなことにこだわったり気になったりする性格だから、
> 　　１つのことをやりとげるのに時間がかかる。
>
> ひろとさん
> 　・がんこで、言い出すと聞かない性格だから、
> 　　自分が一度やると決めたことを変えることができない。
>
> かずこさん
> 　・はずかしがり屋でおとなしい性格だから、
> 　　自分の意見を話すことが苦手で、相手の話を聞いていることの方が多い。

《条件》
　・視点を変えることで、直したいところがどのような良さになるか書くこと。
　　また、その良さを学校生活のどのような場面でどのように生かせるのか、具体的に書くこと。
　・80字～100字で、話すように書くこと。

〔注意すること〕
　・左からつめて、横書きにすること。

2 　たみこさんは、総合的な学習の時間に「かささぎ町を元気にする取り組み」を調べることになりました。そこで、その取り組みをしている江口さんにインタビューをすることになりました。次の会話文を読んで、あとの(1)～(3)について考えましょう。

> たみこさん：江口さんはどのような取り組みをされているのですか。
> 江 口 さん：空き家を改装して「かささぎ*カフェ」を作る計画を立てています。
> 　　　　　　このカフェでは、定年退職後に仕事をしていない60才以上の方に店員をお願いする予定です。２つの資料（【資料１】、【資料２】）から、かささぎ町では □□□□□□□□□□□ ことが分かります。そこで、このような取り組みが必要だと考えたのです。
> たみこさん：「かささぎカフェ」は、町民のための取り組みなんですね。
> 江 口 さん：はい。年れいや障がいにかかわらず、だれもが利用できるように改装したいと考えています。また、軽い食事をするだけでなく、町民の思いを実現させる活動ができるように、町民の交流のための部屋を作りたいと考え、町民の方にアンケートをとりました（【資料３】）。たみこさんも「かささぎカフェ」活用のアイデアを出してみませんか。

*改装　……建物の屋根やかべ、部屋の内部を作りかえること。
*カフェ……コーヒーを飲んだり、サンドイッチなどの軽い食事ができたりする店。

【資料１】　かささぎ町の年代別人口(平成27年)　【資料２】　空き家の割合

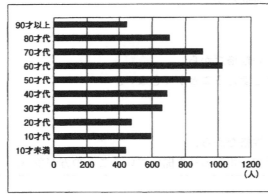

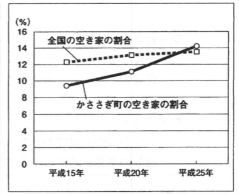

(全国の空き家の割合は、総務省統計局の調査による)

【資料３】　町民の思い

小学生	・行事や遊びを楽しみたい。 ・大人の役に立つことをしたい。
地域の人	・地域の伝統行事の準備や受けつぐ機会がほしい。 ・地域の人たちどうしのつながりをもてる場所がほしい。
お年寄り	・人との関わりをもちたい。 ・だれかの役に立ちたい。

平成30年度　適性検査Ⅱ　問題

（45分）

1 　夏のある日、めいさんは、お兄さんといっしょにウキクサと水草をとりに行き、メダカを飼っている水そうに入れました。10日後、その水そうをながめながら、お兄さんと話をしています。

　次の会話文を読んで、あとの(1)、(2)について考えましょう。

めいさん：水面にういているウキクサ（【図1】）は、どういうしくみでういているのかな。それに、ひっくり返ったウキクサは1株もないよ。

お兄さん：ウキクサがういているのは、葉のようなものの中に空気が入っていて、うきわのような役割をしているからなんだよ。

めいさん：それなら、ひっくり返らないのは、根のおかげかな。それにしても、ウキクサがたくさんふえたね。

お兄さん：水の中の水草（【図2】）もだいぶのびてきたよ。

めいさん：水草の成長にも、他の植物と同じように「温度」、「日光」、「肥料」のような条件が関係しているのかな。これら3つの条件を変えて確かめてみよう。次の【表】のようにコップA〜Dを準備すればいいかな。

【図1】　1株のウキクサ

葉のようなもの

根

【図2】　水草

【表】

コップ	A	B	C	D
水の温度（℃）	30	25	25	30
日光	あり	なし	あり	なし
肥料	あり	あり	あり	なし

お兄さん：コップAとコップCを比べると「水の温度」と成長との関係について、コップBとコップCを比べると「日光」と成長との関係について調べることができるね。だけど、コップDが今のままでは「肥料」と成長との関係について調べることができないね。3つの条件と成長との関係をすべて調べるためには、コップDの条件を変えて「肥料」と成長との関係を調べる必要があるよね。

めいさん：分かった、考えてみるね。

(1) めいさんは、「ひっくり返らないのは、根のおかげ」であることを確かめるために、次の [実験] を行いました。[実験] の【結果】から分かることを書きましょう。また、ウキクサがひっくり返らないことから、根はどのような役割をしていると考えられますか。考えられることを書きましょう。

[実験]

手順1	ウキクサを20株準備し、そのうち10株の根をすべて取り除く。
手順2	根があるウキクサと根を取り除いたウキクサを、それぞれ1株ずつ裏返し（【図3】）にして水面にうかべる。
手順3	5秒後に、おもてが上になっているかどうか調べる。
手順4	手順2、3を他のウキクサを使って、計10回行う。

【図3】 裏返しにしたウキクサ
根があるウキクサ

根を取り除いたウキクサ

【結果】

回数	1回	2回	3回	4回	5回	6回	7回	8回	9回	10回
根があるウキクサ	○	○	○	○	○	○	○	×	○	○
根を取り除いたウキクサ	×	×	×	○	×	×	○	×	×	×

※5秒後におもてが上になっている場合を○、裏返しのままになっている場合を×で表している。

(2) 会話文で、お兄さんは「3つの条件と成長との関係をすべて調べるためには、コップDの条件を変えて「肥料」と成長との関係を調べる必要があるよね」と言っています。コップDと比べるコップをコップA〜Cから選んで、その記号を書きましょう。また、コップDの条件をどのようにするかを書きましょう。

2 　はなこさんは、家族のために料理をつくろうと考えました。そこで、お母さんと料理について話をしています。
　　次の 会話文１ と 会話文２ を読んで、あとの(1)、(2)について考えましょう。

会話文１

はなこさん：お母さんが大好きなカレーライスをつくるよ。

お母さん　：でも、食べ過ぎに気をつけないとね。カロリーという言葉を知っているかな。

はなこさん：食品に表示してあるよね。この前お店で買ったチョコレートには、571 kcal（キロカロリー）と表示されていたわ（【図】）。あれは何を表すのかな。

【図】
栄養成分表示（100 g 当り）

エネルギー	571 kcal
たんぱく質	8.8 g
脂　　質	36.2 g
炭水化物	52.5 g
ナトリウム	63 mg

お母さん　：食品にふくまれる、体を動かすためなどのエネルギーの量を表すのよ。お母さんだったら、1日あたり2000キロカロリーぐらいが適当だから、カレーライス1食あたりのエネルギーは、660〜700キロカロリーにしてほしいな。

はなこさん：それなら、材料にふくまれるエネルギー（【資料】）を考えて、カレーライスをつくってみるね。

【資料】

材料		1食あたりの分量（g）	100 g あたりのエネルギー（キロカロリー）
ごはん		210〜250	170
肉（牛もも肉）		30〜 50	240
カレールー（その他サラダ油等をふくむ）		20	560
野菜	たまねぎ	60	40
	にんじん	40	40
	じゃがいも	60	80

会話文２

はなこさん：カレーライスができたよ。次は、どんな料理をつくろうかな。

お母さん　：不足しがちなビタミンCを多くとり入れた料理をつくったらどうかしら。

はなこさん：それなら、キャベツやレタスを使ってサラダをつくるよ。

お母さん　：サラダに使うソースは、ビタミンCがたくさんふくまれているレモンの果汁を入れてつくるといいわ。しょうゆ50 mLに対してレモンの果汁を30 mL入れてつくってね。ここに、しょうゆが150 mLとレモンの果汁が100 mLあるから使ってね。

受検番号	

適性検査Ⅰ　解答用紙

2 (1)
4点

かささぎ町では

ことが分かります。

(2)
6点

「どこ」	
「どのように」	
理由	

(3)
6点

	番号	
計画	交流する人	と
	説明	

受検番号

適性検査Ⅰ　解答用紙

3 (1)
4点

(2)
7点

50   60

(3)
6点

【解答

受検番号	

適性検査Ⅱ　解答用紙

2 (1)
7点

分量	ごはん		g
	肉		g
カレーライス 1食あたりのエネルギー			キロカロリー

(2)
5点

加える しょうゆの量	mL
加える レモンの果汁の量	mL

受検番号

適性検査Ⅱ　解答用紙

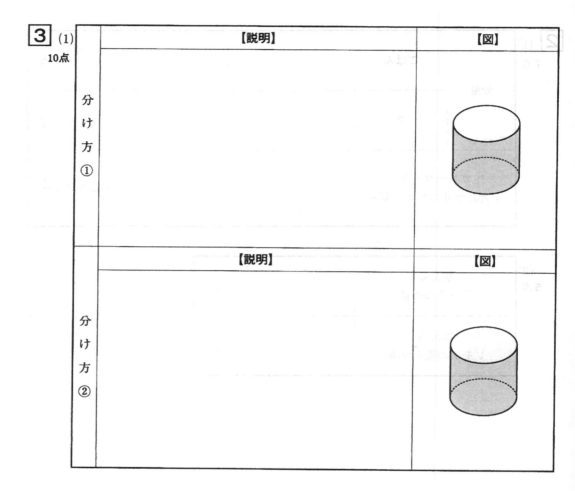

③ (1)
10点

| 分け方① | 【説明】 | 【図】 |
| 分け方② | 【説明】 | 【図】 |

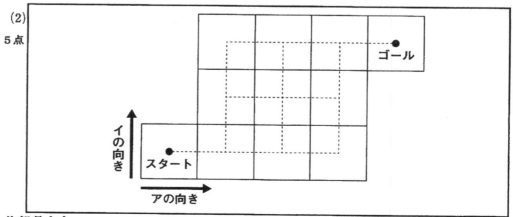

(2)
5点

スタート
ゴール
イの向き
アの向き

【解答】

受検番号	

適性検査Ⅱ　解答用紙

4 (1)
6点

ア	番号		月	
イ				

(2)
7点

夏休みか冬休みのどちらか	
日の出の見える窓	
理由	

適性検査Ⅱ　解答用紙

1 (1)
8点

【結果】から分かること	
根の役割として考えられること	

(2)
2点

比べるコップ	コップ（　　　）	
コップDの条件	水の温度（℃）	
	日光	
	肥料	

【解答用

受検番号	

※50点満点（香楠中学校）
致遠館中学校は40点満点，唐津東中学校と武雄青陵中学校は60点満点に換算する。

適性検査Ⅰ　解答用紙

1 (1) 5点

ア

イ

に見えるけど、

すると、

に見えるね

(2) 4点

④は

⑤は

(3) 8点

選んだ人の名前　　　　　　　　　　さん

80

100

(1)　　会話文1　で、はなこさんはカレーライスをつくるとき、カレールーと野菜の
分量は変えずに、ごはんと肉の分量でエネルギーを調節することにしました。次の
《条件》に合うようにごはんと肉の分量を書きましょう。また、そのときにできる
カレーライス1食あたりのエネルギーが何キロカロリーになるかを書きましょう。
なお、カレーライス1食あたりのカレールーと野菜のエネルギーの量を計算すると、
合わせて200キロカロリーになります。

《条件》

・カレーライス1食あたりのエネルギーが660キロカロリー以上700キロカロ
　リー以下になるように、ごはんと肉の分量を決める。
・カレーライス1食あたりの材料の分量は、【資料】をもとにする。
・1食あたりのごはんの分量は、210ｇ、230ｇ、250ｇの中から選ぶ。
・1食あたりの肉の分量は、30ｇ、40ｇ、50ｇの中から選ぶ。

(2)　はなこさんは、サラダに使うソースをつくりましたが、「しょうゆ50 mL に対し
てレモンの果汁を30 mL」入れるところを、「しょうゆ30 mL にレモンの果汁を
50 mL」入れてしまいました。「しょうゆ50 mL に対してレモンの果汁30 mL」の割
合にするには、しょうゆとレモンの果汁をそれぞれあと何 mL 加えるとよいかを書
きましょう。

3 お母さんが、立方体の箱に入ったケーキを買ってきました。
次の 会話文１ と 会話文２ を読んで、あとの(1)、(2)に
ついて考えましょう。

会話文１

> お 母 さ ん：たろうの好きな【ケーキ】を買ってきたわよ。３等分してお父さん
> といっしょに食べましょう。
>
> たろうさん：この【ケーキ】は円柱の形をしていて、ものさしで測ると高さも底
> 面の直径も12cmだね。
>
> お 母 さ ん：それなら、ものさしで高さを4cmずつ測って印をつけ、印をつけ
> たところから水平にナイフで切るといいわね（【お母さんの分け方】）。
>
> たろうさん：いい考えだね。でも、ぼくは他の分け方をいくつか思いついたよ。

【ケーキ】

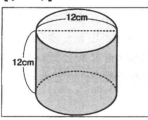

【お母さんの分け方】

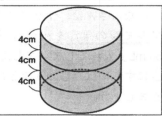

会話文２

> たろうさん：この箱は１辺が15cmの立方体で、１つの面
> にだけ【お店のマーク】がついているよ。何
> か遊びに使えそうだね。
>
> お 母 さ ん：こんな遊びはどうかな。【スタートとゴール
> の図】のように、【お店のマーク】のついて
> いる面が「アの向き」になるように箱をス
> タートに置いて、ゴールまでマス目の上を転がすのよ。ゴールでも
> 【お店のマーク】のついている面がスタートのときと同じ「アの向
> き」になるようにするには、箱をどのように転がせばいいか分かる
> かな。
>
> たろうさん：転がし方のルールを教えて。
>
> お 母 さ ん：転がせるのは、（例）のように「アの向き」か「イの向き」だけね。
> すべらせたり、それ以外の向きへ転がしたりしてはだめよ。

【お店のマーク】

【スタートとゴールの図】

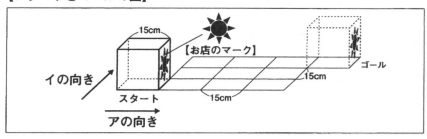

（例）　転がし方のルール

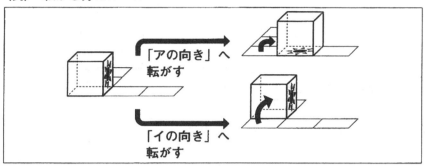

(1)　会話文1 で、たろうさんは「他の分け方をいくつか思いついた」と言っています。あなたなら、右の《道具》を1つ以上使ってどのように3等分しますか。次の《条件》に合わせて、その分け方を2つかきましょう。

　　　ただし、《道具》はすべて十分に洗って使うものとします。また、【ケーキ】は何回切ってもよいものとします。

《道具》

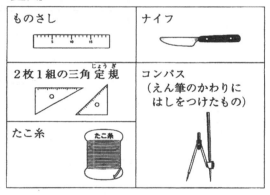

《条件》

・解答用紙の【説明】には、　会話文1 でお母さんが言った「ものさしで高さを4cmずつ測って印をつけ、印をつけたところから水平にナイフで切る」のように、使う道具、長さや角度が分かるように言葉と数字を使って説明する。

・解答用紙の【図】には、【説明】の内容が分かるように分け方を示す線をかく。

(2)　会話文2 で、お母さんは「ゴールでも【お店のマーク】のついている面がスタートのときと同じ「アの向き」になるようにするには、箱をどのように転がせばいいか分かるかな」と言っています。あなたなら、どのような道順で転がしますか。解答用紙の点線を、転がす道順に線でなぞってかきましょう。

4 冬のある日、そうたさんは、正午に窓から入る日光の当たり方が、夏とちがうことに気づきました。

次の会話文を読んで、あとの(1)、(2)について考えましょう。

そうたさん：夏と冬で、日光の当たり方がちがうのはなぜだろう。

お 父 さん：それは太陽の高さが関係しているんだよ。太陽の高さは、太陽を見上げたときの角度で表すんだ。正午に太陽を見上げたときの角度を、月ごとに【表】にまとめたから見てごらん。

【表】 正午に太陽を見上げたときの角度（1か月の平均）

月	1月	2月	3月	4月	5月	6月	7月	8月	9月	10月	11月	12月
角度	36°	44°	55°	67°	76°	80°	78°	70°	59°	48°	38°	34°

（2016年　国立天文台より）

そうたさん：そうか。【表】と【部屋を横から見た図】をもとに考えると、 ア のは、 イ 。

【部屋を横から見た図】

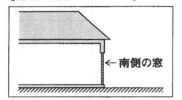

←南側の窓

お 父 さん：よく分かったね。他にも、北を0°、東を90°として日の出の方位を角度で表すこともできるよ（【図1】）。

そうたさん：なるほど、ぼくの部屋（【図2】）から日の出を見ようとすると、<u>夏休みと冬休みでは、日の出の見える窓がちがう</u>ことが分かるね。

【図1】 日の出の方位

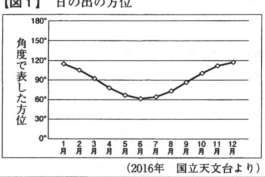

（2016年　国立天文台より）

【図2】 部屋を上から見た図

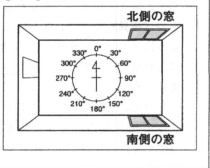

---

(1) 会話文の ア に入る文を下の①、②のどちらか選んでその番号を書き、選んだ文の（　　　）にあてはまる月が何月かを書きましょう。また、 イ に入る理由を書きましょう。

> ① （　　　）の正午に、部屋のゆかに日光の直接当たる部分が最も少ない
> ② （　　　）の正午に、部屋の最もおくまで日光が直接当たる

(2) そうたさんは、部屋の窓から見える日の出について、会話文で「<u>夏休みと冬休みでは、日の出の見える窓がちがう</u>」と言っています。夏休みか冬休みのどちらかを選んで書き、そのときの日の出の見える窓が、**北側の窓**と**南側の窓**のどちらなのかを書きましょう。また、【図1】と【図2】をもとに、そう考えた理由を書きましょう。

(1) 会話文の ⬚ には、江口さんが「このような取り組みが必要だと考えた」理由の説明が入ります。あなたなら、どのような説明をしますか。【資料1】と【資料2】をもとにして、「〜ことが分かります。」につながるように書きましょう。

(2) 【資料4】は「かささぎカフェ」に改装する家の中の様子です。「年れいや障がいにかかわらず、だれもが利用できる」場所にするために、あなたなら、【資料4】の中の「どこ」を「どのように」改装するかを書きましょう。また、その改装によってだれもが利用できるようになる理由を書きましょう。

【資料4】 改装する家の中の様子

(3) 会話文で江口さんは、「町民の思いを実現させる活動ができるように、町民の交流のための部屋を作りたい」と言っています。江口さんは、【資料3】の町民の思いを実現するために、次の【資料5】の①か②のどちらかの部屋を作り、町民が交流する活動を計画しようと考えています。あなたなら、①と②のどちらを選びますか。選んだ番号を書きましょう。また、その部屋を使ったどのような活動を計画しますか。その説明をあとの《条件》に合わせて書きましょう。

【資料5】 かささぎカフェに作る部屋

| ① 絵本や地域の歴史などの本を集めた図書室 |
| ② 竹や木などを使って工作ができる工作室 |

《条件》

・だれとだれが交流する活動なのか、【資料3】の「小学生」、「地域の人」、「お年寄り」から2つ選んで書くこと。
・その活動によって、上で選んだ人たちの思いが、それぞれどのように実現するのかが分かるように、計画する活動の説明を書くこと。

— 4 —

3 たいちさんとさちこさんは、放送委員です。手ぶくろの落とし物が届けられたので、そのことを知らせるために全校放送をすることになりました。

次の会話文を読んで、あとの(1)～(3)について考えましょう。

> たいちさん：山本先生が、今朝この手ぶくろ（【図1】）を拾って、放送室に持ってきてくれたよ。
>
> さちこさん：これと似た手ぶくろを持っている人は、何人もいるわ。
>
> たいちさん：それなら、手ぶくろの特ちょうをくわしく説明しないと、持ち主が見つからないかもしれないね。
>
> さちこさん：自分の物だと気づいた人は、職員室に取りに行くように連絡しましょう。
>
> たいちさん：さっそく、放送原稿（【資料】）を書いて全校放送をしよう。

【図1】　手ぶくろ

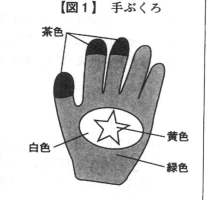

茶色　黄色　白色　緑色

【資料】　落とし物のお知らせの放送原稿

> 　落とし物のお知らせをします。
>
> 　（　いつ　　　　）、（　落ちていた場所　　　）に、（　落とし物の種類　　　）の落とし物がありました。
>
> 　落とし物の特ちょう
> 　[　　　　　　　　　　　　　　　　　　　　　　　　　　　　]
>
> 　心当たりのある人は、（　取りに行く場所　　　）まで取りに来てください。

(1) たいちさんとさちこさんは、【資料】を使って、全校放送をするための原稿を書いているときに、山本先生にたずねなければならないことが1つあることに気づきました。あなたなら、山本先生にどのようなことをたずねますか。山本先生にたずねるときに<u>ふさわしい言い方</u>で書きましょう。

(2) たいちさんは、<u>「手ぶくろの特ちょうをくわしく説明しないと、持ち主が見つからないかもしれない」</u>と言っています。あなたなら、【資料】の「落とし物の特ちょう」にどのような説明を書きますか。【図1】を見て、次の《条件1》に合わせて書きましょう。ただし、解答するときは、あとの〔注意すること〕に従いましょう。

《条件1》
・聞き手に分かりやすいように<u>2文</u>に分けて、放送で話すように書くこと。
・手ぶくろの特ちょうは、できるだけくわしく書くこと。
・<u>2文を合わせて50〜60字</u>で書くこと。

〔**注意すること**〕
・左からつめて、横書きにすること。

(3) 児童会では、これまでに届けられた落とし物を入れた箱を設置することにしました(【図2】)。そして、「ふきだし」を付けて、落とし物をなくすために児童一人一人に取り組んでほしいことを<u>呼びかける</u>ことにしました。

あなたなら、どのようなことを「ふきだし」に書きますか。次の《条件2》に合わせて<u>2つ</u>書きましょう。

《条件2》
・児童一人一人に取り組んでほしいことを、落とし物が呼びかけているように書くこと。
・2つの「ふきだし」には、それぞれちがった内容を書くこと。
・それぞれ15字以内で書くこと。

【図2】 落とし物を入れた箱

自分の物を見つけたら，
先生に伝えましょう

ふきだし

佐賀県立中学校
　佐賀県立致遠館中学校
　佐賀県立唐津東中学校
　佐賀県立香楠中学校
　佐賀県立武雄青陵中学校

平成29年度　適性検査Ⅰ　問題

(45分)

（注　意）

1　「はじめ」の合図があるまでは、開いてはいけません。

2　問題は全部で３題あり、６ページまでです。

3　「はじめ」の合図があったら、まず、２枚の解答用紙の３か所にそれぞれ受検番号を
　書きなさい。

4　答えは、すべて解答用紙に書きなさい。

5　印刷がはっきりしなくて読めないときや、体の具合が悪くなったときなどは、だまっ
　て手をあげなさい。

6　検査中は、話しかけたり、わき見をしたり、音を立てたり、声を出して読んだりして
　はいけません。

7　「やめ」の合図で、すぐに鉛筆を置き、解答用紙を裏返しにして机の上に置きなさい。

1　さとみさんは、来週の全校集会で「なぞなぞ」を出す係になりました。そこで、どのような「なぞなぞ」を出したらよいかについて家族と話をしています。

次の会話文を読んで、あとの(1)～(3)について考えましょう。

> さとみさん：私が作った「なぞなぞ」の問題を出すよ。「パンはパンでも食べられないパンは何。」
>
> お母さん：答えは「フライパン」ね。
>
> さとみさん：正解。パンという言葉が入っていて、食べられないからね。
>
> お父さん：「ジーパン」もいいんじゃないかな。
>
> さとみさん：確かに「ジーパン」も同じ理由で答えになるね。でも、答えが２つあるのなら、これは「なぞなぞ」の問題にならないな。
>
> お父さん：そんなことはないよ。「なぞなぞ」は、みんなが納得できる理由が説明できれば、答えはいくつあってもいいんだよ。
>
> お母さん：そうね。例えば「空にいる虫は何。」にも答えがいくつかあるわね。
>
> さとみさん：「クモ」かな。[　　　　　　　　　　　　　　　]からね。他にも答えがあるのかな。
>
> お母さん：「テントウムシ」も答えになるわね。空にある太陽は、「おてんとうさま」とも言うからね。
>
> さとみさん：なるほど。答えとその理由の説明が合っていればいいんだね。
>
> お父さん：いろいろな考え方ができておもしろいね。お父さんからも１問出すよ。「夏の夜にする話にあって、歩道橋にもあるものは何。」
>
> さとみさん：それは、「かいだん」でしょう。夏の夜にする話には、こわい話の「かい談」があるし、歩道橋には、「階段」があるからね。
>
> お母さん：よく分かったね。これは、「なぞなぞ」の中でも、昔からある言葉遊びの「なぞかけ」にするとおもしろいよ。「夏の夜にする話とかけて、歩道橋とときます。その心は。」と問題を出して、「どちらもかいだんがあります。」のように答えるのよ。さとみも、「なぞかけ」を考えて全校集会で出してみたらどうかしら。
>
> さとみさん：「なぞかけ」の問題は、おもしろいけど難しいな。どう考えたらいいのかな。
>
> お母さん：かなで書くと同じでも、いろいろな意味がある言葉を探すと考えやすいよ。
>
> さとみさん：なるほど。よし、やってみよう。

(1) 会話文の ☐☐☐☐☐☐☐☐ には、「空にいる虫は何。」の答えが「クモ」になる理由を説明している文が入ります。あなたなら、どのような説明をしますか。解答用紙の「〜からね。」につながっていくように書きましょう。

(2) さとみさんが、「なぞかけ」の問題をつくるために「かなで書くと同じでも、いろいろな意味がある言葉」を調べてみると、右の【メモ】ができました。あなたなら、どのような「なぞかけ」をつくりますか。次の《条件１》に合わせて書きましょう。

【メモ】

> かなで書くと同じでも、
> いろいろな意味がある言葉
>
> ・こうか   ・ちゅうしゃ
> ・かみ   ・はな
> ・かける   ・ふく

《条件１》

・【メモ】の言葉の中から１つ選んで「なぞかけ」を考えること。
・解答用紙に合わせて、「なぞかけ」の問題と答えを書くこと。また、答えとなる理由の説明を書くこと。
・「なぞかけ」の問題は「○○とかけて、○○とときます。その心は。」、答えは「どちらも○○」となるように書くこと。
・【メモ】の言葉は、人名や地名の意味として使わないこと。

(3) さとみさんは、全校集会で「なぞなぞ」や「なぞかけ」を出すときに、全校のみんなが参加でき、答えを考えやすくなるような出し方のくふうをすることにしました。あなたなら、どのようなくふうをしますか。次の《条件２》に合わせて書きましょう。

《条件２》

・あなたが考えた出し方のくふうとその理由を書くこと。
・理由は、「全校のみんなが参加できること」と「答えを考えやすくなること」の<u>２つ</u>について具体的に書くこと。

2　そうたさんは、アメリカからホームステイにやってきたジョンさんを連れて、家族といっしょにショッピングセンターに来ています。

　次の会話文を読んで、あとの(1)～(3)について考えましょう。

お 父 さん：おなかがすいたね。買い物も終わったし、レストランに行こうか。どこにあるのかな。

お 母 さん：フロアガイド（店内の案内図）を持っているから、これでレストランを探してみましょう。

ジョンさん：（フロアガイドを指さして）レストランはこれだから、あっちの方じゃないですか。

そうたさん：どうして分かったの。ジョンはすごいね。

お 父 さん：ジョンは、これ（【図１】）を見て分かったんだね。

ジョンさん：はい、そうです。

お 父 さん：このようなものをピクトグラムっていうんだよ。これ（【図２】）はゴミ箱、これ（【図３】）はエレベーターを表しているんだよ。

そうたさん：そうか。ピクトグラムが外国の人にも分かりやすいのは、□□□□□□□□□からなんだね。

お 父 さん：じゃあ、レストランに行こうか。

-------------------------（レストランの中）-------------------------

そうたさん：ジョン、これ（【メニュー】）を見てどんな料理か分かるかい。

ジョンさん：はい。日本語の読めない私でも、このメニューはとても分かりやすいですね。

そうたさん：どうして分かりやすいのかな。

お 父 さん：それは、外国の人にも分かりやすくなるようなアイデアが生かされているからだよ。

お 母 さん：そうね。2020年には東京オリンピックが開さいされるから、外国からの旅行者が日本で困らないように、もっといろいろなアイデアを考える必要があるわね。

【図１】

【図２】

【図３】

【メニュー】

■とんかつ　680円
Pork cutlet

●…アレルギー物質をふくむ食材を使用しています。
　Allergy Advice : contains the following.

たまご 卵 Egg	ぎゅうにゅう 牛乳 Milk	小麦 Wheat	そば Buckwheat	落花生 Peanut
●		●		
エビ Shrimp	カニ Crab	ぶたにく 豚肉 Pork	牛肉 Beef	けいにく 鶏肉 Chicken
		●		

平成29年度　適性検査Ⅱ　問題

(45分)

(注　意)

1　「はじめ」の合図があるまでは、開いてはいけません。

2　問題は全部で4題あり、7ページまでです。

3　「はじめ」の合図があったら、まず、2枚の解答用紙の4か所にそれぞれ受検番号を書きなさい。

4　答えは、すべて解答用紙に書きなさい。

5　図をかき入れる問題がありますが、定規を使ってかく必要はありません。

6　印刷がはっきりしなくて読めないときや、体の具合が悪くなったときなどは、だまって手をあげなさい。

7　検査中は、話しかけたり、わき見をしたり、音を立てたり、声を出して読んだりしてはいけません。

8　「やめ」の合図で、すぐに鉛筆を置き、解答用紙を裏返しにして机の上に置きなさい。

1 たくまさんは、学校でリレーのバトンを右のイラストのように
耳に当てると、「サー」という音が聞こえることに気づきました。
そこで、家に帰って、バトンと同じつつ状のトイレットペーパー
のしんを使って、同じようにためしました。
　次の会話文を読んで、あとの(1)、(2)について考えましょう。

> たくまさん：トイレットペーパーのしんでも、「サー」という音が聞こえるよ。
> 　　　　　　つつを耳に当てると、こんな音が聞こえるんだ。
> お 父 さん：おもしろいことに気がついたね。バトンとトイレットペーパーのし
> 　　　　　　んでは、聞こえた音にちがいはなかったかな。
> たくまさん：そういえば、音の高さにちがいがあったような気がするね。
> お 父 さん：それは、つつの長さや材質が関係しているのかもしれないね。長さ
> 　　　　　　のちがう紙製とプラスチック製のつつを用意して、[実験]をして
> 　　　　　　みようか。
>
> [実験]
>
> | 手順1 | 長さが40cmの紙製のつつ（Bのつつ）を耳に当て、音を聞く。 |
> | 手順2 | 直径がBのつつと同じで、長さが20cm、60cmの紙製のつつ、長さが20cm、40cm、60cmのプラスチック製のつつをそれぞれ耳に当てて音を聞き、その音の高さを手順1で聞いた音の高さと比べる。 |
>
> 【結果】
>
> | つつ | 材質 | 長さ(cm) | 音の高さ |
> |---|---|---|---|
> | A | 紙 | 20 | Bの音より高く聞こえた |
> | B | 紙 | 40 | 手順1で聞こえた音 |
> | C | 紙 | 60 | Bの音より低く聞こえた |
> | D | プラスチック | 20 | Aの音と同じ高さで、Bの音より高く聞こえた |
> | E | プラスチック | 40 | Bの音と同じ高さに聞こえた |
> | F | プラスチック | 60 | Cの音と同じ高さで、Bの音より低く聞こえた |
>
> たくまさん：つつから聞こえる音の高さの特ちょうが、[実験]から分かったよ。
> お 父 さん：実は、この特ちょうは、いろいろな楽器の音の高さにもあてはまる
> 　　　　　　んだよ。
> たくまさん：そうか。　　ア　　のは、　　　イ　　　　。

(1)　直径がA〜Fのつつと同じで、長さ80cmのプラスチック製のつつを［実験］の**手順1**と同じように耳に当てたとき、聞こえる音の高さは<u>Bのつつと比べて</u>どうなるでしょうか。［実験］の【結果】をもとに考えて、その予想を書きましょう。また、そのように予想した理由を書きましょう。

(2)　会話文の　　ア　　に入る文を下の①、②からどちらか選んで、その番号を書きましょう。そして、選んだ文の（　　　）に入る言葉を書きましょう。また、　　イ　　に入る理由を書きましょう。

アに入る文

> ①　リコーダーの穴を上から順にすべてふさいでいくと、
> 　　音の高さが（　　　　　　）
> ②　＊フルートとピッコロを比べると、ピッコロの方が
> 　　出せる音の高さは（　　　　　　）

＊フルートとピッコロ

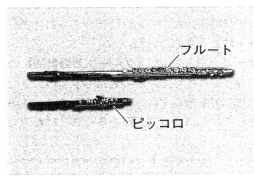

フルート

ピッコロ

2 地域(ちいき)の子ども会の6年生12人と5年生24人の計36人で遊園地へ行くことになり、6年生のなおこさんとひろきさんは、そのことについて話し合いをしています。

次の会話文を読んで、あとの(1)、(2)について考えましょう。

なおこさん：まず、グループ分けの相談をしましょう。5、6年生合同のグループにして、どのグループも同じ人数がいいわね。

ひろきさん：それに、どのグループでも学年ごとの人数は同じにしたいな。どのグループにも、6年生と5年生の人数を、それぞれ平等に分けたいからね。

なおこさん：活動しやすいように、1つのグループは5人より多く10人より少ない人数にしたいわ。

ひろきさん：それなら、　　ア　　グループに分けて、1グループの人数を6年生　　イ　　人、5年生　　ウ　　人にしよう。

- -

（あとの【グループ活動計画】を見ながら）

なおこさん：遊園地へ行く前に、A～Hの乗り物（アトラクション）のどれに乗るかを決めておきましょう。9時30分に入場門から出発だよね。

ひろきさん：イベントホール集合が11時30分だから、11時15分から11時25分までの間にイベントホールにとう着したいね。

なおこさん：入場門、イベントホール、乗り物は、【グループ活動計画】のように同じ長さの通路でつながれていて、どの通路も歩くのに5分かかるみたいだわ。乗り物に何も乗らずに、入場門からイベントホールへ行くと、回り道をしなければ5本の通路を歩くことになるので、25分かかるわね。

ひろきさん：せっかくの遊園地だから、少なくとも3つの乗り物に乗って、同じ乗り物には1回しか乗らないような計画を立てようよ。ぼくとなおこさんで計画を2つ考えて、みんなに選んでもらうようにするとおもしろいね。

適性検査Ⅰ　解答用紙

2 (1)
3点

[　　　　　　　　　　　　　　　　　　　からなんだね。]

(2)
8点

アイデア	
理由の説明	
アイデア	
理由の説明	

(3)
5点

選んだ記号	

具体的なアイデア

[　　　　　　　　　　　　　　　　　　　　　　　　　　　　30]
[　　　　　　　　　　50　　　　　　　　　　　　　　　　　]

受検番号 ☐

適性検査Ⅰ　解答用紙

3 (1)
7点

並_{なら}べ方	前　○ ○ ○ ○ ○　　後 　　○ ○ ○ ○ ○
安全のために くふうした こと	

(2)
4点

	決めておく約束
安全に遊ぶ	
めいわくを かけないで 遊ぶ	

(3)
6点

適性検査Ⅱ　解答用紙

2 (1)

6点

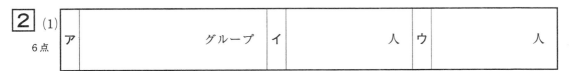

ア	グループ	イ	人	ウ	人

(2)

10点

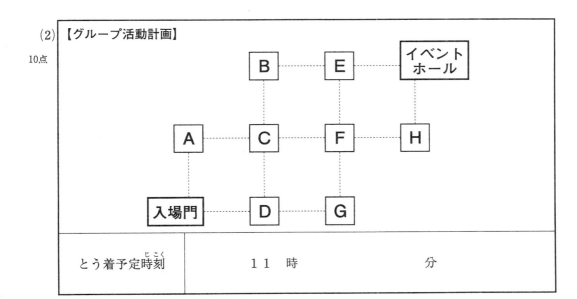

【グループ活動計画】

とう着予定時刻　　11 時　　　　分

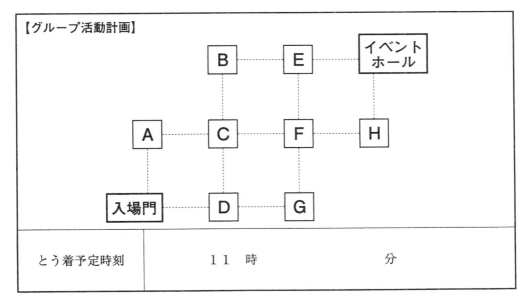

【グループ活動計画】

とう着予定時刻　　11 時　　　　分

受検番号 [   ]

適性検査Ⅱ　解答用紙

3 (1)
3点

[   ]

(2)
4点

[   ]

(3)
6点

[   ]

K 教英出版

【解答

受検番号	

適性検査Ⅱ　解答用紙

4 (1)

2点

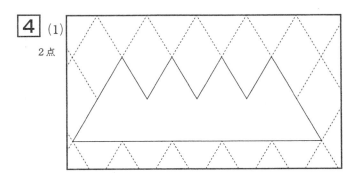

(2)

7点

選んだ 立　場	（　　）　かずおさんの立場 　　　　［正三角形はできない］　　　・　　（　　）　たかしさんの立場 　　　　　　　　　　　　　　　　　　　　　　　　　　　　　　　［正三角形ができる］
理　由 または 図	

受検番号

適性検査Ⅱ　解答用紙

1 (1)
6点

予　想	
理　由	

(2)
6点

ア	番号		言葉	
イ				

受検番号	

※50 点満点

No. 1

※致遠館中学校は 40 点満点，唐津東中学校と武雄青陵中学校は 60 点満点に換算する。

適性検査Ⅰ　解答用紙

1 (1) 3点

からね。

(2) 8点

「なぞかけ」の問題	とかけて、 とときます。その心は。
答え	どちらも
理由の説明	

(3) 6点

出し方のくふう	
理由	

【グループ活動計画】

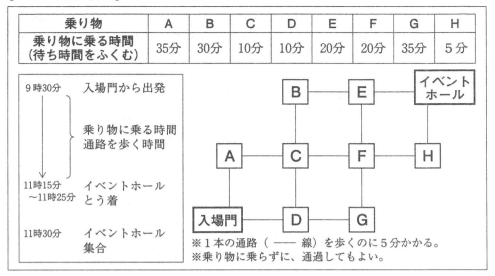

乗り物	A	B	C	D	E	F	G	H
乗り物に乗る時間 （待ち時間をふくむ）	35分	30分	10分	10分	20分	20分	35分	5分

9時30分　　入場門から出発

　　　　　　乗り物に乗る時間
　　　　　　通路を歩く時間

11時15分　　イベントホール
〜11時25分　とう着

11時30分　　イベントホール
　　　　　　集合

※1本の通路（ ── 線）を歩くのに5分かかる。
※乗り物に乗らずに、通過してもよい。

(1) 会話文の　ア　、　イ　、　ウ　にあてはまる数として、考えられるものをそれぞれ1つ書きましょう。

(2) なおこさんとひろきさんは、次の《条件》に合う「計画」を2つ立てました。

《条件》

・9時30分に入場門から出発して、11時15分から11時25分までの間にイベントホールにとう着する。
・A〜Hの乗り物のうち、3つ以上の乗り物を選んで乗る。
・同じ乗り物には1回しか乗らない。
・入場門からイベントホールまで、回り道をせずに5本の通路を通る。
・乗り物は、乗らずに通過することができる。

　あなたならどのような計画を立てますか。考えられる計画を2つ、次の〔注意すること〕に合うようにかきましょう。

〔注意すること〕
・答えは、解答用紙の【グループ活動計画】にかきましょう。
・A〜Hの乗り物のうち、選んで乗ることにした乗り物の記号を○で囲み、進む道順を線でなぞってかきましょう。
・イベントホールにとう着する予定時刻を書きましょう。

　ひろしさんが、テレビのニュースで北海道の雪ま
つりを見たあとで、お父さんと話をしています。
　　次の会話文を読んで、あとの(1)～(3)について考
えましょう。

ひろしさん：佐賀でも、北海道と同じような雪まつりはできないのかな。

お 父 さん：九州は暖かいから、雪像がすぐにとけてしまうと思うよ。

ひろしさん：じゃあ、雪像に食塩をかけたらどうかな。先生から、ビーカーの氷
　　　　　　水に食塩をとかしたら、0℃より冷たくなるって聞いたよ。家でも
　　　　　　［実験］をしたら、氷水の水温が0℃より下がったよ。だから、食
　　　　　　塩を雪像にかけると、とけにくくなると思うんだ。

お 父 さん：いや、そうではないよ。食塩を道路にまくと、道路に降った雨や雪
　　　　　　がこおりにくくなるんだ。この食塩のようなはたらきをするものを
　　　　　　凍結防止剤というんだよ。だから、食塩を雪像にかけるのはやめた
　　　　　　方がよさそうだね。

ひろしさん：なるほど。でも、食塩はどうして道路に降った雨や雪をこおりにく
　　　　　　くするのかな。

お 父 さん：それは、水がこおり始める温度と関係があるんだよ。水は0℃でこ
　　　　　　おり始めるけれど、食塩をとかした水がこおり始める温度は【表1】
　　　　　　のようになるんだよ。

【表1】

		1℃下がる→	1℃下がる→	1℃下がる→
こおり始める温度	0℃	−1℃	−2℃	−3℃
水1Lにとかした食塩の量	0g	約16g	約32g	約47g

ひろしさん：そうか、道路に降った雨や雪がこおりにくくなるように食塩をまく
　　　　　　のは、〔　　　　　　　　　　　　　　　　　　　　　　　　　〕。

お 父 さん：そうだね。じゃあ、砂糖ではどうなるか【表2】も見てごらん。

【表2】

		1℃下がる→	1℃下がる→	1℃下がる→
こおり始める温度	0℃	−1℃	−2℃	−3℃
水1Lにとかした砂糖の量	0g	約185g	約370g	約555g

ひろしさん：砂糖にも食塩と同じような効果があるんだね。だけど、【表1】【表2】
　　　　　　を見ると、凍結防止剤としては砂糖よりも食塩の方がいいというこ
　　　　　　とが分かるね。

(1) ひろしさんは次の［実験］で、水温が０℃より下がった原因が食塩をとかしたことであることを確かめました。どのように実験をしたのか考え、　　　　　　にあてはまる方法を言葉で書きましょう。

［実験］

準　備	水、氷、食塩、ビーカー（500 mL）２つ、温度計２本、ガラス棒２本
手順１	２つのビーカーに　　　　　　　　　　　　　　　　。
手順２	それぞれガラス棒でかき混ぜながら、温度計で１分ごとに温度を測る。

(2) 会話文の　　　　　　　　には、道路に降った雨や雪がこおりにくくなるように、食塩をまく理由が入ります。どのような理由が考えられますか。「０℃」という言葉を使って書きましょう。

(3) 会話文でひろしさんは、「凍結防止剤としては砂糖よりも食塩の方がいいということが分かる」と言っています。【表１】と【表２】をもとに、その理由を言葉と数字を使って書きましょう。

— 6 —

4 【図1】の①の正三角形、②のひし形、③の台形の3種類の色紙があります。①は3枚、②は2枚、③は2枚あり、かずおさんとまきこさんとたかしさんは、これら7枚の色紙を重ねないように並べて、いろいろな形を作っています。

次の会話文を読んで、あとの(1)、(2)について考えましょう。

【図1】

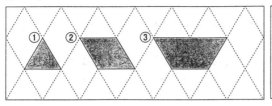

注意
　【図1】、【図2】、解答用紙にある右の図形は、すべて同じ形、同じ大きさです。

かずおさん：これら7枚の色紙で、こんな
　　　　　　形（【図2】）を作ったよ。

まきこさん：おもしろい形だね。次は、正三角形を作れるかな。

かずおさん：これら7枚の色紙では、正三角形を作ることはできないよ。

たかしさん：ぼくは、これら7枚の色紙で、正三角形を作ることができるよ。

まきこさん：えっ、どっちなの。2人がどうしてそのように考えたのか説明してほしいな。

----------------------（かずおさんとたかしさんの説明）----------------------

まきこさん：なるほど。2人の言うことは、どちらもそのとおりだね。

【図2】

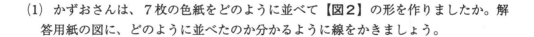

(1) かずおさんは、7枚の色紙をどのように並べて【図2】の形を作りましたか。解答用紙の図に、どのように並べたのか分かるように線をかきましょう。

(2) 会話文で、まきこさんは、かずおさんとたかしさんに「説明してほしい」と言っています。あなたなら、かずおさんかたかしさんの、どちらの立場で説明しますか。解答用紙の「選んだ立場」の（　）に○をかきましょう。また、かずおさんの立場を選んだ場合は「できない」理由を、①の正三角形をもとにして書きましょう。たかしさんの立場を選んだ場合は「できる」正三角形の図を、色紙の並べ方が分かるようにかきましょう。

(1) 会話文の ［　　　　　　　］ には、ピクトグラムが外国の人にも分かりやすい理由が入ります。あなたなら、どのような理由を考えますか。解答用紙の「〜からなんだね。」につながっていくように書きましょう。

(2) 会話文で、お父さんは、【メニュー】に「外国の人にも分かりやすくなるようなアイデアが生かされている」と言っています。どのようなアイデアなのか、考えられるものの中から2つ書き、それがなぜ日本語の読めないジョンさんにとって分かりやすいのか、その理由をそれぞれ説明しましょう。

(3) お母さんは「外国からの旅行者が日本で困らないように、もっといろいろなアイデアを考える必要がある」と言っています。あなたなら、どのようなアイデアを考えますか。【資料】外国からの旅行者が日本で困ったことのア〜エの記号の中から1つ選び、それを解決する具体的なアイデアを、あとの《条件》に合わせて書きましょう。

【資料】　外国からの旅行者が日本で困ったこと

ア	バスや電車の利用方法が分からなかった。
イ	ホテルなどの情報を手に入れられなかった。
ウ	地図やパンフレットが分かりにくかった。
エ	店員などとコミュニケーションをとりにくかった。

《条件》
・30〜50字の、1文で書くこと。
・その1文の中にアイデアを2つ書くこと。

〔注意すること〕
・左からつめて、横書きにすること。

3　けいたさんの学校では、秋に「なかよし遠足」が行われています。なかよし遠足では、1〜6年生から数人ずつ集まってできる「なかよし班」で行動します。けいたさんは、班のみんなが楽しめるように、同じ班のさくらさんと当日の計画を立てています。

　　次の【児童会からのお便り】と 会話文 を読んで、あとの(1)〜(3)について考えましょう。

【児童会からのお便り】

なかよし遠足のお知らせ

　今年も、なかよし遠足が行われます。6年生は、なかよし班のみんなが楽しめるような計画を立てて、進んで下級生のお世話をしましょう。

```
1　期　日　11月2日(水)
2　行き先　山の森公園（学校から約4km）　　※山の高さは300mです。
3　日　程
　　　　（1）学校出発　　　　　　　9:30
　　　　（2）山の森公園とう着　　　11:00
　　　　（3）昼食と自由時間　　　　11:00〜13:00
```
　　　　　　　お弁当は、しばふ広場で食べます。食べた後は、遊具で遊んでもよいです。また、出発の10分前になったら、笛で合図をします。
```
　　　　（4）山の森公園出発　　　　13:00
　　　　（5）学校とう着　　　　　　14:30
4　持っていく物
　　　　お弁当・水とう・おかし
```
　　　　　　　その他にも必要だと思われる物があったら、先生に相談した後に、班のみなさんへ連らくしてください。

会話文

さくらさん：来週は、なかよし遠足ね。みんなで楽しく過ごしたいわ。

けいたさん：そのために、ぼくたち6年生が、班のみんなのことを考えて計画を立てよう。

さくらさん：歩くときの班のみんなの並べ方は、どうしたらいいかな。

けいたさん：2列が安全だね。

さくらさん：お弁当を食べた後は、班のみんなで「おにごっこ」をして遊びましょう。

けいたさん：それはいいね。みんなが安全に、めいわくをかけないで遊ぶための約束を決めておこう。

＊「おにごっこ」は、おにになった人が他の人を追いかけ、つかまった人が次のおにになる遊びです。

(1) けいたさんの班の人数は、次の【資料１】のとおりです。けいたさんは歩くとき
の２列の並べ方を、あとの（例）のようにすることにしました。あなたなら、安全
に歩くために班のみんなをどのように並べますか。（例）のように、解答用紙の○
の中に学年の数字を書きましょう。また、並べ方で安全のためにくふうしたことを
１つ書きましょう。ただし、（例）の「並べ方」と「安全のためにくふうしたこと」
以外の場合を書きましょう。

【資料１】　けいたさんの班の人数

学年（年）	1	2	3	4	5	6	計
人数（人）	2	1	2	1	2	2	10

（例）　けいたさんが考えた並べ方と安全のためにくふうしたこと

並べ方	前　　①　　②　　③　　⑤　　⑥　　後
	①　　③　　④　　⑤　　⑥
安全のために くふうした こと	全体を見わたすことができるように高学年が後ろから歩く。

※①は１年生の児童１人を表します。

(2) けいたさんは 会話文 で「みんなが安全に、めいわくをかけないで遊ぶための
約束を決めておこう。」と言っています。あなたなら、「おにごっこ」をして遊ぶ
とき、どのような約束を考えますか。「安全に遊ぶ」「めいわくをかけないで遊ぶ」
について、具体的な約束を１つずつ考えて書きましょう。

(3) 【資料２】は、遠足がある週の週間天気予報です。あなたなら、遠足の日の天気
予報を見て、班のみんなに何が必要だと連らくしますか。あとの《条件》に合わせ
て書きましょう。

【資料２】　週間天気予報

日付	10月30日 （日）	31日 （月）	11月1日 （火）	2日 （水）	3日 （木）	4日 （金）	5日 （土）
天気	☁	☁→☀	☁	☀→☂	☂	☁	☀
最高気温 （℃）	20	17	19	11	11	17	18
降水確率 （％）	30	20	30	50	90	30	10

《条件》
・【資料２】から心配されることを２つ考えて、それぞれに必要だと思われる物
とその理由を書くこと。
・下級生に話すように、ていねいな言葉で書くこと。

— 6 —

K 教英出版

佐賀県立中学校
　佐賀県立致遠館中学校
　佐賀県立唐津東中学校
　佐賀県立香楠中学校
　佐賀県立武雄青陵中学校

平成28年度　適性検査Ⅰ　問題

（45分）

問題は次のページから始まります。

（注　意）

1　「はじめ」の合図があるまでは、開いてはいけません。
2　問題は全部で3題あり、6ページまでです。
3　「はじめ」の合図があったら、まず、2枚（まい）の解答用紙の3か所にそれぞれ受検番号を
　書きなさい。
4　答えは、すべて解答用紙に書きなさい。
5　印刷がはっきりしなくて読めないときや、体の具合（ぐあい）が悪くなったときなどは、だまっ
　て手をあげなさい。
6　検査中は、話しかけたり、わき見をしたり、音を立てたり、声を出して読んだりして
　はいけません。
7　「やめ」の合図で、すぐに鉛筆（えんぴつ）を置き、解答用紙を裏返（うらがえ）しにして机（つくえ）の上に置きなさい。

1　日本の食文化を学ぶためにアメリカからやってきた大学生のマイクさんが、小学6年生のはるこさんの家にホームステイをしています。来日して数日後、お正月をむかえ、おせち料理を食べることになりました。
　　次の会話文と「【資料】はしの正しい持ち方」を読んで、あとの(1)～(3)について考えましょう。

> はるこさん：マイク、どうしたの。
> マイクさん：黒豆をうまくつまめません。
> はるこさん：マイク、はしの持ち方がおかしいよ。だからうまくつまめないのよ。
> マイクさん：どう持ったらいいですか。
> お父さん：こう持ってごらん（【資料】はしの正しい持ち方）。そうしたら、黒豆だってちゃんとつまめるようになるよ。
> マイクさん：本当だ。うまくいきました。これで、わたしもはるこさんみたいに、こぼさず、きれいに食べることができそうです。
> お父さん：上手につまめたね。はしの正しい持ち方も、日本人が受け継いできた食文化の一つだよ。マスターできたようだね。
> はるこさん：はしの正しい持ち方ができると、[　　　　　　　　]
> 　　　　　　からいいね。
> マイクさん：アメリカでは、授業で、おせち料理も日本人が受け継いできた食文化の一つだと勉強しました。日本ではどの家庭でも、お正月におせち料理を用意するのですか。
> お父さん：今は、おせち料理を用意するところもあれば、そうではないところもあるようだね。うちでは今年もお母さんが手作りしたおせち料理だよ。
> はるこさん：私はお母さんから教えてもらいながら手伝ったわ。お母さんも、おばあちゃんから教えてもらったんだって。昔ながらのおせち料理の一つ一つの食材には、家族の健康や幸せを願う気持ちがこめられているのよ。
> お父さん：お父さんが子どものころは、ほとんどの家庭がその地域特有の食材を使って作っていたものだよ。家庭の味や地域で守られてきた伝統の味を親から子へ伝えて、大切にしていたんだね。
> はるこさん：おせち料理は、家族や親せきみんなで和気あいあいと楽しく食べることができるものだね。そうして、つながりを一層深めることができるから、大切にしたいね。
> マイクさん：なるほど、勉強になります。

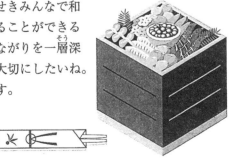

【資料】　はしの正しい持ち方

写　真	説明文	写　真	説明文
①	上のはしは、えん筆を持つように、手の親指、人差し指、中指で支えます。薬指と小指は軽く曲げます。	③	親指をそえて、人差し指と中指を使って、上のはしを動かします。
②	下のはしは、[　　　　　]動かさないようにします。		つまり、下のはしは動かさず、上のはしを動かして、はし先を開いたり、閉じたりします。

(1)　【資料】の**写真②**の**説明文**中の[　　　]には、下のはしの持ち方を説明する言葉が入ります。あなたなら、どのように説明しますか。**写真**や前後の**説明文**を参考にして書きましょう。

(2)　会話文の[　　　　]には、はしの正しい持ち方ができるとよい理由が入ります。どのような理由が考えられますか。次の《条件》に合わせて書きましょう。
　《条件》
　　・会話文の流れに合うように、理由を2つ考えて書くこと。
　　・解答用紙の「～からいいね。」につながっていくように書くこと。

(3)　会話文では、おせち料理について、どのようなものであると話していますか。お父さんやはるこさんの言葉をもとにまとめて、解答用紙の「お正月に食べる料理として、」という書き出しに続けて、80～100字で書きましょう。ただし、解答するときには、次の〔注意すること〕に従いましょう。

〔注意すること〕
　・左からつめて、横書きにすること。
　・句読点が次の行の左はしにくる場合は、1つ前の行の右はしに文字といっしょに書くこと。その場合、文字と句読点をいっしょに書いた1マスで、1文字と数えます。

2 けいたさんのクラスでは、総合的な学習の時間に「発見！わたしたちのまちのよさ」というテーマで学習することになり、それを調べる計画について話し合いをしています。次の【話し合い】と【商店街で調べたこと】を読んで、あとの(1)～(3)について考えましょう。

【話し合い】

けいたさん：わたしたちのまちには、古い町並が残っているよね。なぜ、古い町並が残っているのかな。

さくらさん：それを調べると「わたしたちのまちのよさ」が分かるかもしれないね。まちに残っている古いものを調べに行ってみようよ。

けいたさん：どこへ行くのか、わたしたちのまちの【まちの観光マップ】を見て計画を立てよう。

しんごさん：古い町並があるのは、宿場町と商店街だよ。

さくらさん：宿場町の宿場って、昔の人が旅の途中で、とまった場所のことでしょう。はたご屋は、今でいう旅館やホテルのことだよね。建物も古いし気になるなあ。ここは外せないよね。

まみさん：商店街のうなぎ屋に、家族で食事に行ったとき、江戸時代から受け継がれている秘伝のたれが自まんだって聞いたよ。これも気になるよ。他にも、古い看板がかかっている店があったよ。

しんごさん：着物屋のことでしょう。おばあちゃんの話では、昔、との様の着物も作っていたんだって。

まみさん：おかし屋も古いよ。おかし屋のおじいさんは、まちのことにくわしいと聞いたことがあるよ。わたしは、車いすに乗っているから行くのは難しいかな。

さくらさん：まみさんの車いすは、みんなで手伝うから心配しないで。おかし屋のおじいさんに話を聞かせてもらうと、知らないことがもっと分かるかもしれないね。

けいたさん：おかし屋には絶対に行こう。宿場町と商店街、どちらも行くことでいいね。全部行きたいけど、安全や効率などを意識して移動したり見学したりすることを考えると、見学先は、今の話し合いに出てきた中から3けんにするよ。

【商店街で調べたこと】

○商店街のよさ
・自分の仕事にほこりをもち、それぞれの店が伝統を守っている。
・人々のふれあいがあり、心のつながりが深まる場所になっている。
・商店街の店どうしが、たがいに協力し支え合ってまちをつくっている。

○店の人々の思いや願い
・買い物に来てくれるお客さんのために、真心こめて品物をつくっている。
・昔から受け継がれてきた伝統の味や技を守っていくことで、これからも商店街のよさを残そうと努力している。

○店の人々が困っていること
・最近、商店街を利用するお客さんが減った。

【まちの観光マップ】

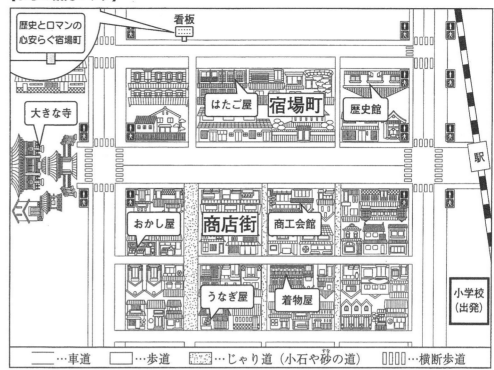

━━━…車道　▢…歩道　▨…じゃり道（小石や砂の道）　▥…横断歩道

(1) けいたさんのグループは、【話し合い】で、「話し合いに出てきた中から3けん」を選び見学することにしました。あなたがこのグループの一員なら、どこを選びますか。【話し合い】をもとに、次の《条件》に合うように、解答用紙に書きましょう。

《条件》
・【まちの観光マップ】に、選んだ見学先3けんを○で囲むこと。
・小学校から出発し、3けん目までの道順を考え【まちの観光マップ】に線をかき入れること。ただし、全ての道を通ることができます。
・道順を考える際に気をつけたことを2つ書くこと。

(2) 【まちの観光マップ】の宿場町に、観光客向けのキャッチフレーズが書かれた看板があります。けいたさんのグループは、【商店街で調べたこと】をもとに、商店街をアピールするキャッチフレーズを新たに考えることにしました。あなたなら、どんなキャッチフレーズを考えますか。下の宿場町のキャッチフレーズの（例）を参考にして書きましょう。

（例）　「歴史とロマンの心安らぐ宿場町」

(3) けいたさんは、【商店街で調べたこと】の中の「最近、商店街を利用するお客さんが減った。」ことから、もっと多くのお客さんが商店街に来るようなくふうを店の人々に提案したいと考えています。そのために情報を集めるとすれば、あなたなら、どんな情報をどのようにして集めたらよいと考えますか。内容と方法が分かるように書きましょう。

3 あきこさんは、春休みにオーストラリアに短期留学をしました。そのことについて家族と話をしています。次の会話文を読んで、あとの(1)～(3)について考えましょう。

> お 兄 さん：オーストラリアでは、どんなことをしたの。
>
> あきこさん：オーストラリアの学校に通って、実際に学校生活も体験したよ。日本とちがうことが、たくさんあっておどろいたし、勉強になったよ。
>
> お 父 さん：日本とちがうことって、どんなことがあったのかな。
>
> あきこさん：オーストラリアの学校には、そうじの時間が無くて、そうじ会社の人がやってくれるんだよ。
>
> お 兄 さん：どうして自分たちでそうじをしないの。
>
> あきこさん：ホームステイ先の子どもたちが、「学校は勉強をするところで、そうじは家庭で学ぶものだよ。」と教えてくれたよ。わたしは、家庭で学ぶだけじゃなくて、学校でも自分たちでそうじをした方がいいと思うわ。
>
> お 父 さん：なるほど。国によってちがいがあるんだね。
>
> あきこさん：他にも、おふろに浴そうが無かったんだ。オーストラリアは、日本以上に節水に心がけていて、シャワーのお湯を出したまま、長い時間体を洗っていたら、お湯を止めるように注意されたわ。
>
> お 父 さん：その国にあったマナーを心がけないといけないね。
>
> あきこさん：オーストラリア以外の国と日本とでは、どんなマナーのちがいがあるのか調べてみたいわ。そうすれば、外国の人と接するときに気をつけることが分かると思うわ。
>
> お 父 さん：今回の留学で経験したことから、大切なことが学べそうだね。分かったことをホームステイ先にも知らせてあげると喜ばれるんじゃないかな。
>
> あきこさん：よし。今回学んだことを手紙に書いてみようかな。
>
> お 父 さん：それなら、外国とのちがいで分かったことといっしょに日本のよさも伝えたらどうだい。
>
> あきこさん：いいアイデアだね。日本のよさって、日本のファッションやアニメ、マンガなど海外で人気になっているものかな。
>
> お 兄 さん：空手や剣道、柔道などの武道、書道や茶道でもいいと思うよ。
>
> お 父 さん：他には、日本にも四季があって、それぞれの季節に合わせた行事があることなどもいいと思うよ。
>
> あきこさん：ありがとう。さっそく、書いてみるわ。

(1) 会話文で、あきこさんは、「学校でも自分たちでそうじをした方がいい」と言っています。あなたなら、「学校でも自分たちでそうじをした方がいい」と思う理由をどのように説明しますか。その理由を書きましょう。

(2) あきこさんは、「マナーのちがい」を調べているうちに、次の【資料】人前でしてはいけないこと」を見つけました。この【資料】にある国だけではなく、全ての外国の人と接するとき、どのようなことに気をつける必要があると考えられますか。あなたが考えることを「外国の人と接するときに気をつけることは、」という書き出しに続けて書きましょう。

【資料】 人前でしてはいけないこと

左手で食べる	ガムをかむ	切手をなめる	鼻をすする
インドでは、左手で人や食べ物、お金にさわるのは、よくないとされている。	シンガポールでは、チューイングガムが法律で禁止されている。	タイでは、王様が尊敬され、王様が印刷された切手をなめるのは失礼にあたるとされている。	イギリスでは、人前で鼻をすするのは下品だと思っている人が多い。

(3) 会話文で、あきこさんは、ホームステイ先に手紙を書くと言っています。その中の「日本のよさ」をしょうかいする部分に、あなたなら、どのようなことを書きますか。会話文の中から1つ例を挙げて、それを具体的に説明し、そのよさについて80～100字の日本語で書きましょう。ただし、解答するときには、次の〔注意すること〕に従いましょう。

〔注意すること〕
・左からつめて、横書きにすること。
・句読点が次の行の左はしにくる場合は、1つ前の行の右はしに文字といっしょに書くこと。その場合、文字と句読点をいっしょに書いた1マスで、1文字と数えます。

平成28年度　適性検査Ⅱ　問題

(45分)

問題は次のページから始まります。

（注　意）

1　「はじめ」の合図があるまでは、開いてはいけません。

2　問題は全部で4題あり、7ページまでです。

3　「はじめ」の合図があったら、まず、2枚の解答用紙の4か所にそれぞれ受検番号を書きなさい。

4　答えは、すべて解答用紙に書きなさい。

5　図をかき入れる問題がありますが、定規を使ってかく必要はありません。

6　印刷がはっきりしなくて読めないときや、体の具合が悪くなったときなどは、だまって手をあげなさい。

7　検査中は、話しかけたり、わき見をしたり、音を立てたり、声を出して読んだりしてはいけません。

8　「やめ」の合図で、すぐに鉛筆を置き、解答用紙を裏返しにして机の上に置きなさい。

1 ある夏の暑い日、ごろうさんとお姉さんが、ペットボトルの炭酸水を飲もうとしています。次の会話文を読んで、あとの(1)～(3)について考えましょう。

お 母 さん：炭酸水を買ってきたのに、冷えていなくてぬるかったわ。同じものを冷蔵庫に1本冷やしているけど、どちらがいい。

お 姉 さん：わたしは冷たい方がいいな。

ごろうさん：ぼくはぬるくてもいいから、買ってきたばかりの方を飲もうかな。あっ、ふたを開けたら炭酸水がすごくあわ立ったよ。

お 姉 さん：本当だ。わたしのより、すごくあわ立ったね。ぬるかったからかな。

ごろうさん：炭酸水のあわって、水にとけていた二酸化炭素だよね。二酸化炭素が水にとける量は、そのときの水の温度に関係があるのかも知れないね。

ごろうさんは、「水の温度と、水にとける二酸化炭素の量」には関係があるのではないかと思い、お母さんとお姉さんの3人で次の［実験］を行いました。

［実験］

準 備　同じ種類の空の500 mLペットボトル3本、ノズルのついた二酸化炭素ボンベ【写真1】、温度のちがう水（10℃、30℃、60℃）がそれぞれ入った3つのビーカー、水が入った丸形水そう、3つのメスシリンダー

【写真1】

手順1　3本のペットボトルに、水が入った丸形水そうを使って、二酸化炭素ボンベから二酸化炭素を入れる。

手順2　メスシリンダーで、温度のちがう3つの水（10℃、30℃、60℃）をそれぞれ250 mLはかり取る。

手順3　手順2ではかり取ったものを手順1のペットボトルに同時に入れて、ふたをした後、それぞれを同時に5回ふる。

【写真2】

手順4　5回ふった後の3本のペットボトルがへこむ様子【写真2】を観察する。

【結果】

水の温度	10℃	30℃	60℃
へこみの度合い	大	中	小

(1)　［実験］の手順1において、3本のペットボトルに入れる二酸化炭素の量をそろえるために、あなたなら、どのような方法で二酸化炭素を入れますか。その方法を言葉や絵などで説明しましょう。

(2)　［実験］の【結果】から考えられる、「水の温度と、決まった量の水にとける二酸化炭素の量との関係」を表すグラフを、次のア～ウの記号の中から正しいと考えられるものを1つ選びましょう。また、【選んだ理由】の　①　、　②　にあてはまる文をそれぞれ書き、完成させましょう。

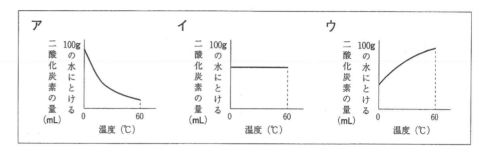

【選んだ理由】

　【結 果】と【写 真2】から、ペットボトルのへこみの度合いは、
　　　　　①　　　　　ということが分かる。
　つまり、二酸化炭素が水にとける量は　　②　　ということがいえるから。

(3)　［実験］を終えたごろうさんは、他の気体のとけ方について調べた結果、空気は水にとけにくいということが分かりました。そこで、お姉さんに下のような【質問】をすることにしました。その【質問】に対して、あなたならどのように説明しますか。その説明を書きましょう。

【質問】

　遠足に持っていくお茶を用意したときに、ペットボトルに熱いお茶を入れてふたをして、早く冷めるように冷蔵庫に入れたんだ。よく冷えたころにペットボトルを冷蔵庫から取り出してみたら、［実験］のときと同じようにペットボトルはへこんでいたんだよ。空気は水にとけにくいのに、ペットボトルはどうしてへこんだのかな。

2 なおこさんとひろしさんは、小学生が好きな教科について調べたことを学校新聞の記事にしたいと考えました。そこで、自分たちの学校の小学6年生全員に最も好きな教科のアンケートをとりました。次の会話文を読んで、あとの(1)～(3)について考えましょう。

ひろしさん：なおこさん、アンケートの集計が終わったよ。【資料1】は、わたしたちの学校の6年生100人に質問をして、最も好きな教科を答えてもらった結果を男女別にまとめた表だよ。

なおこさん：ひろしさん、体育を好きと答えた人数は、女子の方が男子より多いわ。女子が男子より体育を好きなのね。

ひろしさん：確かに、人数は女子が多いよね。だけど、人数を比べるだけでは女子が男子より体育を好きとはいえないよ。

　　　　　　┌─────── ア ───────┐。こう考えると、男子の方が女子より体育を好きといえるよね。

なおこさん：なるほど。人数だけでは比べられないんだね。

ひろしさん：アンケートの結果をグラフに表して、もっといろいろな特ちょうを調べてみようよ。

なおこさん：そうだね。どんなグラフを使えばいいのかな。

ひろしさん：この場合は、円グラフか帯グラフに表すとよさそうだね。他にも、例えば、保健室を利用した人のけがの種類と人数をグラフに表す場合は、棒グラフに表すといいね。それから、┌ イ ┐は折れ線グラフに表すと分かりやすいね。┌ ウ ┐は、柱状グラフに表すと分かりやすいよね。

なおこさん：なるほどね。ありがとう。わたしたちの学校のアンケートの結果を全国のアンケートの結果と比べてみるのもどうかな。2つを比べてちがいが大きいところからわたしたちの学校の特ちょうを見つけてみよう。

ひろしさん：それはすごくいいアイデアだと思うよ。

なおこさん：ひろしさん、全国で行われたアンケートの結果を見つけたよ。【資料2】は、全国の小学6年生の最も好きな教科のアンケートの結果を帯グラフに表したものだよ。
　　　　　　わたしたちの学校の結果と全国の結果を比べたら、ちがいが大きい教科を見つけたわ。ここから、わたしたちの学校には、┌───── エ ─────┐という特ちょうがあることが分かったわ。

ひろしさん：どうしてそういえるのか説明してくれないかな。

なおこさん：┌───── オ ─────┐。

ひろしさん：確かに、すべての教科を比べれば、そういうことがいえるよね。ありがとう。さっそく、記事にまとめよう。

【資料1】 わたしたちの学校の6年生が選んだ最も好きな教科

	国語	社会	算数	理科	音楽	図画工作	家庭	体育	その他	合計
男子(人)	2	6	9	4	1	5	1	8	4	40
女子(人)	6	3	13	5	10	5	4	10	4	60

※その他は、外国語活動、総合的な学習の時間、好きな教科なし、など

【資料2】 全国の小学6年生の最も好きな教科（全国で行われたアンケートの結果）

体育 18%	算数 17%	社会 14%	図画工作 12%	音楽 10%	理科 8%	国語 7%	その他 10%

※その他は、外国語活動、総合的な学習の時間、好きな教科なし、など　　　家庭 4%

(1) 会話文の┌───── ア ─────┐には、ひろしさんがなおこさんに説明した内容が入ります。どのような説明をしたのかを考え、言葉や式などを使ってかきましょう。

(2) 会話文の┌ イ ┐、┌ ウ ┐にあてはまるものとして、下のあ～かの中から正しいと考えられるもののうち、それぞれ1つを選んでその記号を書きましょう。

あ　6年1組のソフトボール投げの記録とその記録を出した人数をグラフに表す場合
い　毎年5月に調べた自分の身長をグラフに表す場合
う　主食として何を食べるのかをアンケートで調べ、結果をグラフに表す場合
え　いろいろな市や町の正午の気温をグラフに表す場合
お　図書室で借りた本の冊数をクラス別にグラフに表す場合
か　佐賀県の米の生産量の年ごとの変化をグラフに表す場合

(3) 会話文の┌ エ ┐には特ちょうが入ります。その特ちょうを書きましょう。また、┌───── オ ─────┐には、なおこさんがひろしさんに説明した内容が入ります。その内容を言葉や式などを使ってかきましょう。

3 たろうさんの学級では、ボールを厚紙で作った柱の上に置いています。それを見たたろうさんは、他の重いものも紙で支えることができるのではないかと考えました。

そこで、画用紙を折って柱を作り、その上に正方形のとうめいな板をのせて、自分が乗ることができる台を作ろうと思いました。そのとき、柱の底面の形と支えることのできる重さに関係があるかもしれないと考え、次の[実験]を行いました。あとの(1)〜(3)について考えましょう。

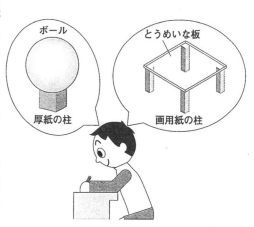

ボール
厚紙の柱

とうめいな板
画用紙の柱

[実験]

手順1　同じ大きさの画用紙を折り、【写真1】のような底面の形が正三角形、正方形、正六角形、正八角形の柱を3本ずつ作る。

手順2　まず底面の形が正八角形の柱を、1本だけ床の上に垂直に置く。そのあと、【写真2】のように、柱がつぶれるまで、うすい本を静かに1冊ずつ重ねていく。

手順3　手順2でつぶれずに支えることのできた最大の重さを【写真3】のように、はかりで調べ、その重さを【結果】の表に記録する。

手順4　同じ種類の新しい柱に変えながら、手順2、手順3を合計3回行う。

手順5　他の3種類の柱も、同じように、手順2から手順4までを行う。

【写真1】
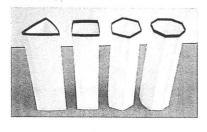

【写真2】
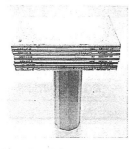

【写真3】

【結果】　柱が支えることのできた最大の重さ(g)

柱の底面の形	1回目	2回目	3回目
正三角形	1600	1500	1700
正方形	2300	2200	2400
正六角形	3200	3100	3000
正八角形	3900	3900	4200

(1) たろうさんは、[実験]において、柱がつぶれずに支えることのできた重さの測定を、【結果】の表のようにそれぞれ同じ種類の柱で3回ずつ行いました。何のために同じ実験をくり返したのでしょうか。理由を書きましょう。

(2) たろうさんは、[実験]の【結果】を見て、台の脚に底面の形が正八角形の柱を使い、次の《条件》に合う台を作ろうと考えました。

《条件》

・台は、とうめいな板の重さと自分の体重を合わせた50kgを支える。
・使う脚の数を最も少なくする。
・バランスを考え、使う脚のうち4本は、4つの角に配置し、残りの脚は、台を真上から見たときに線対称にも、点対称にもなるように配置する。

① 《条件》に合う脚の数を求める式とその答えを書きましょう。ただし、それぞれの脚には、同じ重さがかかるものとします。

② 《条件》に合う脚の配置を考え、次の【かき方】を参考にして解答用紙の図にかきましょう。

【かき方】

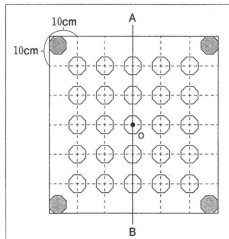

・左の図は、4本の脚にのせたとうめいな板を真上から見たものです。
・脚を配置する場所の〇をぬりつぶします。
・対称の軸を直線ABで表し、対称の中心を点Oで表しています。
・4つの角に配置する脚は、ぬりつぶしています。

(3) さらに、たろうさんは、底面の形を角の無い円にすると、支えることのできる最大の重さがどうなるかを試したいと思いました。底面の形を正八角形から円にすると、柱が支えることのできる重さは、正八角形の柱と比べて、大きくなるか、変わらないか、小さくなるか予想を書きましょう。また、その理由を[実験]の【結果】をもとにして書きましょう。

4 赤組のはなこさんとかずおさんは、運動会に向けて、赤組の各クラスに配る旗と応えん団で使う旗を布で作ろうとしています。次の会話文を読んで、あとの(1)〜(3)について考えましょう。

> はなこさん：各クラスに配る旗は、合計12枚で、形は直角三角形だったね。
> かずおさん：そうだよ。旗をできるだけ大きくするには、学校から用意された【図1】の白い布をどのように切り分けたらいいかな。もちろん、1枚1枚の旗は、同じ大きさと形にしようね。
>
> 【図1】
> 10cm
> 10cm
> 布
>
> はなこさん：そうね。【図2】のように、辺の長さが40cmと30cmの直角三角形だと切り分けることができそうよ。切り分けた直角三角形の白い旗には、赤組だから赤色をぬろうね。
> かずおさん：それなら、旗の面積の3分の2だけ色をぬってもらうことで、各クラスの旗になるようにしよう。
> はなこさん：ところで、応えん団で使う旗も直角三角形にするんだよね。
> かずおさん：【図3】の赤い布があるよ。【図3】の布は、切って合わせると面積を変えずに直角三角形にできそうだよ。
>
> 【図2】　10cm
> 10cm
> 布
>
> 【図3】　10cm
> 10cm

(1) はなこさんは、【図1】の布をどのように切り分けようと考えたのでしょうか。解答用紙の図に線を引きましょう。ただし、ぬいしろは考えないものとし、方眼の1目は10cmとします。

(2) 【図2】の切り取った直角三角形の旗には、面積の3分の2に赤色をぬります。どのようなぬり方が考えられますか。解答用紙の図に、色をぬる部分を線で囲み、しゃ線を入れましょう。また、なぜそのようなぬり方で面積が3分の2になるのか、言葉や式で説明しましょう。

(3) かずおさんは、会話文で「【図3】の布は、切って合わせると面積を変えずに直角三角形にできそうだ」と言っています。どのように考えたのでしょうか。右の【かき方の例】を参考にして、解答用紙の図に、矢印とできる三角形をかきましょう。ただし、ぬいしろは考えないものとし、布は広げた状態で1回しか切りません。

【かき方の例】

受検番号 □□□

※致遠館中学校は 40 点満点，唐津東中学校と武雄青陵中学校は 60 点満点に換算する。

適性検査Ⅰ　解答用紙

1

(1)
6点

(2)
4点

からいいね。

(3)　お正月に食べる料理として、
7点

〔原稿用紙　10字×10行　80・100マス目あり〕

教英出版

受検番号 □□□

適性検査Ⅰ　解答用紙

2

(1)　【まちの観光マップ】
8点

　　───…車道　　□…歩道　　▨…じゃり道（小石や砂の道）　　▥▥▥…横断歩道

気をつけたこと

・

・

(2)
4点

(3)
5点

受検番号 [   ]

適性検査Ⅰ　解答用紙

3 (1)
4点

(2)
5点　外国の人と接するときに気をつけることは、

(3)
7点

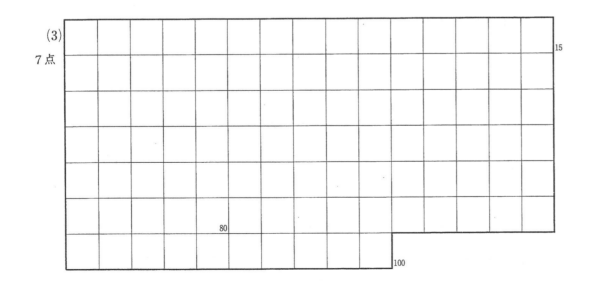

15

80

100

受検番号

※50 点満点

※致遠館中学校・唐津東中学校は 60 点満点，武雄青陵中学校は 80 点満点
に換算する。

適性検査Ⅱ　解答用紙

1 (1)
4点

(2)
4点

記号	
理由	①
	②

(3)
4点

受検番号

適性検査Ⅱ　解答用紙

2 (1)
5点

ア

(2)
3点

イ		ウ	

(3)
5点

エ

オ

受検番号 ☐

受検番号 ☐

適性検査Ⅱ　解答用紙

適性検査Ⅱ　解答用紙

3 (1)
3点

4 (1)
4点

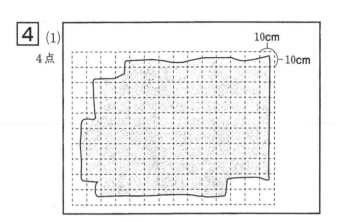

(2)
6点

(式)

①

(答え)　　　　　　　　　　　　　　本

②

(2)
4点

図

説明

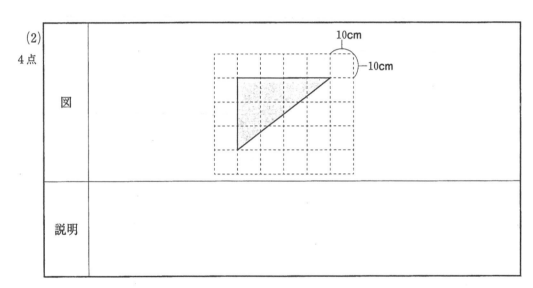

(3)
4点

予想

理由

(3)
4点

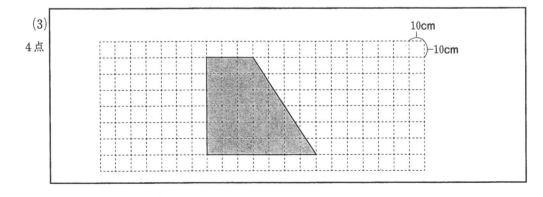

佐賀県立中学校
　佐賀県立致遠館中学校
　佐賀県立唐津東中学校
　佐賀県立香楠中学校
　佐賀県立武雄青陵中学校

平成27年度　適性検査Ⅰ　問題

（45分）

問題は次のページから始まります。

（注　意）

1　「はじめ」の合図があるまでは、問題用紙を開いてはいけません。
2　問題は全部で3題あり、6ページまでです。
3　「はじめ」の合図があったら、まず、2枚（まい）の解答用紙の3か所にそれぞれ受検番号を
　書きなさい。
4　答えは、すべて解答用紙に書きなさい。
5　印刷がはっきりしなくて読めないときや、体の具合（ぐあい）が悪くなったときなどは、だまっ
　て手をあげなさい。
6　検査中は、話しかけたり、わき見をしたり、音を立てたり、声を出して読んだりする
　ことなどをしてはいけません。
7　「やめ」の合図で、すぐに鉛筆（えんぴつ）を置き、解答用紙を裏返（うらがえ）しにして机（つくえ）の上に置きなさい。

1 　佐賀県に住むしおりさんは、富士山（ふじさん）のふもとにある町へ引っ越した友だちのたくみさんから電子メールをもらいました。しおりさんは、それを読んで、たくみさんへ返信をしました。【たくみさんの送信メール】と【しおりさんの返信メール】を読んで、あとの(1)～(4)について考えましょう。

【たくみさんの送信メール】

しおりさんへ

　こんにちは。お元気ですか。ぼくは元気です。

　ぼくが住んでいる町は、富士山で有名です。この富士山を世界文化いさんに登録しようと、多くの人々が大変な努力をしました。そのおかげで、平成25年6月に富士山は世界文化いさんに登録されました。ぼくの住んでいる町のみんなも、そのニュースに大喜びしました。

　しかし、富士山をきれいにしておかないと登録が取り消されることもあるそうです。だから、そうならないように、富士山の美しさを守るためのさまざまなボランティア活動が行われています。それに、年々多くの登山客がおとずれるようになり、トイレやちゅう車場の場所をたずねられることも増えました。登山客の中には外国の人もいて、道をたずねられることもよくあります。

　こんなふうに、町はにぎわっています。しおりさんも、ぜひ遊びに来てください。それでは、また。

たくみより

【しおりさんの返信メール】

たくみさんへ

　こんにちは、たくみさん。メールありがとう。わたしも元気にしています。

　富士山の世界文化いさん登録は、もちろん知っていました。しかし、世界文化いさんの登録を取り消されることがあるとは知りませんでした。そんなことにならないように、美しい富士山をぜひ守ってほしいと思います。

　たくみさんからのメールを読んだあと、富士山の世界文化いさん登録についてインターネットで調べてみたら、あるボランティア団体によって集められたごみの量【資料1】と、富士山が世界文化いさんに登録されるまでの道のり【資料2】を見つけました。

　2つの資料から　　　　　　　　　　　　　　　　　というこ とがわかりました。今回の世界文化いさん登録によって、国内だけでなく世界各地からの観光客や登山客もさらに増えるでしょうね。たくみさんの住む町にとって、にぎやかになることはよいことですが、町の取り組みもいろいろと必要になってくるかもしれませんね。世界にほこれる富士山を守るために、がんばってほしいと思います。わたしも、近いうちに遊びに行けたらいいなと思います。

　それでは、また。

しおりより

【資料1】　あるボランティア団体によって集められたごみの量

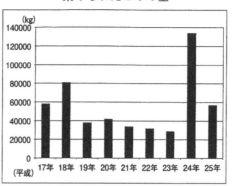

【資料2】　富士山が世界文化いさんに登録されるまでの道のり

平成19年	世界文化いさんの候補（こうほ）になった
平成21年	世界文化いさんに登録されなかった
平成24年	世界文化いさんの候補になった
平成25年	世界文化いさんに登録された

(1)　インターネットで検索（けんさく）をすると、多くの情報が得られます。わたしたちは、そういった情報について、どのようなことに気をつけたらよいでしょうか。気をつけることを1つ書きましょう。

(2)　あなたは、パソコンでローマ字入力をするとき、「富士山（ふじさん）」をどのように入力しますか。例を参考にして、入力するようにローマ字を書きましょう。

（例）

　たくみ → takumi

(3)　【しおりさんの返信メール】の　　　　　には、しおりさんが、2つの資料からわかったことが入ります。【資料1】と【資料2】から、どのようなことがいえますか。また、どのようなことが考えられますか。「～ということがわかりました。」につながるように書きましょう。

(4)　【しおりさんの返信メール】の「町の取り組み」について、あなたならどのような理由でどのような取り組みをすればよいと考えますか。考えた理由と取り組みについて、「～ので、～。」を使って、30～40字で書きましょう。

2 たろうさんは、お父さんと町を歩きながら、自転車に乗るときにかぶるヘルメットについて話しています。次の会話文を読んで、あとの(1)、(2)について考えましょう。

> たろうさん：ぼくは、自転車に乗るときはいつもヘルメットをかぶっているけれど、今すれちがった自転車に乗った人は、かぶっていなかったね。ヘルメットはかぶらなくてもいいの。
>
> お父さん：大人の人だから、ヘルメットをかぶるかどうかは自分の判断なんだよ。だけど、命を守るためには、ヘルメットはかぶった方がいいよ。それに、子どもはなるべくヘルメットをかぶって自転車に乗るようにしてくださいというきまりもあるんだよ。だから、ほとんどの中学校では自転車に乗るときは、ヘルメットをかぶるきまりになっているんだよ。
>
> たろうさん：なるほど。でも、うちの高校生のお姉さんが自転車に乗るときに、ヘルメットをかぶっているところを見たことがないんだよね。<u>お姉さんも自転車に乗るときは、いつもヘルメットをかぶるようにした方がいいと思うけれどなあ。</u>
>
> お父さん：交通事故にあったときに自分の命が守られると考えたら、年れいに関係なく、だれでもかぶるべきだと思うよ。たろうはヘルメットをかぶって自転車に乗ることについてどう思うかな。
>
> たろうさん：そうだね。ぼくも、だれでもかぶった方がいいと思うよ。よし、自転車の交通事故について調べてみるよ。

【資料1】 小・中学生、高校生の自転車の交通事故による死傷者数と歩行者の交通事故による死傷者数との比かく

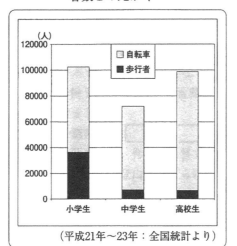

（平成21年～23年：全国統計より）

【資料2】 自転車の交通事故で死亡した人の、けがをした部位の割合

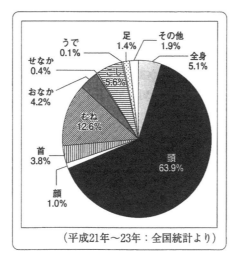

（平成21年～23年：全国統計より）

【資料3】 自転車がかかわる交通事故の主な原因（15歳以下）

> ア　2台以上で横に並んで通行していた
> イ　交差点で一時停止をしなかった
> ウ　道路の左側を通行せず、右側を通行した
>
> （平成25年：全国で起きた事故の原因から抜粋）

(1) たろうさんは、「<u>お姉さんも自転車に乗るときは、いつもヘルメットをかぶるようにした方がいいと思うけれどなあ</u>」と言っています。お姉さんに対してヘルメットをかぶった方がよいことを、あなたならどう説明しますか。【資料1】と【資料2】を参考にして、<u>80～100字</u>で書きましょう。

(2) 自転車がかかわる交通事故の主な原因として、【資料3】のようなことがあります。

① 【資料3】の原因はどのような事故につながると考えられますか。【資料3】のア～ウの記号の中から原因を1つとりあげ、その原因から起きると考えられる事故を具体的に書きましょう。

② ①で考えた事故を減らすためには、道路などにどのようなくふうをすればよいでしょうか、あなたが考えるくふうを書きましょう。

3　よしこさんの小学校では、毎年、6年生とお年寄りの交流会を行っています。その実行委員になったよしこさんは、交流会の内容を考えるために、昨年交流したお年寄り（Aさん）からのメッセージを読んで、今年交流するお年寄り（Bさん、Cさん）に交流会の前にインタビューを行いました。そして、よしこさんは、交流会後に感想文を書きました。【Aさんからのメッセージ】、【Bさん、Cさんへのインタビューの一部】と【よしこさんの感想文】を読んで、あとの(1)、(2)について考えましょう。

【Aさんからのメッセージ】

　　6年生のみなさんとの交流会は、本当に楽しい時間でした。紙しばいはとてもおもしろかったですよ。ただ、絵が小さかったので、見づらくて少し困りました。また、つな引きはとてももり上がったけれど、わたしは腰が心配で参加できなかったのが残念でした。でも、応えんはがんばりましたよ。
　　いっしょに活動していると、わたしもいつのまにか笑顔になっていて、何だか体の調子もよくなって元気になりました。体力ではかないませんが、みなさんより多くのことを体験しているので、いろいろなことをたくさん知っています。だからこそ、この交流会の意味があると思います。この交流会は、ぜひこれからも続けてほしいと願っています。

【Bさん、Cさんへのインタビューの一部】

　　よしこさん：こんにちは、今日はよろしくおねがいします。
　　B　さ　ん：こんにちは、何でも聞いてくださいね。
　　よしこさん：それでは2つ質問をさせてください。まず1つ目の質問です。交流会でわたしたちといっしょにやってみたい活動はありますか。
　　B　さ　ん：みんなといっしょに楽しく体を動かしてみたいなあ。
　　C　さ　ん：笑うことや声を出すことは健康によいと聞いたので、楽しいことをして思いっきり笑ってみたいわ。
　　よしこさん：そうですね、楽しそうですね。次に2つ目の質問です。
　　　　　　　　＿＿＿＿＿＿＿＿＿＿＿＿＿＿＿＿＿＿＿＿＿＿＿＿。
　　B　さ　ん：はげしい運動はむずかしいね。もともと体を動かすことが好きで、昔は野球やゴルフをやっていたけれどね。
　　C　さ　ん：わたしは、歌うことは好きだけど、テンポの速い曲なんかはちょっとついていく自信がないなあ。
　　　　　　　　　　　　　　（会話が続く）
　　よしこさん：ありがとうございました。今日、お聞きしたことをもとにして、楽しい交流会を計画したいと思います。

【よしこさんの感想文】

　　交流会をする前は、お年寄りのみなさんがわたしたちといっしょに楽しんでくださるかとても不安でした。しかし、インタビューをもとに計画を立て、実際に活動してみると、その不安はふきとびました。みなさんの笑顔を見ていたら、とてもうれしくなりました。
　　交流会でいろいろな話をしながら、お年寄りのみなさんから多くのことを教えていただきました。今まで知らなかったことがわかり、学ぶことがたくさんありました。また、みなさんにやさしく接してもらったので、このごろ少しいらいらしていた自分の気持ちが落ち着いたような気がします。
　　今年も交流会ができて、本当によかったです。

(1)　【Bさん、Cさんへのインタビューの一部】の＿＿＿＿＿＿＿＿には、【Aさんからのメッセージ】を読んで考えた質問の言葉が入ります。どのような質問をしたのかを、【Aさんからのメッセージ】を参考にして会話文に合うように書きましょう。

(2)　6年生とお年寄りの交流会について、あなたならどのような活動を考えますか。また、それによってどのようなよいことがあると思いますか。次の《条件》にしたがって100～120字で書きましょう。
　《条件》
　　・どのような活動をするのかについては【Aさんからのメッセージ】と【Bさん、Cさんへのインタビューの一部】を参考にして、1つ書くこと。
　　・どのようなよいことがあるかについては【Aさんからのメッセージ】と【よしこさんの感想文】を参考にして、お年寄りと6年生のそれぞれの立場から書くこと。

平成27年度　適性検査Ⅱ　問題

（45分）

（注　意）

1　「はじめ」の合図があるまでは、問題用紙を開いてはいけません。

2　問題は全部で４題あり、７ページまでです。

3　「はじめ」の合図があったら、まず、２枚の解答用紙の４か所にそれぞれ受検番号を書きなさい。

4　答えは、すべて解答用紙に書きなさい。

5　図をかき入れる問題がありますが、定規を使ってかく必要はありません。

6　印刷がはっきりしなくて読めないときや、体の具合が悪くなったときなどは、だまって手をあげなさい。

7　検査中は、話しかけたり、わき見をしたり、音を立てたり、声を出して読んだりすることなどをしてはいけません。

8　「やめ」の合図で、すぐに鉛筆を置き、解答用紙を裏返しにして机の上に置きなさい。

1　たけしさんとひろしさんは、右のような車を使って輪ゴムやモーターで動くようにして、競走させました。そのときのことをはなこさんに話しています。次の会話文を読んで、あとの(1)～(3)について考えましょう。

たけしさん：ぼくとひろしさんとで、【写真１】と【写真２】の車を作って競走させたんだよ。

【写真１】　たけしさんの車

輪ゴム

【写真２】　ひろしさんの車

はなこさん：たけしさんの車は、車に付けた輪ゴムを木の棒でのばして、輪ゴムがもとにもどろうとする力を使って動くのね。ひろしさんの車は、かん電池の電気の力でモーターを回して動くのね。

ひろしさん：この２つの車で、スタートからゴールまでのきょりを５ｍ、10ｍ、15ｍに変えて競走させたんだよ。

たけしさん：ゴールまでにかかった時間を【表】にしたんだ。

【表】

ゴールまでのきょり		5ｍ	10ｍ	15ｍ
A	かかった時間	1.9秒	6.1秒	13.0秒
B	かかった時間	3.9秒	6.3秒	8.1秒

はなこさん：表のA、Bだけではどちらがだれの車かわかりにくいわ。

たけしさん：はなこさんは、どちらがだれの車かわかるかな。

はなこさん：たけしさんの車はAで、ひろしさんの車はBね。だって、
□　　　　　　　　　　　　　　　　　。

ひろしさん：そのとおりだよ。よくわかったね。

はなこさん：２つの車は、ゴールが10ｍの場合はかかった時間にあまり差がないけれど、５ｍと15ｍの場合には差があるわね。

たけしさん：そうなんだ。輪ゴムはどのきょりの場合も、いっぱいにのばしてやってみたけれど、15ｍではひろしさんに勝てないんだ。

ひろしさん：ぼくも５ｍでたけしさんに勝ちたいと思っているんだ。

(1) はなこさんは、【表】を見て、たけしさんとひろしさんの車を言い当てて、その理由を言いました。車の特ちょうと【表】を参考にして、□□□□に入る理由を書きましょう。

(2) たけしさんは、車を15mのきょりでも短い時間でゴールし、ひろしさんに勝てるように、くふうをしようと考えました。輪ゴムに注目すると、どのようなくふうが考えられますか。そのくふうを書きましょう。

(3) ひろしさんは、車を5mのきょりでも短い時間でゴールさせるために、【図】のようにかん電池2個を使うようにしてみました。しかし、かかった時間はあまり変わりませんでした。それはなぜですか、理由を書きましょう。ただし、かん電池の重さは考えないものとします。
　また、ゴールまでにかかる時間を短くするには、かん電池2個とモーターをどのようにつなげばよいでしょうか。モーターにつなぐ、かん電池2個と導線をかきましょう。

【図】

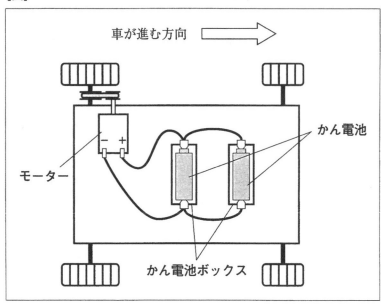

2　けんじさんとお兄さんは、S市に住むおばあさんの家にとまりに行きました。次の会話文1と会話文2を読んで、あとの(1)〜(3)について考えましょう。

会話文1

おばあさん：けんじさん、水道のじゃ口からおふろに水を入れてね。この前に来たときは水をあふれさせたので、今度はよく考えて水を入れてね。

けんじさん：おばあさんの家のおふろと、ぼくの家のおふろの大きさはちがうからね。

おばあさん：うちのおふろは、直方体の形をしていて、容積は300Lよ（【図】）。

けんじさん：おふろの内側の縦の長さ、横の長さ、高さはどのくらいあるのだろう。

【図】　おばあさんの家のおふろ

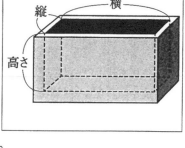

会話文2

おばあさん：うちの家では、おふろの水を洗たくに使っているのよ。お兄さんと協力して、おふろの水を洗たく機に移してくれない。

けんじさん：ぼくの家でも同じように、おふろの水を使っているよ。ところで、1か月で水道代をいくら節約することができるのかな。

おばあさん：そうね、S市では水を使うのに100Lあたり26円かかるのよ。洗たくを始めるから、あとで計算してごらんなさい。

けんじさん：おばあさん、何を使って水を移せばいいの。

おばあさん：洗面器とバケツを使って移してね。洗面器は1回で4.5L、バケツは1回で9Lの水を移すことができるよ。洗たくに使う水の量は50Lから60Lは必要よ。

けんじさん：わかったよ。ぼくが洗面器、お兄さんがバケツを使って水を移すね。

佐賀県立中学校
　佐賀県立致遠館中学校
　佐賀県立唐津東中学校
　佐賀県立香楠中学校
　佐賀県立武雄青陵中学校

平成28年度　適性検査Ⅰ　問題

（45分）

問題は次のページから始まります。

（注　意）

1　「はじめ」の合図があるまでは、開いてはいけません。

2　問題は全部で3題あり、6ページまでです。

3　「はじめ」の合図があったら、まず、2枚（まい）の解答用紙の3か所にそれぞれ受検番号を
　書きなさい。

4　答えは、すべて解答用紙に書きなさい。

5　印刷がはっきりしなくて読めないときや、体の具合（ぐあい）が悪くなったときなどは、だまっ
　て手をあげなさい。

6　検査中は、話しかけたり、わき見をしたり、音を立てたり、声を出して読んだりして
　はいけません。

7　「やめ」の合図で、すぐに鉛筆（えんぴつ）を置き、解答用紙を裏返（うらがえ）しにして机（つくえ）の上に置きなさい。

2 けいたさんのクラスでは、総合的な学習の時間に「発見！わたしたちのまちのよさ」というテーマで学習することになり、それを調べる計画について話し合いをしています。次の【話し合い】と【商店街で調べたこと】を読んで、あとの(1)～(3)について考えましょう。

【話し合い】

けいたさん：わたしたちのまちには、古い町並（まちなみ）が残っているよね。なぜ、古い町並が残っているのかな。
さくらさん：それを調べると「わたしたちのまちのよさ」が分かるかもしれないね。まちに残っている古いものを調べに行ってみようよ。
けいたさん：どこへ行くのか、わたしたちのまちの【まちの観光マップ】を見て計画を立てよう。
しんごさん：古い町並があるのは、宿場町と商店街だよ。
さくらさん：宿場町の宿場って、昔の人が旅の途中（とちゅう）で、とまった場所のことでしょう。はたご屋は、今でいう旅館やホテルのことだよね。建物も古いし気になるなあ。ここは外せないよね。
まみさん：商店街のうなぎ屋に、家族で食事に行ったとき、江戸時代から受け継（つ）がれている秘伝（ひでん）のたれが自まんだって聞いたよ。これも気になるよ。他にも、古い看板（かんばん）がかかっている店があったよ。
しんごさん：着物屋のことでしょう。おばあちゃんの話では、昔、との様の着物も作っていたんだって。
まみさん：おかし屋も古いよ。おかし屋のおじいさんは、まちのことにくわしいと聞いたことがあるよ。わたしは、車いすに乗っているから行くのは難（むずか）しいかな。
さくらさん：まみさんの車いすは、みんなで手伝うから心配しないで。おかし屋のおじいさんに話を聞かせてもらうと、知らないことがもっと分かるかもしれないね。
けいたさん：おかし屋には絶対に行こう。宿場町と商店街、どちらも行くことでいいね。全部行きたいけど、安全や効率などを意識して移動したり見学したりすることを考えると、見学先は、今の話し合いに出てきた中から3けんにするよ。

【商店街で調べたこと】

○商店街のよさ ・自分の仕事にほこりをもち、それぞれの店が伝統を守っている。 ・人々のふれあいがあり、心のつながりが深まる場所になっている。 ・商店街の店どうしが、たがいに協力し支え合ってまちをつくっている。 ○店の人々の思いや願い ・買い物に来てくれるお客さんのために、真心こめて品物をつくっている。 ・昔から受け継がれてきた伝統の味や技を守っていくことで、これからも商店街のよさを残そうと努力している。 ○店の人々が困（こま）っていること ・最近、商店街を利用するお客さんが減った。

【まちの観光マップ】

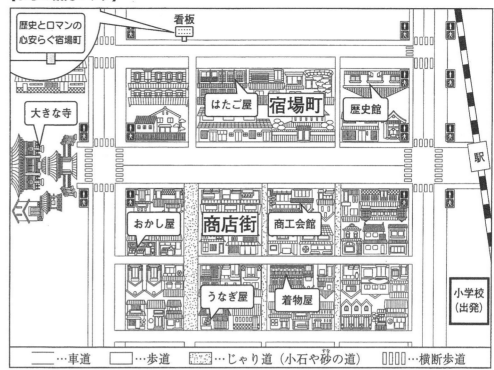

———…車道　　□…歩道　　▨▨▨…じゃり道（小石や砂の道）　　▥▥▥…横断歩道

(1) けいたさんのグループは、【話し合い】で、「話し合いに出てきた中から3けん」を選び見学することにしました。あなたがこのグループの一員なら、どこを選びますか。【話し合い】をもとに、次の《条件》に合うように、解答用紙に書きましょう。

《条件》
・【まちの観光マップ】に、選んだ見学先3けんを○で囲むこと。
・小学校から出発し、3けん目までの道順を考え【まちの観光マップ】に線をかき入れること。ただし、全ての道を通ることができます。
・道順を考える際に気をつけたことを2つ書くこと。

(2) 【まちの観光マップ】の宿場町に、観光客向けのキャッチフレーズが書かれた看板があります。けいたさんのグループは、【商店街で調べたこと】をもとに、商店街をアピールするキャッチフレーズを新たに考えることにしました。あなたなら、どんなキャッチフレーズを考えますか。下の宿場町のキャッチフレーズの（例）を参考にして書きましょう。
（例）　「歴史とロマンの心安らぐ宿場町」

(3) けいたさんは、【商店街で調べたこと】の中の「最近、商店街を利用するお客さんが減った。」ことから、もっと多くのお客さんが商店街に来るようなくふうを店の人々に提案したいと考えています。そのために情報を集めるとすれば、あなたなら、どんな情報をどのようにして集めたらよいと考えますか。内容と方法が分かるように書きましょう。

平成28年度　適性検査Ⅱ　問題

(45分)

問題は次のページから始まります。

（注　意）

1　「はじめ」の合図があるまでは、開いてはいけません。

2　問題は全部で4題あり、7ページまでです。

3　「はじめ」の合図があったら、まず、2枚の解答用紙の4か所にそれぞれ受検番号を書きなさい。

4　答えは、すべて解答用紙に書きなさい。

5　図をかき入れる問題がありますが、定規を使ってかく必要はありません。

6　印刷がはっきりしなくて読めないときや、体の具合が悪くなったときなどは、だまって手をあげなさい。

7　検査中は、話しかけたり、わき見をしたり、音を立てたり、声を出して読んだりしてはいけません。

8　「やめ」の合図で、すぐに鉛筆を置き、解答用紙を裏返しにして机の上に置きなさい。

2　なおこさんとひろしさんは、小学生が好きな教科について調べたことを学校新聞の記事にしたいと考えました。そこで、自分たちの学校の小学6年生全員に最も好きな教科のアンケートをとりました。次の会話文を読んで、あとの(1)～(3)について考えましょう。

ひろしさん：なおこさん、アンケートの集計が終わったよ。【資料1】は、わたしたちの学校の6年生100人に質問をして、最も好きな教科を答えてもらった結果を男女別にまとめた表だよ。

なおこさん：ひろしさん、体育を好きと答えた人数は、女子の方が男子より多いわ。女子が男子より体育を好きなのね。

ひろしさん：確かに、人数は女子が多いよね。だけど、人数を比べるだけでは女子が男子より体育を好きとはいえないよ。
　　　　　　　　　　　　　　　ア　　　　　　　　　　。こう考えると、男子の方が女子より体育を好きといえるよね。

なおこさん：なるほど。人数だけでは比べられないんだね。

ひろしさん：アンケートの結果をグラフに表して、もっといろいろな特ちょうを調べてみようよ。

なおこさん：そうだね。どんなグラフを使えばいいのかな。

ひろしさん：この場合は、円グラフか帯グラフに表すとよさそうだね。他にも、例えば、保健室を利用した人のけがの種類と人数をグラフに表す場合は、棒グラフに表すといいね。それから、　イ　は折れ線グラフに表すと分かりやすいね。
　　　　　　　　ウ　は、柱状グラフに表すと分かりやすいよね。

なおこさん：なるほどね。ありがとう。わたしたちの学校のアンケートの結果を全国のアンケートの結果と比べてみるのもどうかな。2つを比べてちがいが大きいところからわたしたちの学校の特ちょうを見つけてみよう。

ひろしさん：それはすごくいいアイデアだと思うよ。

なおこさん：ひろしさん、全国で行われたアンケートの結果を見つけたよ。【資料2】は、全国の小学6年生の最も好きな教科のアンケートの結果を帯グラフに表したものだよ。
　　　　　　わたしたちの学校の結果と全国の結果を比べたら、ちがいが大きい教科を見つけたわ。ここから、わたしたちの学校には、
　　　　　　　　エ　　　　という特ちょうがあることが分かったわ。

ひろしさん：どうしてそういえるのか説明してくれないかな。

なおこさん：　　　　オ　　　　。

ひろしさん：確かに、すべての教科を比べれば、そういうことがいえるよね。ありがとう。さっそく、記事にまとめよう。

【資料1】　わたしたちの学校の6年生が選んだ最も好きな教科

	国語	社会	算数	理科	音楽	図画工作	家庭	体育	その他	合計
男子(人)	2	6	9	4	1	5	1	8	4	40
女子(人)	6	3	13	5	10	5	4	10	4	60

※その他は、外国語活動、総合的な学習の時間、好きな教科なし、など

【資料2】　全国の小学6年生の最も好きな教科（全国で行われたアンケートの結果）

体育 18%	算数 17%	社会 14%	図画工作 12%	音楽 10%	理科 8%	国語 7%	その他 10%

※その他は、外国語活動、総合的な学習の時間、好きな教科なし、など
家庭 4%

(1)　会話文の　　　ア　　　には、ひろしさんがなおこさんに説明した内容が入ります。どのような説明をしたのかを考え、言葉や式などを使ってかきましょう。

(2)　会話文の　イ　、　ウ　にあてはまるものとして、下のあ～かの中から正しいと考えられるもののうち、それぞれ1つを選んでその記号を書きましょう。

あ　6年1組のソフトボール投げの記録とその記録を出した人数をグラフに表す場合
い　毎年5月に調べた自分の身長をグラフに表す場合
う　主食として何を食べるのかをアンケートで調べ、結果をグラフに表す場合
え　いろいろな市や町の正午の気温をグラフに表す場合
お　図書室で借りた本の冊数をクラス別にグラフに表す場合
か　佐賀県の米の生産量の年ごとの変化をグラフに表す場合

(3)　会話文の　　エ　　には特ちょうが入ります。その特ちょうを書きましょう。また、　　　オ　　　には、なおこさんがひろしさんに説明した内容が入ります。その内容を言葉や式などを使ってかきましょう。

4 赤組のはなこさんとかずおさんは、運動会に向けて、赤組の各クラスに配る旗と応えん団で使う旗を布で作ろうとしています。次の会話文を読んで、あとの(1)〜(3)について考えましょう。

はなこさん：各クラスに配る旗は、合計12枚で、形は直角三角形だったね。

かずおさん：そうだよ。旗をできるだけ大きくするには、学校から用意された【図1】の白い布をどのように切り分けたらいいかな。もちろん、1枚1枚の旗は、同じ大きさと形にしようね。

【図1】
10cm
10cm
布

はなこさん：そうね。【図2】のように、辺の長さが40cmと30cmの直角三角形だと切り分けることができそうよ。切り分けた直角三角形の白い旗には、赤組だから赤色をぬろうね。

かずおさん：それなら、旗の面積の3分の2だけ色をぬってもらうことで、各クラスの旗になるようにしよう。

はなこさん：ところで、応えん団で使う旗も直角三角形にするんだよね。

かずおさん：【図3】の赤い布があるよ。【図3】の布は、切って合わせると面積を変えずに直角三角形にできそうだよ。

【図2】　10cm
10cm
布

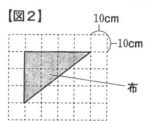

【図3】　10cm
10cm

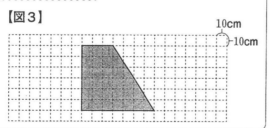

(1) はなこさんは、【図1】の布をどのように切り分けようと考えたのでしょうか。解答用紙の図に線を引きましょう。ただし、ぬいしろは考えないものとし、方眼の1目は10cmとします。

(2) 【図2】の切り取った直角三角形の旗には、面積の3分の2に赤色をぬります。どのようなぬり方が考えられますか。解答用紙の図に、色をぬる部分を線で囲み、しゃ線を入れましょう。また、なぜそのようなぬり方で面積が3分の2になるのか、言葉や式で説明しましょう。

(3) かずおさんは、会話文で「【図3】の布は、切って合わせると面積を変えずに直角三角形にできそうだ」と言っています。どのように考えたのでしょうか。右の【かき方の例】を参考にして、解答用紙の図に、矢印とできる三角形をかきましょう。ただし、ぬいしろは考えないものとし、布は広げた状態で1回しか切りません。

【かき方の例】

受検番号

※50 点満点

※致遠館中学校は 40 点満点，唐津東中学校と武雄青陵中学校は 60 点満点
に換算する。

適性検査Ⅰ　解答用紙

1 (1)
6点

(2)
4点

からいいね。

(3)
7点

お正月に食べる料理として、									10
							80		
									100

H28. 佐賀県立中　Ⅰ

K 教英出版

受検番号

適性検査Ⅰ　解答用紙

2 (1)
8点

【まちの観光マップ】

——…車道　□…歩道　▨…じゃり道（小石や砂の道）　▥▥…横断歩道

気をつけたこと

・

・

(2)
4点

(3)
5点

受検番号 ☐

※50 点満点
※致遠館中学校・唐津東中学校は 60 点満点，武雄青陵中学校は 80 点満点
に換算する。

適性検査Ⅱ　解答用紙

1 (1)
4 点

(2)
4 点

記号	
理由	①
	②

(3)
4 点

受検番号 ☐

適性検査Ⅱ　解答用紙

2 (1)
5 点

ア

(2)
3 点

イ	ウ

(3)
5 点

エ

オ

佐賀県立中学校
　　佐賀県立致遠館中学校
　　佐賀県立唐津東中学校
　　佐賀県立香楠中学校
　　佐賀県立武雄青陵中学校

平成27年度　適性検査Ⅰ　問題

（45分）

問題は次のページから始まります。

（注　意）

1　「はじめ」の合図があるまでは、問題用紙を開いてはいけません。
2　問題は全部で3題あり、6ページまでです。
3　「はじめ」の合図があったら、まず、2枚の解答用紙の3か所にそれぞれ受検番号を
　書きなさい。
4　答えは、すべて解答用紙に書きなさい。
5　印刷がはっきりしなくて読めないときや、体の具合が悪くなったときなどは、だまっ
　て手をあげなさい。
6　検査中は、話しかけたり、わき見をしたり、音を立てたり、声を出して読んだりする
　ことなどをしてはいけません。
7　「やめ」の合図で、すぐに鉛筆を置き、解答用紙を裏返しにして机の上に置きなさい。

2 たろうさんは、お父さんと町を歩きながら、自転車に乗るときにかぶるヘルメットについて話しています。次の会話文を読んで、あとの(1)、(2)について考えましょう。

> たろうさん：ぼくは、自転車に乗るときはいつもヘルメットをかぶっているけれど、今すれちがった自転車に乗った人は、かぶっていなかったね。ヘルメットはかぶらなくてもいいの。
>
> お父さん：大人の人だから、ヘルメットをかぶるかどうかは自分の判断なんだよ。だけど、命を守るためには、ヘルメットはかぶった方がいいよ。それに、子どもはなるべくヘルメットをかぶって自転車に乗るようにしてくださいというきまりもあるんだよ。だから、ほとんどの中学校では自転車に乗るときは、ヘルメットをかぶるきまりになっているんだよ。
>
> たろうさん：なるほど。でも、うちの高校生のお姉さんが自転車に乗るときに、ヘルメットをかぶっているところを見たことがないんだよね。お姉さんも自転車に乗るときは、いつもヘルメットをかぶるようにした方がいいと思うけれどなあ。
>
> お父さん：交通事故にあったときに自分の命が守られると考えたら、年れいに関係なく、だれでもかぶるべきだと思うよ。たろうはヘルメットをかぶって自転車に乗ることについてどう思うかな。
>
> たろうさん：そうだね。ぼくも、だれでもかぶった方がいいと思うよ。よし、自転車の交通事故について調べてみるよ。

【資料1】 小・中学生、高校生の自転車の交通事故による死傷者数と歩行者の交通事故による死傷者数との比かく

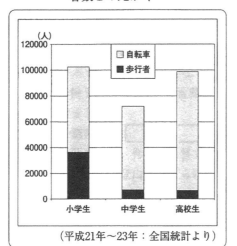

(平成21年～23年：全国統計より)

【資料2】 自転車の交通事故で死亡した人の、けがをした部位の割合

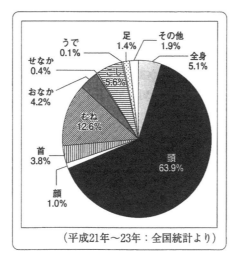

(平成21年～23年：全国統計より)

【資料3】 自転車がかかわる交通事故の主な原因（15歳以下）

> ア　2台以上で横に並んで通行していた
> イ　交差点で一時停止をしなかった
> ウ　道路の左側を通行せず、右側を通行した

(平成25年：全国で起きた事故の原因から抜粋)

(1) たろうさんは、「お姉さんも自転車に乗るときは、いつもヘルメットをかぶるようにした方がいいと思うけれどなあ」と言っています。お姉さんに対してヘルメットをかぶった方がよいことを、あなたならどう説明しますか。【資料1】と【資料2】を参考にして、80～100字で書きましょう。

(2) 自転車がかかわる交通事故の主な原因として、【資料3】のようなことがあります。

① 【資料3】の原因はどのような事故につながると考えられますか。【資料3】のア～ウの記号の中から原因を1つとりあげ、その原因から起きると考えられる事故を具体的に書きましょう。

② ①で考えた事故を減らすためには、道路などにどのようなくふうをすればよいでしょうか、あなたが考えるくふうを書きましょう。

たけしさんとひろしさんは、右のような車を使っ
て輪ゴムやモーターで動くようにして、競走させま
した。そのときのことをはなこさんに話しています。
次の会話文を読んで、あとの(1)～(3)について考え
ましょう。

たけしさん：ぼくとひろしさんとで、【写真1】と【写真2】の車を作って競走
　　　　　　させたんだよ。

【写真1】 たけしさんの車　　　　**【写真2】** ひろしさんの車

はなこさん：たけしさんの車は、車に付けた輪ゴムを木の棒でのばして、輪ゴム
　　　　　　がもとにもどろうとする力を使って動くのね。ひろしさんの車は、
　　　　　　かん電池の電気の力でモーターを回して動くのね。
ひろしさん：この2つの車で、スタートからゴールまでのきょりを5m、10m、
　　　　　　15mに変えて競走させたんだよ。
たけしさん：ゴールまでにかかった時間を【表】にしたんだ。

【表】

ゴールまでのきょり		5m	10m	15m
A	かかった時間	1.9秒	6.1秒	13.0秒
B	かかった時間	3.9秒	6.3秒	8.1秒

はなこさん：表のA、Bだけではどちらがだれの車かわかりにくいわ。
たけしさん：はなこさんは、どちらがだれの車かわかるかな。
はなこさん：たけしさんの車はAで、ひろしさんの車はBね。だって、

　　　　　　┌─────────────────────────┐
　　　　　　│　　　　　　　　　　　　　　　　　　│。
　　　　　　└─────────────────────────┘

ひろしさん：そのとおりだよ。よくわかったね。
はなこさん：2つの車は、ゴールが10mの場合はかかった時間にあまり差がな
　　　　　　いけれど、5mと15mの場合には差があるわ。
たけしさん：そうなんだ。輪ゴムはどのきょりの場合も、いっぱいにのばして
　　　　　　やってみたけれど、15mではひろしさんに勝てないんだ。
ひろしさん：ぼくも5mでたけしさんに勝ちたいと思っているんだ。

平成27年度　適性検査Ⅱ　問題

（45分）

（注　意）

1　「はじめ」の合図があるまでは、問題用紙を開いてはいけません。
2　問題は全部で4題あり、7ページまでです。
3　「はじめ」の合図があったら、まず、2枚の解答用紙の4か所にそれぞれ受検番号を
　書きなさい。
4　答えは、すべて解答用紙に書きなさい。
5　図をかき入れる問題がありますが、定規を使ってかく必要はありません。
6　印刷がはっきりしなくて読めないときや、体の具合が悪くなったときなどは、だまっ
　て手をあげなさい。
7　検査中は、話しかけたり、わき見をしたり、音を立てたり、声を出して読んだりする
　ことなどをしてはいけません。
8　「やめ」の合図で、すぐに鉛筆を置き、解答用紙を裏返しにして机の上に置きなさい。

(1) <u>会話文1</u> について、おふろに水を入れるとき、「 x が変われば、それにともなって y が変わる」という、ともなって変わる2つの量が考えられます。x、yにあてはまる、ともなって変わる2つの量のア～エと、その2つの量の関係を表す【グラフ】のA、Bとの、組み合わせを考えます。下の【組み合わせ】のあ～えの中から正しいと考えられるもののうち1つを選んで、その記号を書きましょう。ただし、Bは反比例のグラフとします。

> ア　1分間にじゃ口から出る水の量
> イ　水を入れ始めてからのおふろにたまった水の量
> ウ　水を入れ始めてからおふろをいっぱいにするのにかかる時間
> エ　水を入れ始めてからおふろがいっぱいになるまでの、おふろの底から水面までの高さ

【グラフ】

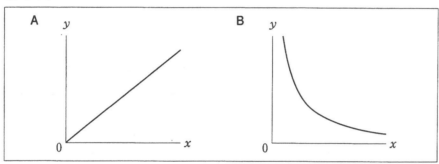

【組み合わせ】

記号	x	y	【グラフ】
あ	ア	ウ	A
い	ア	ウ	B
う	イ	エ	A
え	イ	エ	B

(2) <u>会話文1</u> について、【図】のおふろの内側の縦の長さと高さは50cm以上あり、横の長さは縦の長さや高さよりも長くなっています。おふろの内側の縦の長さ、横の長さ、高さの組み合わせのうち1つを考え、それぞれの長さを書きましょう。

(3) <u>会話文2</u> について、けんじさんとお兄さんは、2人あわせて9回で洗たく機におふろの水を移しました。けんじさんとお兄さんが移した回数の組み合わせのうち1つを考え、それぞれの回数を書きましょう。
　また、S市では、2人が移した水の量で毎日1回洗たくをするとき、1か月（30日）間で、水道代を何円節約することができるでしょうか。節約することができる金額を書きましょう。ただし、小数第1位を四捨五入します。

③　たろうさんたちは、学校で「はたらく人々」について、学習しています。たろうさんは「林業にたずさわる人」をテーマに調べていて、この日は森林組合の人が学校に来てくれています。次の会話文を読んで、あとの(1)、(2)について考えましょう。

> 森林組合の人：日本は森林がとても豊かな国ですが、その森林の約4割は、人が手を入れて作り上げた人工林です。みんなの家にもたくさんの木が使われていますよね。わたしたちは、そういう木を育てたり、育てた木を切り出したりする仕事をしているんですよ。
>
> たろうさん：木を育てるときの手入れとして、具体的にどのようなことをしているのですか。
>
> 森林組合の人：たとえば、間伐や枝打ちというのがあります。この写真を見てください。【写真1】は間伐や枝打ちをした場所、【写真2】は間伐や枝打ちをしなかった場所です。間伐というのは、木の成長に合わせて、木と木の間の木を切ることです。枝打ちというのは、木の成長に合わせて、木の下の方の枝を切り落とすことです。2枚の写真を比べて気づいたことはありませんか。
>
> たろうさん：間伐や枝打ちをした方が、どの木も同じような太さでしっかりとしています。それに比べて、間伐や枝打ちをしなかった方は、木の太さもばらばらだし、弱々しい感じもします。
>
> 森林組合の人：そうですね。間伐や枝打ちをするのは、どの木にも光や水、養分をよく行きわたらせるようにするためなのです。たろうさんは、何かの植物を育てたとき、よく成長するようにくふうしたことがありませんか。
>
> たろうさん：学校で花や野菜を育てたときは、先生から教えられたとおりの種のまき方や育て方をしました。たしか間伐に似たようなこともしました。<u>種のまき方や育て方で植物の成長にちがいがあるのか、インゲンマメの種を使って自分で調べてみたいと思います。</u>
>
> 森林組合の人：【写真1】と【写真2】を比べてほかに気づいたことはありませんか。
>
> たろうさん：間伐や枝打ちをした方が、背の低い植物がたくさんしげっています。間伐や枝打ちをしなかった方は、地面が見えています。
>
> 森林組合の人：よく気がつきましたね。<u>たろうさんが気づいたことは、土砂くずれなどの災害の防止と関係があるのですよ。</u>
>
> たろうさん：そうか、□□□□□□□□□□□□□□□□□□□□ね。
>
> 森林組合の人：よく考えましたね。
>
> たろうさん：間伐や枝打ちを行うことが、土砂災害を防ぐことにもつながるとは思いませんでした。森林は、いろんな役割を果たしているのですね。

(1) 会話文1 について、おふろに水を入れるとき、「 x が変われば、それにともなって y が変わる」という、ともなって変わる2つの量が考えられます。x、y にあてはまる、ともなって変わる2つの量のア〜エと、その2つの量の関係を表す【グラフ】のA、Bとの、組み合わせを考えます。下の【組み合わせ】のあ〜えの中から正しいと考えられるもののうち1つを選んで、その記号を書きましょう。ただし、Bは反比例のグラフとします。

> ア　1分間にじゃ口から出る水の量
> イ　水を入れ始めてからのおふろにたまった水の量
> ウ　水を入れ始めてからおふろをいっぱいにするのにかかる時間
> エ　水を入れ始めてからおふろがいっぱいになるまでの、おふろの底から水面までの高さ

【グラフ】

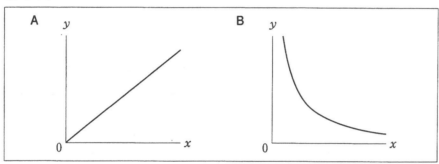

【組み合わせ】

記号	x	y	【グラフ】
あ	ア	ウ	A
い	ア	ウ	B
う	イ	エ	A
え	イ	エ	B

(2) 会話文1 について、【図】のおふろの内側の縦の長さと高さは50cm以上あり、横の長さは縦の長さや高さよりも長くなっています。おふろの内側の縦の長さ、横の長さ、高さの組み合わせのうち1つを考え、それぞれの長さを書きましょう。

(3) 会話文2 について、けんじさんとお兄さんは、2人あわせて9回で洗たく機におふろの水を移しました。けんじさんとお兄さんが移した回数の組み合わせのうち1つを考え、それぞれの回数を書きましょう。
　また、S市では、2人が移した水の量で毎日1回洗たくをするとき、1か月（30日）間で、水道代を何円節約することができるでしょうか。節約することができる金額を書きましょう。ただし、小数第1位を四捨五入します。

3　たろうさんたちは、学校で「はたらく人々」について、学習しています。たろうさんは「林業にたずさわる人」をテーマに調べていて、この日は森林組合の人が学校に来てくれています。次の会話文を読んで、あとの(1)、(2)について考えましょう。

> 森林組合の人：日本は森林がとても豊かな国ですが、その森林の約4割は、人が手を入れて作り上げた人工林です。みんなの家にもたくさんの木が使われていますよね。わたしたちは、そういう木を育てたり、育てた木を切り出したりする仕事をしているんですよ。
>
> たろうさん：木を育てるときの手入れとして、具体的にどのようなことをしているのですか。
>
> 森林組合の人：たとえば、間伐や枝打ちというのがあります。この写真を見てください。【写真1】は間伐や枝打ちをした場所、【写真2】は間伐や枝打ちをしなかった場所です。間伐というのは、木の成長に合わせて、木と木の間の木を切ることです。枝打ちというのは、木の成長に合わせて、木の下の方の枝を切り落とすことです。2枚の写真を比べて気づいたことはありませんか。
>
> たろうさん：間伐や枝打ちをした方が、どの木も同じような太さでしっかりとしています。それに比べて、間伐や枝打ちをしなかった方は、木の太さもばらばらだし、弱々しい感じもします。
>
> 森林組合の人：そうですね。間伐や枝打ちをするのは、どの木にも光や水、養分をよく行きわたらせるようにするためなのです。たろうさんは、何かの植物を育てたとき、よく成長するようにくふうしたことがありませんか。
>
> たろうさん：学校で花や野菜を育てたときは、先生から教えられたとおりの種のまき方や育て方をしました。たしか間伐に似たようなこともしました。種のまき方や育て方で植物の成長にちがいがあるのか、インゲンマメの種を使って自分で調べてみたいと思います。
>
> 森林組合の人：【写真1】と【写真2】を比べてほかに気づいたことはありませんか。
>
> たろうさん：間伐や枝打ちをした方が、背の低い植物がたくさんしげっています。間伐や枝打ちをしなかった方は、地面が見えています。
>
> 森林組合の人：よく気がつきましたね。たろうさんが気づいたことは、土砂くずれなどの災害の防止と関係があるのですよ。
>
> たろうさん：そうか、 _____ ね。
>
> 森林組合の人：よく考えましたね。
>
> たろうさん：間伐や枝打ちを行うことが、土砂災害を防ぐことにもつながるとは思いませんでした。森林は、いろんな役割を果たしているのですね。

【写真1】 間伐や枝打ちをした場所　　　【写真2】 間伐や枝打ちをしなかった場所

(1) たろうさんは、「種のまき方や育て方で植物の成長にちがいがあるのか」について、同じ土を入れた鉢を2個とインゲンマメの種子を60個使った［実験］を考えました。たろうさんは、どのような実験をしようと考えているのでしょうか。考えられる実験の目的として、［実験］の ① に「種のまき方」と「育て方」のどちらかを選んで書き、【たろうさんのメモ】を参考にして、2個の鉢と60個の種子を使った実験の方法を［実験］の ② の中に言葉で書きましょう。

【たろうさんのメモ】

〈実験に必ず使うもの〉
・直径20cmの鉢　　　2個
・インゲンマメの種子　60個

20cm

〈同じにする条件〉
・日光
・水
・土（肥料）
・温度

インゲンマメ60個

［実験］

〈実験の目的〉

　① で植物の成長にちがいがあるのか調べてみる。

〈実験の方法〉

②

(2) 森林組合の人は、間伐や枝打ちをすることと、土砂くずれなどの災害の防止とは関係があると言っています。会話文の □ には、たろうさんが、土砂くずれなどの災害の防止について述べた言葉が入ります。どのように考えたのでしょうか。会話文の「たろうさんが気づいたこと」を参考にして書きましょう。

---

4 さとこさんは、下のように印をつけたA、B、Cの立方体を、工作用紙で作っています。あとの(1)、(2)について考えましょう。

	A	B	C
	底面の1つに◎、側面の3つの面に●、残りの2つの面に○の印をつけた立方体	底面の1つに◎、側面のとなり合った2つの面に○、残りの3つの面に●の印をつけた立方体	底面の1つに◎、側面の向かい合った1組の面に○、残りの3つの面に●の印をつけた立方体

(1) 立方体の展開図に印をつけ、Aの立方体を作ります。【図1】

　【図1】のように◎の印をつけたとき、残り5つの面の印のつけ方は何通りかあります。そのうちの1つを考えて、●、○の印をかきましょう。

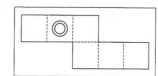

(2) さとこさんは、A、B、Cの3つの立方体を【図2】のように縦に積み重ねました。一番上、真ん中、一番下はどの立方体になっているでしょうか。A、B、Cの記号を使って書きましょう。

　さとこさんはその後、新しい工作用紙を使って【図2】と同じ位置に印がある【図3】の直方体を作ることにしました。そのための展開図が【図4】です。この展開図の空白部分の印のつけ方の組み合わせを1つ考えて、◎、●、○の中から選んで、印をかきましょう。

【図2】　　　　　**【図3】**　　　　　**【図4】**

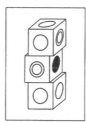 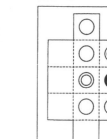

受検番号 [   ]

適性検査Ｉ　解答用紙　※50点満点

※致遠館中学校と武雄青陵中学校は、40点満点

1

(1)
4点

(2)
2点

(3)
4点

ということがわかりました。

(4)
7点
30
40
※横書きで書くこと。

受検番号 [   ]

適性検査Ｉ　解答用紙

2

(1)
9点
80
100
※横書きで書くこと。

(2)①
8点

原　因	
考えられる具体的な事故	

②

く　ふ　う	

受検番号

適性検査Ⅰ　解答用紙

3

(1)
4点

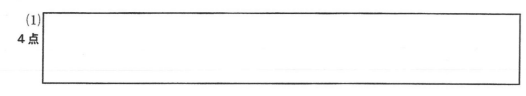

(2)
12点

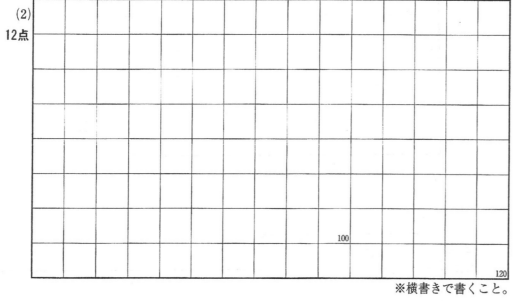

100

120

※横書きで書くこと。

適性検査Ⅱ　解答用紙　　※50点満点

※致遠館中学校と武雄青陵中学校は、60点満点

1 (1)
4点

(2)
3点

(3)
6点

理由	

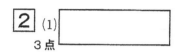

車が進む方向

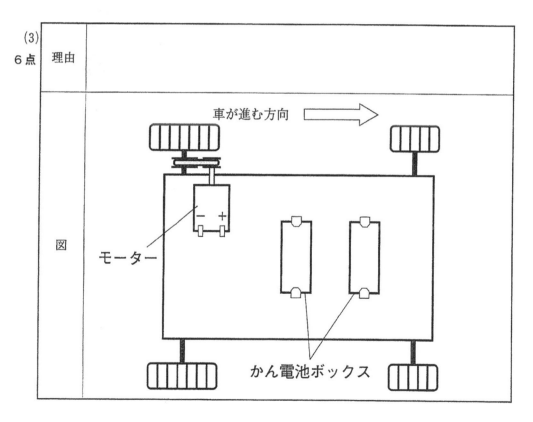

図

モーター

かん電池ボックス

K教英出版

適性検査Ⅱ　解答用紙

2 (1)
3点

(2)
4点

縦	横	高さ
cm	cm	cm

(3)
6点

けんじさん	お兄さん
回	回

[　　　　　　　　　　] 円節約することができる。

受検番号 ☐

受検番号 ☐

適性検査Ⅱ　解答用紙

3 (1)
7点

①	②

(2)
5点

適性検査Ⅱ　解答用紙

4 (1)
5点

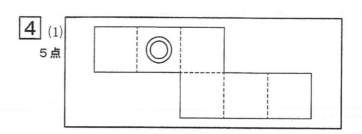

(2)
7点

一番上・・・(　　　　　　　)

真ん中・・・(　　　　　　　)

一番下・・・(　　　　　　　)

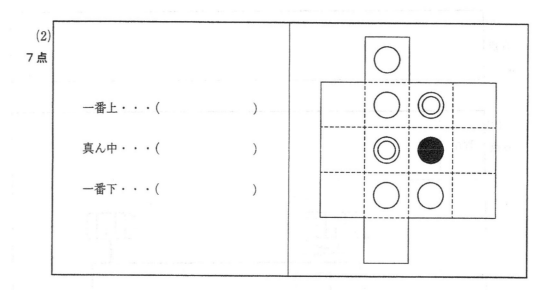